J.K.Howling

BRAIN SHIFT : EVERY TALE TELLS A STORY

모든 동물의 행동에는 나름의 이유가 있다.

브레인 쉬프트

동물행동심리연구소 폴랑폴랑

모든 동물의 행동에는 나름의 이유가 있다.

브레인 쉬프트

Brain Shift - Every Tale tells a Story.

1판 1쇄 발행 2023년 5월 10일

지은이 | 폴랑폴랑

발행처 | 폴랑폴랑

웹사이트 | www.polangpolang.com

문의 | www.polangpolang.com/contact

ISBN 978-89-97874-01-9

Copyright ⓒ 폴랑폴랑 All rights reserved.

No part of this publication may be used, distributed, transmitted, reproduced, or stored in any manner without the prior written permission of the publisher and the writer, except for brief quotations used in critical articles or reviews as permitted by copyright law.

저작권법의 보호를 받는 저작물이므로 형태나 수단과 관계없이 무단 전재 및 복제를 금합니다.

본 도서를 강의 또는 교재로 사용하거나 내용의 일부 또는 전부를 이용하려면 사전에 저작권자의 서면 허가를 받아야 합니다.

잘못된 책은 구입하신 곳에서 교환하여 드립니다.

J.K.Howling

BRAIN SHIFT : EVERY TALE TELLS A STORY

모든 동물의 행동에는 나름의 이유가 있다.

브레인 쉬프트

동물행동심리연구소 폴랑폴랑

                    마음을 다해서 폴랑폴랑

폴랑폴랑

                                        폴랑폴랑

CONTENTS

프롤로그 – 모든 동물의 행동에는 나름의 이유가 있다. … 11
에필로그 – 사랑은 감정이 아니라 행동하는 것이다. … 365
폴랑폴랑어 … 368

CHAPTER 1. 실패가 예정된 관계

짖고 달려드는 반려견이 증가하는 이유 … 20
막다른 골목으로 몰리는 반려동물 가족 … 25
사람의 공격적인 행동이 공격적인 개를 만든다. … 28
반려동물의 행동은 당신의 선택이 만든 결과다. … 32
너도나도 전문가라는 반려동물 교육 시장 … 35
클리커 훈련은 긍정 교육이라는 잘못된 상식 … 39

CHAPTER 2. 반드시 지켜야 하는 반려동물 교육 윤리 기준

반드시 지켜야 하는 반려동물 교육 윤리 기준 … 44
리마 LIMA … 47
행동 변화 6단계 Hierarchy of Behavior-Change Procedures … 52
R+로 가르치는 방법을 모르면 그 훈련을 맡으면 안 된다. … 61
비인도적 훈련 도구 및 훈련법 … 63
누구에게 도움을 요청해야 할까? … 67
공신력 있는 자격을 확인하자. … 71
트레이너가 반드시 준수해야 하는 직업윤리 … 74

CHAPTER 3. 동물행동심리전문가 폴랑폴랑

내가 도울 수 있게 허락해 줄래? … 78

나는 동물행동심리전문가다. … 80

동물행동심리연구소 폴랑폴랑 … 85

교육은 반려동물과 사람 모두가 배우는 과정이다. … 88

폴랑폴랑 그렇게 시작되었다. … 91

우리 사랑하자. … 97

CHAPTER 4. 당신을 근사한 보호자로 만들어줄 폴랑폴랑 마법

관계가 먼저다. … 102

비현실적인 기대를 버려라. … 105

문제 행동은 없다. … 108

동물의 제안이 훨씬 현명하고 효과적이다. … 111

스스로 바람직한 행동을 선택하도록 가르친다. … 113

자율과 방임은 다르다. … 116

피해자가 될 수도 있고 생존자가 될 수도 있다. … 119

동물의 니즈를 파악하고 정확한 타이밍을 포착해라. … 124

근육, 호흡, 무게 중심을 읽어라. … 127

CHAPTER 5. 개와 고양이는 어떻게 학습할까?

학습 이론은 교육법이 아니다. … 130

타고난 것인가 체득한 것인가? … 131

효과적인가? 안전한가? … 135

연상 | 결과 | 사회적 인지 학습 … 137

연상을 통해 배운다. … 139

    연상을 통해 배운다. | 반려동물이 조건화의 영향을 더 크게 받는다. | 연상 학습을 이해하면 일상이 바뀐다.

결과를 통해 배운다. … 146

    ABC 프레임워크 | 효과의 법칙 | 결과를 통해 배운다.

OC의 사분면 … 152

P+와 R-는 비인도적, 비윤리적, 비효과적이다. … 158

간식을 사용한다는 사실만으로 인도적이라고 말할 수 없다. … 162

타임아웃에 대한 오해와 진실 … 165

관찰, 모방, 모델링을 통해 배운다. … 169

마음의 연금술사 … 175

모방은 바람직할 수도 있고 반사회적일 수도 있다. … 178

매 순간 배움은 진행 중이다. 잠재 학습 Latent Learning … 180

CHAPTER 6. 당신의 스킬을 한층 끌어올릴 폴랑폴랑 메소드

요란한 바디랭귀지 … 186

반려동물 교육에서 항상 명심해야 하는 것 … 189

반려동물 교육의 3요소 … 193

새로운 행동 학습을 위한 필수 요건 … 195

일상의 보상 … 197

오염된 단어 … 202

"기다려"라는 말이 왜 필요하지? … 205

강아지가 왜 내 말을 듣지 않죠? … 209

CHAPTER 7. 폴랑폴랑 트레이닝 스킬

트레이닝 스킬은 훈련의 기초 … 214

프롬프팅^{Prompting} 페이딩^{Fading} 반려동물과 멋진 댄스 댄스 … 217

루어링^{Luring}은 죄가 없다. … 220

쉐이핑^{Shaping} 행동 조각가가 되어보자. … 223

프리 쉐이핑^{Free Shaping} 반려동물계의 방 탈출 게임 … 226

캡처링^{Capturing} 매일 보고 싶은 행동은 캡처한다. … 228

타기팅^{Targeting} 반려동물의 협조를 얻는 법 … 230

머즐 선택과 주의해야 할 점 … 233

체이닝^{Chaining} 장난감은 반려동물 스스로 정리한다. … 235

동작 하나를 가르쳐도 방법은 수십 가지 … 239

CHAPTER 8. 10분이면 완성하는 폴랑폴랑 교육

폴랑폴랑 화법 … 242

폴랑폴랑 자기 통제력 … 245

폴랑폴랑 눈 키스 … 250

폴랑폴랑 바디 블로킹 … 256

폴랑폴랑 이리 와 100% … 263

크레이트 트레이닝, 제대로 하고 있나? … 268

폴랑폴랑 릴랙스 교육 … 275

폴랑폴랑 자세 넛시 … 282

폴랑폴랑 산책법 … 285

폴랑폴랑 마법의 단어 "슬랙" … 292

폴랑폴랑 도넛 게임 … 295

뛰어오르고 밀치는 반려견 교육 … 299

CHAPTER 9. 당신과 반려동물의 삶을 바꿀 동물 행동 심리

개의 인지 능력 ⋯ 302

동물은 당신의 감정을 읽고 공감한다. ⋯ 306

'행동'과 '감정'은 소울메이트 ⋯ 311

행동과 감정 변화가 함께 이루어져야 한다. ⋯ 312

밀어넣기^{Flooding}는 동물 학대다. ⋯ 318

막아서 해결되는 것은 없다. 소거 학습$^{Extinction\ Learning}$ ⋯ 323

'무시'라는 교육은 없다. DRA ⋯ 331

CHAPTER 10. 폴랑폴랑 행동 변화 솔루션

모든 동물의 행동에는 나름의 이유가 있다. ⋯ 338

당사자의 증언보다 더 확실한 것은 없다. ⋯ 341

가장 중요한 고려의 대상은 반려동물이어야 한다. ⋯ 346

행동의 배경 원인에 따라 솔루션은 다르다. ⋯ 349

사람을 공격하는 반려견, 놀이로 변화된다. ⋯ 354

바뀌어야 하는 동물은 보호자다. ⋯ 360

모두들 안녕?
모두 고마워

폴랑폴랑의 슬로건
"모든 동물의 행동에는 나름의 이유가 있다.
Every Tale tells a Story."

"반려동물에게 여러분이
여러분에게 반려동물이
서로가 서로에게
만남의 축복이기를
기도합니다."

동물행동심리연구소 폴랑폴랑

프롤로그

모든 동물의 행동에는 나름의 이유가 있다.

"정확히 교육 시간이 되면 저희 반려견은 실룩 실룩거리며 문 앞에 앉아 선생님을 오매불망 기다립니다. 더 이상 무슨 말이 필요할까요? 게다가 교육을 요청했던 행동뿐만 아니라 일상의 모든 행동에 변화가 일어났습니다. 보너스가 엄청난 것 같아요. 전견 교육이라고 해야 할까요. 저희 사람 아이까지 행동이 변화되었습니다. 선생님의 말투와 행동, 동물을 대하는 태도를 그대로 따라 하는 아이의 모습을 보면서 교육의 힘을 새삼 느낍니다."

폴랑폴랑 브레인 쉬프트 교육에 참여했던 분의 이야기다.

폴랑폴랑 교육은 '전견 교육'.

강아지 열세 마리, 고양이 세 마리, 닭과 병아리들…

세상을 인식하던 시점부터 내 곁에는 동물들이 있었고 우리는 함께 자랐다. 가족사진에 동물이 등장하는 것이 나에게는 당연하고 자연스러운 일이었다. 아가가 본능적으로 표정과 감정을 읽는 법을 배우듯이, 나는 반려동물들과 함께 자라면서 본능적으로 그들의 언어를 체득했다. 반려동물들이 서로 어떻게 대화하고 소통하는지도 배웠고, 내가 그들의 언어를 구사하는 방법도 배웠다. 반려동물 모두가 나의 선생님이자 멘토였다. 그러던 어느 날, 나의 10대 시절에 만나게 되었던 한 길 잃은 작은 개와의 만남을 통해 나는 사람들이 동물과 더불어 살아가는 방법을 잘 모른다는 사실과 그로 인해 반려동물과 사람이 서로에게 미치는 영향을 피부로 느끼게 되었다.

'내가 반려동물들에게 배운 것들을
어떻게 하면 사람들에게 전해줄 수 있을까?'

그렇게 시작된 호기심이 나를 지금, 이 시간으로 이끌었다.

동물행동심리연구소 폴랑폴랑이라는 회사를 시작한 지는 12년이 넘었고, 동물행동심리전문가로 일한 지는 이십여 년이 훌쩍 넘는다. 나는 국제 인증 반려동물 행동 전문가이자 동물행동심리전문가다. 행동 심리에 기반하여 반려동물이 스스로 행동을 선택하고 변화하도록 돕고 있다. 동물 행동을 전공했고, 국내 최초로 국제 인증 전문가 자격을 취득했으며, 국내 최다 국제 자격을 보유하고 있다. 아시아 최초이자 유일의 국제 인증 도그워커 아카데미 인스트럭터이기도 하다.

내가 해외 자격을 갖고 있다고 하니 내가 전달하는 지식이나 교육법들이 해외에서 배워온 것일 거라고 짐작하는 사람들이 있는 것 같다. 전혀 그렇지 않다. 내가 가진 지식과 교육법은 내가 세상을 인식하던 시점부터 지금까지 함께한 나의 반려동물들이 나에게 가르쳐준 것이다.

과거에는 내가 반려동물에게 언어가 있다고 말하거나 관계 중심의 반려동물 교육이 중요하다고 이야기하면, 반려동물 선진국으로 불리는 곳에서조차 '매우 동양적인 사고'라며 공감받지 못했다. 내가 폴랑폴랑의 슬로건을 '모든 동물의 행동에는 나름의 이유가 있다. Every Tale tells a

Story.'라고 정하고 '동물의 감정^{Emotions}과 니즈^{Needs}를 존중하는 교육'을 지향한다고 말했을 때, 이에 대해 우려를 표하는 전문가들도 많았다. '동물행동심리연구소 폴랑폴랑'이라는 회사 이름도 마찬가지였다. 내가 '동물행동심리'라는 말을 만들자 많은 전문가가 동물에게 '심리'라는 단어를 붙이는 것은 부적절하다고 말했다.

그러나 최근 몇 년간 동물을 대하는 인식에 많은 변화가 일어났다. 동물의 행동에 대한 다양한 연구가 쏟아지고, 세계 곳곳에서 우리가 미처 몰랐던 동물들의 모습이 포착되고 있다. 동물들의 세계를 더욱 과학적으로 들여다보고 동물의 입장을 보다 공감할 수 있는 시대에 접어들었다고 할 수 있다. 최근에는 동물 복지 선진국을 중심으로 반려동물 교육이 관계 중심으로 바뀌어야 한다는 인식 전환도 시작되었다. 폴랑폴랑의 슬로건 '모든 동물의 행동에는 나름의 이유가 있다.'를 따라 하는 사람들도 늘어났다. 드디어 지난 20여 년간 담아 두었던 이 원고를 출간할 때가 되었다는 생각이 들었다. 이제 지구 곳곳에 흩어져있을 나의 부족들을 찾아 나설 때가 된 것이다.

당신의 삶이 달라진다.

끝이 보이지 않는 반려동물과의 전쟁…
밖에만 나가면 짖고 달려드는 반려견…
가족을 공격하는 반려묘…
집을 쑥대밭으로 만드는 고양이…

간식으로 유인도 해보고, 얼러보기도 하고, 꾸짖어보기도 하고, 훈련소에도 보내보았지만 소용이 없다. 왜 모든 방법이 효과가 없을까? 갈수록 관계만 악화하고 또 다른 문제가 늘어나는 이유는 뭘까?

당신은 이처럼 잘못된 방법들을 시도하며 스스로 삶을 고달프게 만들고 반려동물을 고통스럽게 하고 있지는 않나?

앞에 폭이 좁고 긴 원통이 있다. 원통 안에는 람보르기니 신형 모델의 자동차 키가 들어있다. 꺼내는 사람의 것이다. 대신 손과 발은 사용할 수 없고 원통을 움직여도 안 된다. 어떻게 꺼내면 될까? 존 마즐러프 John Marzluff 박사가 이끄는 워싱턴 대학교의 연구팀은 까마귀를 대상으로 이 실험을 했다. 폭이 좁고 긴 원통에 먹이가 들어있다. 까마귀는 주변을 탐색하다가 긴 철사를 구해오더니 입에 물고 통에 넣었다. 그러나 먹이를 꺼낼 수 없었다. 그러자 까마귀는 테이블 모서리에 철사를 걸어 고리를 만들었다. 그리고 고리를 통에 넣어 먹이를 걸어서 들어 올렸다. 까마귀는 주어진 상황을 창의적으로 활용하는 탁월한 문제해결 능력을 갖추고 있었다.

당신은 어떤가? 까마귀만큼은 바라지 않겠다. 아주 약간의 문제해결 능력만 있다면, 당신은 반려동물들에게 효과적으로 당신이 원하는 것을 전달하고 문제를 해결할 수 있다. 아주 조금의 창의적 사고만 가능하다면 동물의 행동을 쉬프트 할 수 있다. 줄을 당기거나 강압적 방법을 사용할 필요가 없다. 인상을 쓰거나 목소리를 높일 필요도 없다. 화를 낼 필요도 없다. 초크 체인 같은 효과도 없고 잔인한 도구를 떠올릴 필요도 없다. 간식을 들고 유인할 필요도 없고, 허리에 커다란 간식 주머니를 달고 다닐 필요도 없다. 가림막을 들고 반려견 앞에서 깡충깡충 뛰어다니며 바보짓을 할 필요도 없다. 이제 이 모든 것을 끝낼 때가 되었다.

줄을 당기며 산책을 괴롭게 만드는 반려견을 두고 보호자들은 "훈련이 안 되어서"라고 이야기하지만 사실은 그와 다르다. 반려견은 훈련되었다. 줄을 당기도록 말이다. 입양한 그날부터 당신은 지속해서 반려견에게 "줄을 당겨. 그래야 앞으로 걸어갈 수 있어."라는 메시지를 무의식중에 전달해왔고, 반려견은 충실하게 그 이야기에 귀 기울였을 뿐이다.

반려동물 보호자들은 흔히 반려동물의 행동을 바꾸는 방법을 찾는 일에 골몰한다. 나는 가르치는 자, 동물은 배우는 자로 시선이 고정된다. 그러나 반려동물 교육은 반려동물만 학습하는 과정이 아니다. 교육하는 동안 반려동물도 배우지만 동시에 당신도 학습한다. 교육은 양방향으로 일어나는 일이다.

많은 사람이 단편적인 매뉴얼 식 답변을 기대한다. 짖지 않게 만드는 법을 알려달라, 물지 않게 만드는 방법을 알려달라, 달려들지 않게 만드는 간단한 팁을 알려달라는 식이다. '전원을 껐다 켜세요. 스위치를 내리고 3초간 기다리세요.'처럼 기계 매뉴얼에나 등장할 법한 간단한 솔루션을 기대한다. "램프를 한번 문지르세요. 열려라 참깨를 외치세요."와 같은 단답식 해결책을 원한다. 기막힌 해결책을 알려준다는 가짜 전문가들, 수만 번 복제되며 떠도는 그렇고 그런 엉터리 훈련법도 넘쳐난다. 그러나 이미 경험했겠지만, 그중에 쓸만한 정보는 없다. 무엇보다 단편적 해결책은 의미가 없다. 불필요하다. 사실은 일일이 매뉴얼을 찾아 헤매지 않아도 좋은 바탕을 만들어주면 마법처럼 반려동물의 모든 행동이 한 번에 가지런히 정리된다. 더 이상 문제에 끌려다닐 필요가 없다. 어떻게 그럴 수 있냐고? 가능하다. 당신 자신을 생각해보면 된다.

당신이 가진 문제들은 살면서 여러 형태로 이따금 모습을 드러내겠지만, 가장 밑바닥을 들여다보면 그곳에 당신의 발목을 붙잡고 놓아주지 않는 그것, 행복을 제한하는 내재된 근본 원인이 있다. 그것이 어떤 형태로 나타나 당신의 인생을 곤혹스럽게 하든 그것은 중요하지 않다. 근본적인 원인을 해결하면 나머지는 마법처럼 해결된다. 우리의 개, 고양이도 마찬가지다. 마음에 들지 않는 행동마다 간단한 팁을 찾아 헤맬 것이 아니라, 모든 문제의 열쇠가 되는 의식의 변화를 만드는 것이 중요하다. 근본적인 행동의 원인을 이해하고 도움을 주면, 더 이상 추가적인 솔루션을 찾으며 고민하지 않아도 된다. <u>그것이 내가 말하는 패러다임 전환, 브레인 쉬프트 Brain Shift다.</u>

내 교육에 참여했던 많은 분이 한결같이 "기존에 잘못 배웠던 것이 너무나 후회된다."라고 말한다. 기존에 알고 있던 것과 전혀 다른 개념이라며 '머리를 한 대 맞은 것 같은 충격'이라고 표현하기도 한다. 단순히 테크닉을 배울 생각에 찾아왔다가 반려동물이 편안하고 행복한 아이로 변하는 모습에 놀라서 눈물을 흘리는 분들도 많다. 한 교수님은 "당신이 하는 일은 동물 교육이 아니라 인문학이다."라고 표현했다.

나는 나만의 전혀 다른 접근법으로 반려동물과 보호자를 교육하고 있고, 그것이 사람들이 기대하는 이상으로 월등히 효과적이고 빠르며 근본적인 변화를 만들어낸다는 사실이 검증되었다. 반려동물과 보호자에게 좋은 토양을 마련해 주면, 단순히 반려동물의 바람직하지 않은 행동이 바뀌는 것이 아니라 보호자가 미처 기대하지 않았던 변화가 일어난다. 나와 만난 반려 가족들이 가장 만족하는 부분이 바로 이것이다. 빠르고 효과적인 변화는 물론이고, 보호자들은 행동 변화 프로그램에 참여한 이후 반려동물이 모든 면에서 안정감 있고 편안해졌으며 그 과정이 가족 모두에게 즐거운 경험이었다고 말한다.

지난 이십여 년간 너무나 많은 사람이 복제하며 의미가 오염되었지만, 폴랑폴랑을 시작하면서 나는 '훈련'이 아닌 '교육'을 표방했다. 나는 교육을 한다. 그리고 이 책은 훈련이 아니라 '교육'에 대한 것이다. 반려동물이 스스로 바람직한 행동을 선택하도록 가르치는 것이 폴랑폴랑의 교육법이다. 타인의 요구에 의해 실행한 행동은 그 자리에서 끝이 나지만 스스로 선택한 행동은 지속된다. 간식으로 유인하거나 강압적으로 명령하는 것이 아니라, 개나 고양이에게 효과적으로 내 의사를 전달하는 법을 알면 그들의 협조를 얻을 수 있다. 그들의 행동을 변화시킬 수 있다. 동물의 행동을 이해하는 만큼 반려동물과 함께 사는 것이 편하고 즐거워진다. 동물의 행동을 이해할 수 있는 사람과 함께 살 때 반려동물은 행복하다.

이 책은 폴랑폴랑을 시작하면서 보호자 및 교육 참가자에게 교육 목적으로 제공해 오던 자료 중 일부를 책으로 출간할 수 있는 분량으로 추린 것으로 반려동물 행동에 대한 기본 지식과 나의 실제 교육 사례를 담았다. 개인 정보 보호를 위해 보호자 및 반려동물의 이름과 견종 등 일부 정보는 변경하였다. 2000년부터 최근까지 글, 영상, 강의 등 여러 형태로 공개된 내용도 일부 포함되었다. 사례 및 참고 논문 일부는 업데이트되었다.

최대한 전문 용어는 배제하려고 노력했다. 그렇지만 알아서 나쁜 것은 없으니 부담 없이 읽어주었으면 한다. 동물을 사랑하는 사람들이나 일반 반려동물 보호자는 물론 관련 직종 종사자에게도 도움이 될 수 있도록 기본적으로 알아야 하는 용어들을 함께 기술했다. 트레이너 자격을 준비하는 분들에게는 학습에 좋은 참고서가 될 거라고 생각한다. 매뉴얼식 지식이 아니라, 반려동물이 어떻게 세상을 이해하고 어떻게 학습하는지 과학적으로 검증된 행동의 원리를 이해하는 데 도움이 되기 바란다.

이 책은 실제 교육을 대신하지 않는다. 의학 사전이 진료를 대신할 수 없는 것처럼 이 책이 반려동물 행동 상담이나 행동 변화를 위한 교육 솔루션을 대체할 수 없다. 반려동물 행동 변화에는 행동 저변에 깔린 근본 원인, 반려동물의 개별적 특성 및 맥락, 환경 등 다양한 요인이 고려되어야 한다. 모든 변수를 고려한다면 동일한 솔루션을 적용할 수 있는 경우는 거의 없다고 봐도 무방하다. 책에 소개된 사례는 참고로 하고 반드시 행동 상담을 통해 전문적 도움을 받기 바란다.

나는 동물과 인간이 서로 연결되어 있다고 생각한다. 동물의 희생이 인간에게 행복으로 돌아오지 않으며 반대의 경우도 마찬가지다. 우리는 서로가 서로를 성장시키고 치유하는 힘을 갖고 있다. 나는 교육을 통해 사람과 동물이 변화되는 모습을 목격해왔다.

지금부터 반려동물을 해결해야 할 '문제'가 아니라 한 '생명'으로 바라보며 함께 하기 바란다. 동물의 행동을 이해할 때 비로소 내가 계속 강조해 온 '연결'이라는 말이 가슴으로 이해될 것이다. 그 순간 당신의 삶도 달라질 것이다. 동물을 이해하려고 노력하는 과정에서 스스로 자생력을 되찾고 성장하고 회복되는 경험을 하게 될 것이다.

반려동물 교육에 대해 알고 있는 내용이 전혀 없는 여러분, 환영한다. 당신은 스펀지처럼 순식간에 배운 내용을 흡수할 행운아다. 줄을 당기며 복종 훈련을 해왔던 여러분, 간식으로 유인하는 것이 교육이라고 오해하고 있었던 여러분, 잘못된 상식을 배우고 좋지 못한 습관을 몸에 익힌 여러분, 모두 환영한다. 과거가 후회스럽겠지만 어제보다 나은 나를 발견하게 될 것이다. 지금까지 알고 있던 것을 모두 내려놓고 백지상태로 예쁜 그림을 담아가기를 바란다. 오늘부터 반려동물 교육 원년이다.

CHAPTER 1.
실패가 예정된 관계

동물행동심리연구소 - 폴랑폴랑
Polangpolang

짖고 달려드는 반려견이 증가하는 이유

    한국에서 짖고 달려드는 반려견, 타인이나 다른 동물에게 상해를 입히는 반려견이 지속해서 그리고 급속도로 증가하고 있다. 동물행동심리전문가로 일하는 나는 그 사실을 피부로 체감해왔다. 특히 최근 십여 년 사이에 그 숫자가 눈에 띄게 증가하더니 과도한 행동을 보이는 반려견의 비중이 비정상적인 수준에 이르렀다. 폴랑폴랑 교육 참가신청서에는 도움이 필요한 사항을 적는 난이 있다. 이 항목에 '다른 개들과 떨어져 앉을 수 있게 해주세요.' 또는 '짖고 달려드는 습관이 있어서 양해 부탁합니다.' '우리 아이는 예민하니까 다가오지 마세요.' '짖고 달려들 수 있으니까 놀라지 마세요.'라고 적는 참석자가 이제는 거의 99%에 육박한다.

    개에게 물리는 사고가 일어나면 사회는 흔히 그 책임을 반려견에게 돌린다. 그러나 이전에도 여러 경로로 언급했던 바와 같이 이 문제의 가장 큰 원인은 휴먼 에러(Human Error)다. 그중에서도 대중화된 잘못된 훈련, 특히 개념 및 핵심을 이해하지 못한 채 복제한 엉터리 훈련이 문제를 증폭시키고 있다. 짖고 달려드는 반려견을 증가시키는 잘못된 훈련 중 대표적인 사례는 표와 같다.

> **짖고 달려드는 반려견을 증가시키는 잘못된 훈련의 대표적 사례**
>
> ▶ 반려견 앞을 돌아다니면서 간식을 던져주는 훈련.
> ▶ 다른 개와 거리를 두고 서서 반려견에게 간식을 먹이며 지나가는 훈련.
> ▶ 다른 개들과 거리를 두고 서 있는 훈련.
> ▶ 다른 개들과 교차해서 지나가는 훈련.
> ▶ 낯선 사람이 반려견에게 간식을 주는 훈련.
> ▶ 개가 두려움, 불쾌감을 느끼는 상황에서 앉거나 엎드리게 하는 훈련
> ▶ 줄을 잡아채듯 당기는 훈련.
> ▶ 반려동물 앞에서 쳐다보는 훈련.
> ▶ "낯선 사람을 싫어하는 개 앞을 돌아다니며 간식을 던져주면 개는 낯선 사람을 좋아하게 된다. 이것이 역조건형성과 탈감작법이다."라는 설명.
> ▶ "훈련 중에는 더 많이 짖을 수 있다. '홍수법'이라고 하는데 그 과정을 거쳐야 문제가 해결된다. 물러서지 말고 연습을 반복해라."라는 설명.

 열거한 내용은 개의 불안 및 스트레스를 증가시키는 비인도적이고 비전문적 행동이며 한국에 짖고 달려드는 반려견, 공격적 행동을 하는 반려견이 늘어나는 주요 원인이다. 사용한 용어도 모두 잘못되었다.
 흔히 보호자들은 간식을 먹는 동안 반려견이 짖지 않으면 방법이 효과가 있다고 생각한다. 그런데 시간이 갈수록 상황이 심각해지고, 반려견이 아무 맥락도 없이 짖고 달려들기 시작한다. 이 시점에 방법이 잘못되었다는 것을 직감해야 하는데 보호자들은 거꾸로 간다. 반려견을 고집스러운 아이, 학습 속도가 느린 아이라고 생각하고 더욱 열심히 잘못된 방법을 반복하다가 손을 쓸 수 없는 극단적 수준에 이른다. 비슷한 케이스가 지난 수년간 지속해서 증가해 왔고, 지금은 거의 모든 반려견 가족이 경험하는 문제라고 할 만큼 보편적인 상황이 되었다.

잘못된 시도를 하다가 찾아오는 보호자와 반려동물을 돕는 일은 여러 모로 험난하다. 이미 반려동물이 겪고 있는 문제에 잘못된 훈련법을 시도하면서 야기된 또 다른 문제가 뒤섞인 상황이기 때문이다. 그보다 더 심각한 문제는 보호자다. 기존에 잘못된 훈련을 시도하면서 형성된 보호자의 습관을 모두 지우고 새로이 시작하는 것은 쉽지 않다.

짖고 달려드는 반려견이 증가하는 원인 중 하나는 이와 같은 잘못된 훈련이다.

교육은 반려동물이 긍정적 감정 상태일 때 가능하고, 그 감정은 교육 내내 지속되어야 한다.

당신이 뱀을 끔찍이 무서워한다고 하자. 뱀을 사랑하는 당신은 다른 것을 상상해도 좋다. 누군가 당신에게 이렇게 말한다.

"지금부터 나는 네가 뱀을 좋아하게 만들 거야. 우선 너의 목에 뱀을 감아놓을게. 소리 지르지 않고 잘 있으면 수표를 한 장씩 줄 거야."

뱀이 사랑스럽게 느껴질까? 천만에. 이 상황에서 벗어나야 한다는 생각밖에 들지 않을 것이다. 불안, 긴장, 스트레스 상태에서는 동물의 뇌에서 생각에 필요한 피질이 작동되지 않는다. 범죄 현장에 노출된 사람들은 "그 순간에 아무것도 생각할 수 없었고 다만 범인의 요구에 맞춰 기계적으로 움직였다."고 말한다. 스트레스에 눌리면 사고가 터널처럼 좁아지고 뇌가 얼어붙기 때문이다.^{Tunnel Vision} 강아지, 고양이의 경우도 마찬가지다.

반려동물이 긍정적인 감정 상태를 벗어난 상황에서 하는 것은 훈련도 교육도 아니다. 반려동물이 두려움 또는 스트레스를 느끼는 상황에서 간식을 먹이는 것, 스트레스 상황에 반복 노출하는 것, 반려동물에게 행동을 선택할 자유를 주지 않는 것은 반려견의 짖고 달려드는 행동을 강화하고 공격적 행동을 하게끔 몰아넣는 행위다. 또한 흔히 '홍수법'이라고 부르는 '밀어넣기^{Flooding}'는 훈련법이 아니다. 반려동물에게 트라우마를 안길 수 있는 신체적, 심리적, 정신적 학대다.

반려동물은 행동을 선택할 자유를 보장받아야 한다.

교육 중에는 반드시 동물에게 행동을 선택할 자유가 보장되어야 한다. 교육 중에 마음이 불편해지거나 더 이상 참여하고 싶지 않다고 느끼면, 반려동물은 언제든 자리를 떠날 수 있다. 이것은 모든 교육의 기본이다.

동물의 언어를 이해하는 능력이 부족하면 동물의 감정 상태를 제때 파악하지 못하거나 왜곡 해석한다. 긍정적인 감정 상태일 때 격려하고 부정적 감정 상태에 빠지지 않도록 선제적으로 대응해야 하지만, 반대로 이해하거나 의사 표현 자체를 인지하지 못한다. 그래서 초보자들은 흔히 멈춰달라고 간절히 호소하는 반려동물 앞에서 간식을 던지며 돌아다닌다. 그 결과, 반려동물은 선택의 여지가 없는 상황에서 날아오는 간식을 신경질적으로 받아먹으며 부글부글 증폭되는 부정적 감정을 끌어안고 참다가 폭발한다. 분노와 스트레스를 표현하는 반려견의 행동에 클릭하고 간식을 주는 것은 반려동물의 부정적 감정을 격려하고 강화하는 것과 같다.

반려동물에게 간식을 주는 일을 낯선 사람에게 맡기지 마라.

낯선 사람을 경계하거나 두려워하는 반려동물에게 낯선 사람이 다가가 간식을 주도록 하는 행위는 절대 금물이다. 이것은 반려동물이 기존에 갖고 있던 부정적 감정, 낯선 사람에 대한 경계심과 긴장감을 증폭시킨다.

평소 혐오하는 직장 상사가 당신에게 상장과 보너스를 건네주었다고 하자. 싫어하는 사람이 주는 보너스 따위 거절할 건가? 만약 보너스를 받는다면 그것을 상대에 대한 호감으로 해석해도 될까? 대부분의 경우 보너스는 받을 것이다. 그러나 그것을 혐오감이 호감으로 바뀐 것이라고 해석한다면 대단한 착각이다. 어떤 보상도 감정을 바꾸지 못한다.

반려동물도 마찬가지다. 당장 눈앞에 맛있는 것이 보이면 먹을 수 있다. 그러나 그것이 낯선 사람에 대한 두려움이 사라졌다는 뜻은 아니다. 먹는 동안은 짖지 않을 수 있지만 그 시간이 매우 짧고 곧 '감정적·인지적 폭발'이 일어난다. 이전보다 더욱 심각한 수준으로 치닫는다는 의미다. 간식은 잘 먹더니 느닷없이 달려들어 물었다는 케이스가 이런 경우다.

기억하자.

▶ 반려동물에게 간식을 주는 일을 낯선 사람에게 맡기지 마라.
▶ 반려동물의 언어를 모르면 함부로 클릭하거나 간식을 주지 마라.
▶ 교육은 반려동물이 긍정적인 감정을 느끼는 상태에서 가능하다.
▶ 반려동물의 긍정적인 감정 상태가 교육 내내 유지되어야 한다.
▶ 교육 중에 반려동물은 반드시 행동을 선택할 자유를 보장받아야 한다.
이 핵심이 무너진 훈련은 어떤 단어를 붙이든 엉터리다.

막다른 골목으로 몰리는 반려동물 가족

반려견 네 마리와 함께 사는 부부가 상담을 요청했다. 부부의 고민은 한둘이 아니었다. 그중에서도 소음으로 인한 이웃 갈등이 가장 시급한 문제라고 했다. 하루 종일 심하게 짖는 소리에 이웃들의 항의가 대단하여 아파트에서 퇴출당하기 일보 직전인 상황이었다.

코너에 몰리는 시점까지 부부가 손을 놓고 있었던 것은 아니다. 부부는 반려견 입양 시점부터 훈련사가 진행하는 반려견 훈련과 보호자 교육에 2년간 꾸준히 참여했다. 오랜 기간 반려견 교육에 누구보다 최선을 다해왔기에 문제가 생길 거라고는 상상도 하지 못했었다. 다급해진 부부는 해당 훈련사에게 요청해서 수개월간 방문 교육도 받았다. 훈련사는 이렇게 설명했다고 한다.

"반려견 네 마리가 동시에 산책하면 안 된다. 한 번에 한 마리씩만 산책시켜라."

"과한 애정은 반려견을 망치므로 반려견이 다가와도 안아주거나 쓰다듬으면 안 된다."

"반려견이 무릎이나 소파에 올라오면 밀어내라."

"분리 불안 해결을 위해 5초씩 나갔다가 들어오는 연습을 반복해라."

"반려견이 마음에 들지 않는 행동을 하면 무시해라."

이전에는 보호자가 외출하면 짖던 반려견들이 방문 교육 후에는 보호자가 집에 있어도 종일 울고 짖기 시작했다. 산책 중에 이웃에게 달려드는 일도 일어났다. 결국 잠시도 외출할 수 없는 지경에 이르자 아내는 직장을 그만두고 반려견들에게 매달렸다.

그 시점에 부부는 나에게 행동 상담을 요청했다. 부부는 반려견들의 행동을 '분리 불안으로 인한 요구성 짖음'이라는 이상한 용어로 표현했다. 이 부부의 반려견들은 상당히 불안정했다. 그러나 내가 확인한 반려견들의 행동은 분리 불안과 거리가 멀었다. 실제 행동의 원인은 안타깝게도 부부가 그토록 공을 들였던 '훈련'이었다. 더 이상 물러설 곳이 없어진 부부에게 "아파트에서 개를 왜 키우느냐, 네 마리나 키우니까 그런 거 아니냐, 전원주택으로 이사해라."라는 말을 마지막으로 훈련사는 훈련을 종료했다고 한다. 그것이 지난 2년 반 이상의 긴 훈련 끝에 훈련사가 부부에게 준 최종 결론이었다. 장기간 훈련받았음에도 부부의 반려견들은 간단한 동작조차 이해하지 못했다.

상담하는 중에 부부의 반려견들이 먼발치에서 눈물이 그렁그렁한 간절한 눈으로 나를 바라보고 있었다. 나는 부부에게 상담을 잠시 멈추자고 말하고 반려견들을 향해 고개를 끄덕였다. 그러자 단숨에 달려와 안기더니 내 어깨에 고개를 묻고 깊은 한숨을 내쉬었다. 흐느끼는 반려견들의 가슴이 들썩였다. 그 모습을 목격한 부부는 큰 충격을 받은 듯 한동안 아무도 말을 잇지 못했다. 잘못된 훈련의 결과 반려견들이 입은 정신적, 심리적, 신체적, 정서적 피해는 상당했다.

나는 화가 나면서 동시에 너무나 답답하고 안타깝고 마음이 슬펐다. 버젓이 보호자가 있음에도 수년간 반려견들이 마음을 둘 곳이 없었다는 사실에, 마음을 받아줄 곳이 얼마나 절실했는지 그 간절함이 느껴져서, 잘못된 훈련법을 추종했던 보호자의 무지함에 화가 나서, 말도 안 되는 훈련법을 유포하는 사람들이 있다는 사실에 화가 나서. 참담한 얼굴로 침묵하던 부부가 조용히 고백했다.

"반려견들을 안아주고 받아주는 건 버릇을 망치는 나쁜 훈육법이라고 해서, 지금까지 그렇게 마음으로 안아주지 못했어요. 그게 잘못되었다는 걸 지금에야 느꼈어요. 정말 아이들에게 미안하고 후회스럽습니다."

이 부부의 반려견들이 주변을 괴롭히는 악당들인가? 행동을 '교정' 받아야 하는 온전하지 못한 생명들인가? 그들은 단지 손을 잡아줄 누군가가 필요했을 뿐이다. 정작 행동을 교정받아야 할 대상은 따로 있다.

안전하다는 확신, 신뢰, 정서적 교류, 정신적 안정, 유대감, 감정과 욕구를 수용해 주고 수용하는 관계... 사람을 포함한 모든 사회적 동물이 건강하게 살아가기 위해 꼭 필요한 것이다. 신체적 학대만 학대가 아니다. 감정과 욕구를 무시하는 것, 거부하는 것, 방치하는 것, 박탈하는 것 등 심리적, 정신적, 사회적 학대는 신체적 학대 이상의 상처를 남긴다.

반려동물들에게는 보호자가 세상의 전부다. 젖을 떼는 순간 엄마 형제들과 헤어져, 보호자 말고는 의지할 곳 없는 생명이 반려동물이다. 보호자가 없이는 다른 곳에 가볼 수도 없는 삶이 반려동물들의 삶이다. 그런 반려견들이 지난 수년간 마음을 의지할 곳 하나 없이 살아왔을 거다. 반려견들의 심신은 다 해진 옷처럼 너덜너덜했다. 그들의 삶의 전반기가 그렇게 사라졌다.

사람의 공격적인 행동이 공격적인 개를 만든다.[1]

한국에서 개가 타인이나 다른 동물에게 상해를 입히는 사고가 수년간 지속적으로 증가해왔다. 한국 응급실 손상 환자 심층 조사 EDIIS 데이터를 연구 분석한 서울대 연구팀의 자료에 따르면 개에게 물려 내원한 외상 환자의 연간 발생률은 2011년부터 2016년까지 지속적으로 증가했다.

한국에서는 개 물림 사고가 일어날 때마다 맹견 제도, 공격성 평가, 반려견 기질 테스트, 머즐 착용 의무화 등이 거론된다. 그러나 이것은 무의미한 제도일 뿐만 아니라 역효과를 불러온다. 실제 일어난 사건의 근본 원인이 '반려견의 공격성'에 있지 않기 때문이다. 다시 말하지만 현 상황은 반려견 문제라기보다 휴먼 에러Human Error다. 거꾸로 가는 반려동물 관련 정책, 잘못된 번식과 입양, 잘못된 훈련, 가짜 전문가, 잘못된 정보를

---

1 [폴랑폴랑] 개의 공격성은 정말 성격의 문제인가? 2011년 12월 11일 https://blog.naver.com/animalmind/90130945312
  [폴랑폴랑] 국내에 논의 중인 반려견 관련 제도에 대하여 2018년 2월 15일 https://blog.naver.com/animalmind/221209167006
  [폴랑폴랑] 최근 폭스테리어의 어린이 공격 사고에 대해 2019년 7월 5일 https://blog.naver.com/animalmind/221578258259
  [폴랑폴랑] 훈련이라는 이름의 폭력 2020년 4월 15일 https://blog.naver.com/animalmind/221909499014
  [폴랑폴랑] 거꾸로 가는 한국 반려견 제도 2022년 5월 20일 https://blog.naver.com/animalmind/222739775165

습득한 보호자의 합작품이다. 방송에서 진행하고 있는 반려견 매너 홍보 캠페인 영상만 보아도 얼마나 잘못된 정보들이 만연해있는지, 잘못된 정보들을 지속적으로 반려견 보호자들에게 심어주고 있는지를 알 수 있다. **책임을 물어야 하는 대상은 반려견이 아니라 사람이다.**

부적절한 훈련, 이것이 사고를 증가시키는 주요 원인 중 하나다.

부적절한 훈련이란 물리적 및 비물리적 강압 모두를 의미한다. **개가 신체적, 감정적, 정신적, 정서적으로 불편하다고 인식하는 모든 것이 동물에게 혐오감을 유발하는 부적절한 훈련**에 해당한다. 개가 공격적인 행동을 하는 가장 큰 이유는 두려움과 스트레스이고, 이와 같은 훈련은 개에게 두려움과 스트레스를 유발하는 주범이다.

반려동물에게 불필요한 스트레스를 주거나 불쾌감, 압박, 두려움, 혐오감을 유발하는 모든 것은 폭력이고, 이와 같은 방법은 전혀 효과적이지 못하면서 역효과는 심각하다. 가장 심각한 문제는 이것이 개가 공격적인 행동을 하게끔 만든다는 사실이다. **반려견들이 비인도적 훈련에 노출된 후 보호자나 친밀한 사람을 공격하는 비율이 상승한다**는 사실이 다수의 연구를 통해 확인되었다.

2008년 미국 펜실베이니아 대학교 연구에 따르면 반려견 보호자들은 전문가에게 연락하기 이전에 인터넷, 훈련사 등 여러 비전문적 경로로 얻은 방법을 반려견에게 시도한다. 그 과정에서 반려견은 직접적 또는 간접적으로 스트레스를 유발하는 부적절한 훈련에 노출되며, 이것이 개의 공격적인 행동을 가장 많이 증가시키는 원인이라는 사실이 확인되었다.

연구에 따르면, 보호자들이 많이 시도하는 방법으로 개를 무릎으로 밀치는 행동, 개의 몸을 밀거나 차는 행동, 초크 체인 등의 비인도적 도구 사용, 줄을 당기는 행동, 개에게 으르렁거리는 행동, 개의 입에서 물건을 강제로 빼내는 행동, 개의 몸을 뒤집거나 옆으로 누르는 행동, 개의 몸을 붙들고 기다리는 행동, 개를 위협적으로 쳐다보는 행동, 개의 얼굴을 잡고 흔드는 행동, "안돼"라고 소리 지르는 행동 등이 있으며, 연구팀은 이와 같은 행동이 개의 스트레스를 증가시킨 가장 큰 원인이라고 밝혔다.

그중에서도 물리적 힘을 사용한 훈련을 받은 개들의 공격적 행동이 가장 많이 증가했다. 또한 물리적 힘을 사용하는 보호자들은 그런 방법을 사용했을 때 자신의 반려견이 공격적으로 반응했다고 보고했다. 소리를 지르거나 노려보는 등 비물리적 폭력을 사용한 그룹이 뒤를 이었다. 긍정적 환경에서 놀이 등으로 훈련받은 그룹에서는 공격적 행동이 거의 나타나지 않았다.

훈련법은 개의 복지에 실제로 영향을 미친다.

동물에게 혐오감을 유발하는 훈련법[2]들은 지금까지 밝혀진 이상으로 끔찍한 결과를 낳는다. 영국 링컨대학교에서 진행한 연구에 따르면 비인도적 방법으로 훈련한 경우 유의미한 훈련 효과는 없었던 반면 반려견들의 스트레스와 긴장은 다섯 배 이상, 꼬리를 말아 넣는 행동은 열 배 이상 증가했다. 또한 두려움과 공포, 신체적 및 심리적 고통으로 반려견들의 행동이 위축되었다. 2017년 열일곱 개의 관련 논문을 분석한 이스라엘 연구자는 「모든 논문에서 강압적 훈련은 훈련 성과가 낮으며 동시에 반려동물의 웰빙을 해친다는 공통의 결론에 이르렀다.」고 밝혔다.

포르투갈 연구팀은 훈련 방법이 반려견의 복지에 미치는 영향을 3년에 걸쳐 연구했다. 92마리의 개를 두 그룹으로 나누고 한 그룹에는 보상 기반의 훈련, 다른 그룹에는 비인도적인 방법의 훈련을 실시했다. 그 결과, 다른 연구에서와 마찬가지로 비인도적인 훈련에 참여한 개들의 스트레스가 상승하는 것이 관찰되었다. 개들은 긴장하고 경직되었으며 호흡이 가

---

2 Positive Punishment와 Negative Reinforcement: 밀치기, 줄 잡아당기기, 코너로 몰기, 초크체인, 쇼크 칼라, 스프레이 분사 등. 자세한 내용은 Chapter 5. 개와 고양이는 어떻게 학습할까? 에서 설명하였다.

빴다. 반면 보상 기반의 훈련에 참여한 개들은 스트레스 수치가 낮았고 이완된 모습을 보였다.

이 연구에서 더욱 주목해야 할 점은 훈련이 종료된 후에 나타난 개들의 변화다. 연구팀은 실험에 참여한 반려견들의 감정 상태를 확인하기 위해 '인지 편향 테스트'를 진행했다. '컵에 물이 반이나 들어있네' 또는 '컵에 물이 반밖에 없네'처럼 생각이 편향되는 방향을 알아보는 것이다. 보상 기반의 훈련을 받은 개들은 그릇을 향해 달려가며 '절반이나 있네'라는 긍정적인 반응을 보였지만, 혐오감을 유발하는 비인도적 훈련을 받은 개들은 비관적인 태도로 확신이 없다는 듯이 머뭇거렸다. 혐오감을 유발하는 비인도적 훈련은 훈련이 진행되는 중에는 물론이고 훈련이 종료된 이후에도 개에게 신체적, 심리적, 정신적, 정서적, 사회적으로 부정적인 영향을 미친다는 사실을 알 수 있다.

'공격성'이라는 잘못된 레이블

흔히 '공격성'으로 해석되는 Aggression의 정확한 정의는 '**갈등 해소를 위한 협상**'이다. 사람을 포함해서 모든 동물이 그렇듯이 개와 고양이도 지속적으로 관계를 재조정한다. 상대방과 욕구와 감정을 조율하는 과정에서 협상이 과열되는 경우가 있다. 그러나 그것은 사납거나 공격적인 행동이 아니며, 서열과 아무 관련이 없다.

개의 행동에 대해 모르는 사람들은 개가 짖거나 달려드는 모든 행동에 '공격성'이라는 단어를 붙인다. 포식 본능, 포식적 드리프트[3]에 관해 교육에서 다루고 있고 글에서 언급한 적도 있는데 이것을 '포식적 공격성'이라는 잘못된 용어로 부르는 경우 등을 들 수 있다. 이 행동은 공격성 또는 공격적 행동이 아니다. 가족들의 양식을 구하기 위해 목숨을 걸고 일하고 온 *사장*을 '공격적인 사람'이라고 말하지 않는다.

---

3 [폴랑폴랑] 포식 본능, 포식적 드리프트 2019년 7월 5일 https://blog.naver.com/animalmind/221578258259

반려동물의 행동은 당신의 선택이 만든 결과다.

「잘못된 훈련법을 옹호하는 미디어, 책, 훈련사들로 인해 반려견의 공격적 행동이 증가하고 사회적 위험이 가중된다. Herron et al., 2009」

　동물 복지 수준과 무관하게 반려동물의 공격적 행동이 증가하는 국가에는 미디어와 온라인 매체에서 잘못된 훈련법을 대중화시키는 인플루언서들이 존재한다는 공통점이 있다. 영국에서 반려견 보호자를 대상으로 설문 조사를 진행했다. 그 결과, 조사 대상 반려견 중 88%가 어떤 형태로든 훈련받아본 경험이 있으며, 그중 약 84%가 잘못된 훈련에 노출되었던 경험이 있는 것으로 조사되었다. 부적절한 훈련, 동물 학대에 해당하는 훈련이 그만큼 만연해있다는 뜻이다. 인도적인 교육법[4]으로만 훈련받았던 16%의 반려견 중에 행동상의 문제를 보이는 사례는 드물었다.

　여러 국가에서 발표된 다수의 논문이 뒷받침하듯이 인도적 교육 방식만 사용한다고 응답한 보호자에 비해 비인도적이고 혐오감을 유발하는 방식[5]으로 반려동물을 훈련한다고 응답한 보호자가 3개월 후 문제를 보고한 비율이 높다.

　4　R+ 자세한 내용은 Chapter 5. 개와 고양이는 어떻게 학습할까? 에서 설명하였다.
　5　R-, P-, P+ 자세한 내용은 Chapter 5. 개와 고양이는 어떻게 학습할까? 에서 설명하였다.

잘못된 훈련에 노출된 반려견들이 공격적인 행동을 보이는 대상은 이웃이 될 수도 있고 가족이 될 수도 있다. 2013년 영국에서 보호자의 훈련 방법과 반려견의 공격성 간의 상관관계를 알아보기 위해 반려견 보호자 3,897명을 대상으로 설문조사를 진행했다. 그 결과, 동물에게 혐오감을 일으키는 부적절한 방법$^{Aversive\ Training}$으로 훈련한 가정에서 함께 사는 반려견들 간에 공격적 행동을 할 위험이 3.8배, 다른 개에게 공격적 행동을 할 위험이 2.5배, 가족에게 공격적 행동을 할 위험이 2.9배, 낯선 사람에게 공격적 행동을 할 위험이 2.2배 더 높게 나왔다.

조사 대상 중 극단적 행동을 보인 케이스는 훈련사의 마음에 들지 않는 행동을 하면 혼이 나고, 훈련사 입맛에 맞는 행동을 하면 상을 받는 훈련을 받았던 반려견들이었다. 다른 연구에서도 동물에게 혐오감을 일으키는 부적절한 훈련 방법을 사용한 사례를 포함하여, 부적절한 훈련법과 보상을 주는 훈련법을 혼용한 사례에서 문제가 가장 많이 보고되었다고 밝혔다. 자신을 밸런스드 트레이너$^{Balanced\ Trainer}$라고 칭하며, 동물에게 상을 주어야 할 때와 벌을 주어야 할 때를 구분해서 보상과 훈육을 당근과 채찍처럼 적절하게 사용한다고 말하는 훈련사들이 이들이다. 이 설명은 궤변이며 이것은 구식 훈련사들의 강압적 훈련 이상의 끔찍한 결과를 가져온다. 음식 쓰레기에 금가루를 뿌려도 먹을 수 없는 쓰레기임에는 변함이 없다.

비인도적 방법으로도 동작은 가르칠 수 있다. 서커스 동물이라는 것이 존재할 수 있었던 이유다. 당신이 완력을 행사할 수 있는 한 동물은 요청에 따를 것이다. 그러나 비인도적 방법으로 동물을 편안하고 차분한 동물로 바꾸는 것은 불가능하다. 그리고 당신이 폭력을 행사할 수 없을 때 또는 동물이 죽음의 공포를 느끼는 순간이 오면, 그 폭력이 당신에게 되돌아갈 것이다. 훈련사, 서커스 조련사, 보호자가 자신의 동물에 공격당해 치명상을 입은 사례 중 다수는 비인도적 훈련, 가정 폭력, 가정 학대,

건강하지 못한 환경과 관련이 깊다.

　비인도적 방법으로 동물의 감정과 삶을 변화시킬 수는 없다. 그와 같은 훈련이 공격적이고 반사회적인 동물을 만든다는 사실을 명심하기를 바란다. 한 번의 경험이 평생 갈 수 있다. 단 1초라고 해도 절대로 동물이 그런 경험을 하게 만들면 안 된다.

　공격적인 행동을 단 한 번도 보인 적이 없던 동물도 그와 같은 잘못된 행동에 공격적 행동을 보일 수 있으며 그 경험으로 인해 공격적인 동물로 바뀔 수 있다.

　"공격적인 개나 훈련이 어려운 개는 힘으로 제압하지 않으면 훈련할 수 없다."고 말하는 훈련사들이 있다. 그들은 초크 체인, 프롱 칼라 등이 효과적이고 전문적인 훈련 도구라고 말한다. 심지어 한국에서는 올가미, 가죽장갑, 널빤지, 가림막 등 후진국에서도 보지 못한 도구들이 전문 훈련 도구라며 공중파에 등장한다. 다른 곳에서 모 자격을 취득했다는 분들이 내가 진행하는 교육에 들어와서 널빤지를 들고 개를 막아 세우거나 개를 무릎으로 밀치거나 하네스를 잡아 개를 들어 올리는 등의 행동을 해서 문제가 된 적이 있다. 이전에 다른 곳에서 배웠던 습관이 남아서 무의식 중에 한 행동이라고 했다.

　몸에 익은 습관과 마인드 셋은 쉽게 바뀌지 않는다. 동물을 대하는 인식 수준은 삶의 일정 시기가 지나면 고착되어 변화가 어렵다. 과거 70년대에 강압적 훈련을 하던 해외 구식 훈련사들은 과거의 훈련 방식을 버린다는 의미에서 스스로를 자조적으로 '크로스오버 트레이너^{Cross-over Trainer}'라고 칭했다. 그러나 초크 체인을 들던 손에 다른 것을 들었을 뿐, 많은 시간이 흐른 뒤에도 근본은 쉽게 변하지 않는다. 과거가 후회된다고 말하면서도 개의 줄을 잡아채듯 당기는 습관을 버리지 못해 고생하는 사람들도 많다. 그만큼 바꾸기 어려운 것이다. 선택은 당신의 몫이다. 자신의 마인드 셋을 점검하고 좋은 시작을 하기 바란다.

너도나도 전문가라는 반려동물 교육 시장

"어설프게 아는 것은 위험한 일^{A little knowledge is a dangerous thing}"

알렉산더 포프^{Alexander Pope}

　잘못된 훈련으로 고생하며 문제를 키우다가 오는 분들이 많다. 모두 잘못된 훈련이 가져오는 피해에 대해 성토한다. 그러면서 정작 본인은 아무 준비도 되지 않은 상태로 반려동물 행동 변화 훈련을 맡을 테니 방법을 알려달라고 한다. 세미나 몇 번 듣고는 마치 이 분야를 통달한 듯 자신을 반려동물 행동 전문가라고 주장하는 사람들도 넘쳐난다. 기계 사용 설명서도 아닌데 자료를 몇 개 읽었다고 해서 모든 것을 안다는 듯이 반려동물을 컨트롤하려 한다. 간단한 동작도 가르치지 못하면서 사람들에게 반려동물의 행동을 바꾸는 방법을 알려준다. 바이엘 수업을 몇 번 들은 사람이 피아노과 교수를 하고, 영어 회화를 일주일 수강한 사람이 국제회의 동시통역사로 나서는 격이다. 교육할 때마다 나는 이렇게 당부한다.

　"여러분은 잘못된 훈련으로 인한 피해를 몸소 경험했다고 하셨어요. 만약 여러분이 정확히 알지 못하고 충분히 준비되지 않은 상태에서 타인을 가르치거나 반려동물을 교육한다면 여러분이 똑같은 가해자가 되는 겁니다. 반려동물, 보호자, 그 이웃들이 겪게 될 피해는 무엇으로도 보상이 되지 않아요. 본인의 지식과 경험 범위에서 벗어나는 일은 절대로 하면 안 됩니다. 그 책임감을 반드시 기억해 주세요."

너도나도 전문가라는 반려동물 교육 시장

반려동물 교육에 반년 이상의 긴 시간이 걸린다고 잘못 알고 있는 분들이 있다. 짖고 달려드는 반려견 문제로 1년이 넘게 훈련을 반복하면서 그것이 일반적인 상황인 줄 아는 분들도 있다. 사실이 아니다. 아주 보기 드문 난해한 케이스라고 해도 행동 변화에 반년이 넘는 긴 시간이 소요되는 경우는 보기 어렵다.

성공적인 행동 변화에 걸리는 시간은 행동의 심각성과 지속된 기간, 반려동물의 특성, 보호자의 일관성과 의지 등 여러 요인에 따라 크게 달라질 수 있다. 경우에 따라서는 한 번의 교육만으로 간단히 해결되는 사례가 있는가 하면, 여러 차례의 교육이 필요한 경우도 있다. 그러나 행동 변화에 반년이 넘는 긴 시간이 소요되고 있다면 그것은 훈련 또는 교육이 제 역할을 못 하고 있다는 방증이라고 볼 수 있다.

짖고 달려드는 반려견의 행동을 반년 이상 견뎌낼 수 있는 가족은 없다. 사람을 공격하는 반려견의 행동을 1년씩 참아낼 이웃도 없다. 고양이의 발톱에 피부가 찢기는 고통은 단 하루도 견뎌내기 어렵다. 개와 고양이의 삶에서 수개월은 긴 시간이고 행동은 반복하면 습관이 된다. 바람직하지 않은 행동이 장기간 이어지면 그 행동은 깊게 자리 잡는다. 문제가 심각해져서야 깨달은 보호자가 비로소 다시 바로 잡고자 할 때, 뒤틀리고 비틀어진 모든 상황을 제자리로 돌리려면 상당한 시간, 에너지, 비용이 든다. 그렇게라도 해서 바로 잡을 수만 있다면 좋겠지만 사람의 능력으로는 되돌릴 수 없는 것들이 있다.

행동 변화가 점진적인 프로세스인 것은 사실이다. 행동 변화는 일회성 이벤트가 아니며, 빠르고 쉬운 해결을 약속하는 즉효약 방법은 문제를 악화시킬 수 있다. 교육은 반려동물의 학습 속도에 맞춰서 반려동물이 즐겁게 받아들일 수 있는 수준에서 진행해야 하는데, 단 한 번의 교육으로 행동을 뒤엎는 급격한 변화를 시도한다면 밀어붙이기식 교육이 될 가능성이 크므로 바람직하지 않다. 행동 변화는 단계적으로 이루어져야 하고, 변화를 지속할 수 있는 완성 단계까지 좀 더 시간이 필요할 수도 있다. 그러나 정상적인 교육이라면 매회 교육마다 변화를 확인할 수 있고, 일반적으로 몇 주 이내에 성공적인 결과를 얻을 수 있다.

당신은 도라에몽이다.

한 보호자가 반려견 상담을 요청하며 이렇게 말했다. "그냥 방법만 적어주세요. 그대로 할게요."

"제가 지금 기타로 알람브라 궁전의 추억을 연주할 테니까 그대로 따라 하시겠어요?"

나의 세 시간 특강에 왔던 한 참석자는 반려견의 행동을 바꾸는 방법을 보여달라고 했다. 세미나 주제와 관련도 없었고 정식으로 행동 변화 솔루션에 등록한 보호자도 아니었지만, 원하는 대로 그 자리에서 반려견의 행동이 바뀌는 모습을 보여주었다. 그러자 "간단하네. 어떻게 하는지 봤으니까 할 수 있어요."라며 돌아갔다. 그런데 몇 개월 후 다시 찾아왔다. 이 참석자는 내가 반려견을 교육하는 모습을 보고 자신이 완벽히 복제했다고 생각했다고 한다. 심지어 잘못 이해한 내용을 반려견 커뮤니티에서 가르치며 다른 반려견 훈련을 맡기까지 했다. 그러나 생각처럼 되지 않자 다시 찾아온 것이다.

"누구나 보고 따라 할 수 있는 일이라면 그 분야에서 전문가는 필요하지 않겠죠."

사람들은 본 것을 자신이 이해했고 똑같이 할 수 있다고 생각한다. 그러나 눈앞에서 시연을 보면서도 전혀 다른 행동을 한다. 동작을 만들어주어도 인계받는 순간 무너뜨린다. 같은 정보를 받고도 자신이 아는 범위에서 왜곡해서 이해한다.

간단한 트릭을 가르치는 일은 별개다. 간단히 설명해 줄 수 있고 누구나 쉽게 따라 할 수 있다. 그러나 동물이든 사람이든 상대방의 행동을 분석하고 행동을 변화하는 일은 전문성을 필요로 한다.

우리는 자기 판단력, 관찰력, 직관력을 과신하는 경향이 있다. 그러나 지금 설명한 경우만 보아도 알 수 있듯이 우리의 관찰력은 그다지 쓸모가 있어 보이지 않는다. 당신은 도라에몽이다. 동물의 행동을 변화하려고 하기 이전에 주먹 쥔 손을 펴는 연습부터 시작해야 한다.

클리커 훈련은 긍정 교육이라는 잘못된 상식

클리커^{Clicker}는 클릭하면 딸깍 소리가 나는 작은 박스로 심리학자인 스키너^{B.F.Skinner} 박사가 1950년경에 연구를 위해 고안한 것이다. 게임을 떠올려보면 된다. 아이템을 획득하거나 작전에 성공하면 즉각 특정 소리가 게이머에게 행동의 결과를 알려준다. 그처럼 클리커는 실험 환경에서 동물에게 "지금 바로 그 행동"이라고 콕 집어서 알려줄 수 있는 통제된 신호였다.

스키너 박사의 제자인 브릴랜드^{Breland} 부부가 이것을 활용하여 동물 엔터테인먼트 사업을 성공시켰고, 수십 년에 걸쳐 커뮤니티에서 다양한 클리커 활용 아이디어가 모이면서 오늘날에 이르렀다. 클리커 트레이닝은 집단 지성의 결과물이다. 클리커 트레이닝이 대중화된 배경은 시대적인 상황과도 맞물려있다. 기존의 구식 훈련법이 외면받게 된 시점에 초크 체인 외에는 대안이 없었던 훈련사들에게 클리커는 '초크 체인을 사용하는 구식 훈련사'의 반대 이미지로 대중에게 어필하는 데 도움이 되었다.

클리커 트레이닝이 보상을 이용한 다른 훈련법보다 특별히 더 효과적일까? 클리커의 효과를 확인하기 위해 장기간 다각도로 연구가 진행되었는데, 결론적으로 클리커 사용 여부는 훈련 성과와 관련이 없었다.

미국 애리조나 주립대학교 연구팀은 간식만 사용한 그룹, 간식과 칭찬 그룹, 간식과 클리커 그룹의 세 그룹으로 나누어 실험을 진행했다. 그 결과 큰 차이는 없었으나 간식만 사용한 그룹이 다른 두 그룹보다 좋은 성과를 얻었다. 클리커 사용 여부가 훈련 성과에 영향을 미치지 않았다는 뜻이다. 다른 연구에서도 결과는 같았다. 간식만 사용하여 훈련한 그룹과 클리커와 간식을 사용한 그룹에서 훈련 속도와 성과에 별다른 차이를 발견할 수 없었다. 고양이를 대상으로 진행한 파일럿 연구에서는 클리커 없이 고양이가 좋아하는 간식만으로 훈련했을 때 훈련 성과가 더 높았다. 반면, 기존에 학습된 행동을 더 이상 하지 않도록 소거할 때는 간식만으로 훈련했던 그룹과 비교하여 클리커와 간식을 사용하여 훈련했던 그룹에서 행동이 소거되기까지 시간이 더 오래 걸렸고 훈련 성과가 낮았다.

훈련 성과를 만드는 핵심은 클리커 사용 여부가 아니라 이론적 지식과 실제 응용 능력이다.

여러 연구 논문에서 언급되었듯이 클리커라는 동일한 도구를 사용하는데도 불구하고 사람마다 방법에 큰 차이를 보인다. 당연히 훈련의 결과 또한 크게 달라질 수밖에 없다. 클리커와 간식을 들고 있으면 인도적이고 바람직한 교육이라고 생각하는 사람들이 있다. 그러나 초크 체인을 클리커로 바꾸었다고 훈련사의 훈련 능력까지 바뀌지 않는다. 몽둥이로만 상대방을 망가뜨릴 수 있는 게 아니다. 또한 클리커 사용 여부나 실력을 떠나, 가르치는 사람의 '윤리 의식 및 훈련 철학'이 다른 결과를 낳을 수 있다. 2017년 호주 연구진은 '똑같은 클리커 트레이닝이라고 해도 방법론적 차이가 상충하는 결과를 낳을 수 있다'고 기술했다.

클리커를 사용하든 무엇을 사용하든 원리를 모르고 하는 행동, 반려동물을 혼란스럽게 하는 행동은 폭력적인 결과를 가져온다.

반려견 앞에 무표정으로 미동도 없이 앉아 있다가, 반려견이 동작을 하면 클리커로 클릭하고 반려견에게 간식을 던지는 동작을 반복하는 보호자들이 있다. 반려동물을 불안정하게 만드는 대표적인 사례 중 하나다. 이 훈련의 결과, 보호자를 두려워하며 불안을 호소하게 된 반려동물들을 만나곤 한다. 보호자를 보는 순간 위축되며 회피하는 반려동물의 모습은 보는 것만으로도 고통스럽다. 당신은 간식 디스펜서dispenser가 아니다. 무표정으로 나무토막처럼 앉아서 간식을 던져주는 것이 훈련이라면 앞으로 훈련은 기계에 맡기면 그만이다. 당신이 아니어도 된다.

클리커는 보조적 도구 중 하나에 불과하다. 클리커로 행동을 변화시킬 수 있다는 생각은 '두통이 생기면 이마에 반창고를 붙이면 해결된다'라는 말과 크게 다르지 않다. 반창고가 나쁜 것은 아니다. 그러나 두통에 반창고는 의미가 없다. 간혹 클리커 트레이닝을 이수한 사람이 행동 변화 또는 행동 상담을 하는 경우를 볼 수 있는데 이것은 직업윤리에 어긋난다. 해외에서는 법적으로도 문제가 될 수 있다.

처음 훈련을 접하는 사람에게 클리커 트레이닝 아카데미는 좋은 시작이 될 수 있다. 그러나 교육 커리큘럼에서 알 수 있듯이 그것은 개에게 간단한 동작을 가르칠 수 있는 수준의 기초적인 훈련 스킬을 알려주는 교육이다. 클리커 트레이닝을 이수하기 전에 다년간 훈련 경력이 있다고 말하는 분들이 있는데, 피아니스트가 바이엘 과정에 등록해서 이수증을 받는 경우는 없다.

클리커를 사용해야 타이밍을 정확히 짚어서 행동을 가르칠 수 있다는 주장을 간혹 볼 수 있는데, 클리커 없이 정확한 타이밍을 잡지 못하는 사람은 클리커를 사용해도 마찬가지다. 클리커는 애초에 실험 환경에서 사용하던 것이다. 당신은 실험자가 아니고 반려동물은 실험동물이 아니다.

일반 가정에서 통제된 실험 환경을 구현할 수도 없고 할 필요도 없다.

많은 보호자가 클리커와 간식과 줄을 손에 들고 저글링 하느라 애를 먹는다. 정작 가장 중요한 것은 놓친 채 말이다. 이제 손에 든 모든 것을 내려놓기를 바란다. 반려동물 교육에서는 반려동물과 교육자 간의 관계와 상호 작용이 핵심적인 역할을 한다. 교육은 관계를 돈독히 하는 과정이다. 반려동물과 눈을 마주치고 웃고 이야기하며, 서로 배우고 과정을 공유하며 관계가 깊어지는 것이다. **기억하자. 핵심은 '나와 반려동물', 다른 무엇도 아닌 우리 둘이어야 한다는 사실.** 행동 변화는 관계에서 일어난다. 반려동물에게 집중하고 그들의 말에 귀 기울이는 연습에 더 주의를 기울여보면 어떨까.

잘못된 상식

'퍼피 라이선스'라는 말은 과학적 근거가 없다.

강아지는 테스토스테론 수치가 낮아서 성견들이 퍼피 라이선스를 주고 행동을 허용한다거나, 강아지의 테스토스테론이 성견 수치에 다다르면 퍼피 라이선스를 취소하고 더 이상 매너 없는 행동을 용인하지 않는다는 주장은 모두 사실이 아니며 과학적 근거가 없다.

CHAPTER 2.
반드시 지켜야 하는 반려동물 교육 윤리 기준

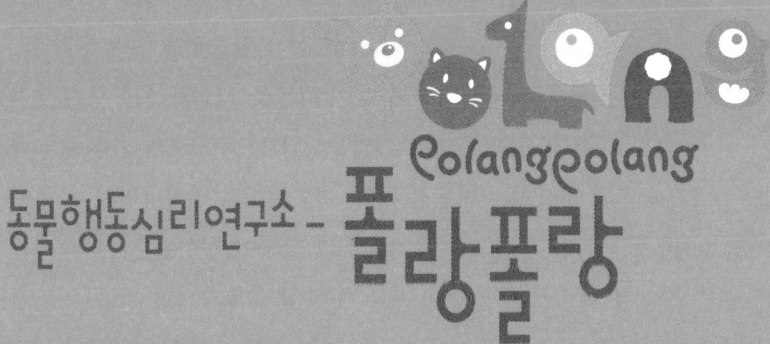

반드시 지켜야 하는 반려동물 교육 윤리 기준

"훈련사마다 말이 달라서 도대체 누구 말대로 해야 하는지 모르겠다." 고 보호자들은 말한다.

맞는 말이다. 반려동물 훈련사라는 직업은 규정된 직업이 아니기 때문에 그렇다. 학력, 자격, 면허가 전혀 필요하지 않다. 동물에 대해 아는 것이 전혀 없어도 훈련사가 될 수 있다. 경력이 전무한 사람이 자신을 '반려견 훈련사' 또는 '반려견 전문가'라고 소개해도 법적으로 문제가 되지 않는다. 반려견 훈련사의 스킬이나 경력을 검증하는 시스템도 없다. 몇 가지 차이점이 있지만 동물 복지 선진국도 크게 다르지 않다. 가진 지식이 다른 사람들이 서로 다른 이야기를 하는 가운데, 정보의 옳고 그름이나 자격의 차이를 알지 못하는 보호자 입장에서는 혼란스러울 수밖에 없다.

훈련사라는 직업을 이해하려면 우선 반려동물 시장과 문화가 어떻게 시작되었는지 이해할 필요가 있다. 개발도상국 및 후진국의 반려동물 문화는 소득 증가와 더불어 반려동물 대량 수입 판매가 일어나면서 번식 판매업자 및 그 시장을 중심으로 양적으로 팽창하여 형성된 것이다. 기존에 번식과 식용 목적으로 올가미 들고 개를 잡으러 다니던 사람들이 '순종'이라는 레이블을 붙여 해외 반려동물들을 대량 수입 판매하거나 퍼피

밀이라 불리는 공장식 번식 판매로 부를 축적한다. 그리고 관련 사업으로 확장한다. 학교, 학원, 협회를 세우고 자격증을 만들고 전문가를 자처하고 동물복지 정책에 개입하며 그 국가의 반려동물 산업의 중심축이 된다. 훈련사라는 직업도 그중 하나다.

해외 선진국의 반려동물 훈련사라는 직업도 비전문가가 비전문가에게 전달하는 방식으로 이어져 왔다. 훈련사가 되기까지 지식과 스킬을 쌓은 루트도 제각각이고, 배운 지식이나 이해 수준도 저마다 다르다. 동물에 대한 인식, 가치관, 지식, 실력, 학력, 경력, 훈련 방식이 천차만별이다. 훈련사마다 사용하는 용어도 제각각이다. 클리커 트레이너, 리워드 트레이너, 포지티브 트레이너, 긍정 강화 트레이너, 플러스 강화 트레이너, 크로스오버 트레이너, 밸런스드 트레이너 등등 온갖 명칭이 난무한다.

동일한 자격을 가진 경우에도 사람마다 수준의 격차가 상당하다. 인증 자격을 가진 정식 훈련사라고 해도 갓 300시간의 의무 경력만 간신히 채운 사람이 있는가 하면, 수십 년의 경력을 가진 베테랑도 있다. 말로는 인도적인 훈련법을 지지한다고 말하고 전문가의 설명을 복제하면서, 동물학대에 가까운 훈련을 하는 사람도 무수히 많다.

그렇다면 보호자는 어떤 기준으로 판단을 내려야 할까? 객관적인 윤리 기준이 필요하다.

그에 앞서 보호자는 자신의 윤리 기준부터 정리할 필요가 있다. 사람마다 윤리 기준은 다르다. 한 생명의 목을 조이거나 밀치는 것이 비윤리적인 행동이라고 생각한다면, 상대방이 그와 같은 행동을 어떤 말로 합리화하든 거기에 동조하지 않을 것이고 반려견을 보호할 것이다. 앞을 가로막고 서서 쳐다보는 행동이 동물에게 스트레스와 고통을 줄 수 있는 부적절한 행동이라고 생각한다면, 잘못된 행동을 멈추고 반려견을 보호할 것이다.

부적절한 방식의 훈련이라고 해도 그것이 자신의 윤리 기준에 부합한다면 당신은 그 선택을 지속할 것이다. 아무리 좋은 교육이라고 하더라도 당신의 윤리 기준과 맞지 않는다면 의미가 없을 것이다. 전문가와 보호자의 윤리 기준이 다른 경우에는 협력과 공감대 형성이 어렵기 때문에 여러모로 험난하다.

국제적으로 공인된 반려동물 교육 윤리 기준은 다음과 같다.

> **반려동물 교육 윤리의 국제적 기준**
>
> 1. **리마**[LIMA]: 윤리 기준
> 2. **행동 변화 6단계**[Hierarchy of Behavior-Change Procedures]: 방법 선택의 기준
> 3. **국제 반려견 트레이너 윤리 강령**: 트레이너가 준수해야 하는 직업윤리

나는 반려견 트레이너를 양성하는 PACT 아카데미를 운영하고 있다. PACT는 PolangPolang Academy for Companion Dog Trainers의 약자이면서 동시에 서약 Pact이라는 의미를 담고 있다. 반려동물 훈련이나 교육에 있어 윤리 의식을 갖고 준수하겠다는 서약을 말한다. 이 윤리 기준 및 정책은 동물과 관련된 사람은 물론, 일반 보호자도 알아야 하고 준수해야 한다. 이 윤리 기준에 맞추어 전문성을 쌓으면 동물과 관련된 일을 하는 사람은 국제적 기준에 맞는 전문인이 될 수 있다. 보호자는 훈련, 교육, 미용, 의료 등 반려동물을 위한 서비스를 선택할 때 판단의 기준으로 삼을 수 있다. 올바른 지식과 그렇지 않은 것을 구분하는 기준으로 활용하여 모두가 더욱 나은 이웃이 될 수 있다.

리마 LIMA

행동 분야의 저명한 학자인 존 베일리[Jon S. Bailey] 박사와 메리 버치[Mary R. Burch] 박사는 행동 전문가들이 지켜야 할 윤리적 스탠더드를 다음과 같이 제시했다. 동물 행동과 관련된 사람들이 지켜야 할 윤리 기준도 이 원칙을 바탕으로 한다.

▶ 언제나 참가자의 안녕[Welfare]이 보장되어야 한다.
▶ 각자에게 최적화된 맞춤형 솔루션을 적용한다.
▶ 행동의 기능적 평가[Functional Assessment]를 바탕으로 솔루션을 설계한다.
▶ 모든 절차는 과학적 근거를 기반으로 해야 한다.
▶ 시작부터 마무리까지 행동에 개입하는 모든 과정은 반드시 과학적 방법을 사용해야 한다.

행동 변화는 가르치는 사람이 아니라 배우는 **동물의 관점**에서 고려되어야 한다. 또한 행동 변화는 **각각의 교육 대상에 맞추어** 진행되어야 한다. 하나하나의 동물이 모두 다른 존재이기 때문이다. 동물의 행동을 평가하고 개입할 때는 반드시 과학적인 행동 평가를 통해 그 근본 원인을 파악하고, 과학적 방법에 기반한 행동 변화 솔루션을 진행한다. 이와 같은 윤리적 원칙하에 교육 대상의 안녕을 보장하면서 동시에 효과적인 방법을 찾는 것이 반려동물 행동 전문가의 역할이다.

행동 변화는 효과적인 동시에 인도적이어야 한다. 리마^{LIMA}는 'Least Intrusive, Minimally Aversive'의 약어로서 훈련 또는 행동 변화 목표를 성공적으로 달성하기 위해서 필요한 일련의 인도적이고 효과적인 전술 중에 개입을 최소화하면서 동물에게 최대한 스트레스를 주지 않는 방법을 선택하고 사용하는 반려동물 트레이너와 컨설턴트를 말한다. 동물의 훈련 또는 행동 교육에 관여하는 모든 사람이 반드시 준수해야 하는 국제적인 윤리 기준$^{Ethical\ standard}$이다.

훈련 또는 행동 변화에서 원하는 최종 결과물을 만드는 방법은 다양하다. 여기서 말하는 다양한 방법이란 인도적이면서 효과적인 방법을 말한다. 그 가운데서도 동물에게 가장 편안하고 선택의 자유가 보장되는 방법을 선택·사용해야 한다. 국제적으로 공인된 거의 모든 동물 관련 기관 및 단체에서 리마^{LIMA}를 공식 선언문으로 채택하고 있다.

리마 LIMA

침해 최소화 Least Intrusive

혐오감 최소화 Minimally Aversive

참여하는 동물에게 행동 선택의 자유를 최대한 보장한다.
강요하지 않는다.
참여하는 동물이 감당할 수 있는 선을 유지한다.
참여하는 동물의 자율성과 상황통제권을 최대한 & 예외 없이 보장한다.
무엇이든 동물에게 혐오감을 불러일으킬 수 있는 것은 절대 하지 않는다.

Least Intrusive = 침해 최소화

침해 최소화$^{Least\ Intrusive}$는 행동 변화의 전 과정에서 동물의 선택과 자유를 보장하는 것, 동물에게 상황을 통제할 수 있는 권리와 자율성을 최대한 부여하는 것을 말한다. 리마^{LIMA}를 준수하는 전문가는 행동 변화의 당사자인 동물이 감당할 수 있는 범위를 넘어서 밀어붙이거나 권리를 침해하는 행동을 하지 않는다. 행동 변화 여부는 당사자가 정하는 것이다. 누구도 강요할 수 없고 해서도 안 된다.

동물이 부정적 스트레스를 느끼는 상태에서 훈련이나 교육은 의미가 없다. 답을 모두 맞히기 전에는 절대 나갈 수 없다는 상황에서는 과도한 스트레스를 받는다. 그러나 그만하고 싶으면 언제든지 중단해도 좋다는 말을 들으면 스트레스는 줄어든다. 동물은 원하면 언제든 자리를 떠나거나 중단할 수 있는 행동의 자유를 갖는다. 주도적으로 상황을 통제할 수 있는 선택권을 가지면 스트레스가 감소하거나 유익하게 작용한다.

Minimally Aversive = 혐오감 최소화

여기에서 '혐오적^{Aversive}'이라는 단어의 의미는 당사자에게 불쾌감을 주는 모든 것을 의미한다. 신체적 또는 심리적인 불쾌감을 주는 대상이나 행동, 당사자가 두려워하는 것, 당사자가 회피하고자 하는 것 등을 들 수 있다. 동물에게 혐오감을 유발하는 훈련은 학대다. 따라서 훈련이나 교육을 진행할 때는 반려동물의 의사와 감정 상태를 매 순간 확인하며, 당사자가 스트레스, 불안, 두려움, 불편을 호소하는 상황으로 넘어가지 않도록 세심한 주의를 기울여야 한다.

그런데 왜 '절대 불가 NO'가 아니라 최소화 Least, Minimally라는 표현을 썼을까?

반려동물의 권리를 침해하거나 혐오감을 유발하는 방법을 사용할 수 없다는 사실은 절대 명제다. 그러나 이 세상을 칼같이 흑백으로 구분하는 것은 극단적일 수 있다. 세상에는 우리가 알 수 없는 상황, 우발적인 상황, 우리가 의지로 통제할 수 없는 경우가 존재한다. 예를 들어 개의 줄을 낚아채듯 당기는 행동은 리마[LIMA]에 어긋나지만, 골목에서 갑자기 차량이 달려 나온다면 반려견의 생명을 구하기 위해 반사적으로 줄을 당길 것이다.

사람은 완벽한 존재가 아니기에 순간적인 실수를 할 수도 있다. 마인풀니스[Mindfulness]를 알리고 가르치는 존 카밧진[Jon Kabat-Zinn] 박사가 저서에서 주변에 분노를 쏟아부었던 실수를 언급한 적이 있다. 수십 년간 마음을 다스리는 법을 가르치고 실행해왔다고 해도, 순간 이성을 잃는 경험은 누구에게나 있을 수 있다. 동물과 관련된 일을 하는 사람들도 마찬가지다. 특히나 반려동물 교육에서 교육 대상은 반려동물만이 아니다. 대부분의 경우 사람 교육에 더 많은 시간과 에너지가 들어간다. 다수를 대상으로 교육하면서 마음이 분주해지면 평정심을 유지하기 어려울 때도 있다. 이런 상황에서는 스트레스로 근육이 경직되면서 반려동물을 대할 때 순간적으로 필요 이상의 힘이 들어갈 수 있다. 그야말로 찰나의 순간이지만 세상없이 불쾌하고 끔찍한 경험이다. 이처럼 우리가 이 세상의 모든 상황을 100% 통제할 수 없다는 의미에서 '최소화 Least, Minimally'라는 표현을 사용한 것이다.

다시 말하지만 필요하다면 침해해도 좋다는 의미가 아니다. 의미를 왜곡하여 해석하면 안 된다. 리마[LIMA]는 어떤 경우에도 윤리 기준에서 벗어나는 훈련을 인정하지 않는다. 바람직한 교육법이 무수히 많은데 불구하고, 강압적이거나 부적절한 방법을 사용하는 행위는 정당화될 수 없다.

리마 LIMA는 역량 기반이다.

리마^{LIMA}는 해당 수준의 지식과 기술을 익힌 전문가일 때 실천 가능하다. 반려동물 트레이너 및 컨설턴트의 직업윤리에는 '인도적인 방법을 모르거나 자신의 인증된 능력과 경험 범위를 벗어나는 문제에는 관여하거나 조언하면 안 된다.'라고 명시되어 있다. 반려동물 트레이너나 행동 컨설턴트는 리마^{LIMA} 원칙하에 반려동물을 트레이닝하거나 관련 컨설팅을 할 수 있는 수준의 지식과 경험을 갖추기 위해 노력해야 한다.

동물의 스트레스 또는 혐오감을 포착하려면, 동물의 언어를 이해하고 소통할 수 있는 역량이 필요하다. 또한 인도적이고 효과적인 해법 카드를 많이 갖고 있어야 한다. 한두 가지의 단편적인 매뉴얼 식 훈련법으로는 교육을 성공으로 이끌 수 없다. 하나의 교육에도 다양한 전략과 전술이 필요하다. 동물의 의사를 즉각 파악하고 그에 따라 전술을 바꾸며 대응할 수 있을 때 바람직한 행동 변화를 만들 수 있다.

보호자는 반려동물 행동 상담 또는 교육을 요청할 때 그곳이 리마^{LIMA}를 기반으로 반려동물을 교육하는지, 실제로 실천하고 있는지를 확인해야 한다. 만약 리마^{LIMA}에서 벗어나거나 곧 설명할 행동 변화 6단계 중 적정 범위에서 벗어난다면, 또는 필요한 경우 강압적 방식을 사용할 수도 있다고 생각하는 사람이라면 단 1초도 그 손에 반려동물을 맡겨서는 안 된다.

행동 변화 6단계 Hierarchy of Behavior-Change Procedures

행동 변화 6단계$^{\text{Hierarchy of Behavior-Change Procedures}}$는 심리학자 수잔 프리드먼$^{\text{Susan G. Friedman}}$ 박사가 제안한 것이다. 프리드먼 박사는 ABA 응용 행동 분석$^{\text{Applied Behavior Analysis}}$ 분야에서 의미 있는 성과를 남긴 저명한 연구자로, 동물 행동에 관여할 때도 ABA에서 행동 분석 전문가들에게 요구하는 윤리 기준을 준용하자는 뜻을 담아 행동 변화 6단계를 제안했다.[6] '행동 변화 6단계'라는 한국 표기는 프리드먼 박사와의 논의를 거쳐 결정하였다.

낯선 용어에 눈이 빙글빙글 돌기 시작했다면 용어는 잠시 가려두어도 된다. 각 용어의 구체적인 내용은 별도로 다룰 것이다. 여기에서는 우선 행동 변화 6단계의 의미에 관해 설명하겠다.

행동 변화 6단계는 동물 행동 교육에서 윤리적인 결정을 내리기 위한 선택 수순이다. 1단계부터 6단계까지 차례로 적혀있는데 최하단의 1단계가 **가장 침해가 적은** 방법이다. 동물에게 가장 많은 자율과 선택을 보장하고 동물이 받는 스트레스도 가장 적다. 단계를 올라가면 올라갈수록 동물의 자율과 선택 여지가 줄어들고 스트레스가 증가한다. 6단계는 일반적으로 가장 침해가 심하고 동물에게 과도한 스트레스를 준다.

---

[6] 'Humane Hierarchy, 인도적 계층, 인도적 단계' 등은 잘못된 이름이며 '인도적'이라는 표현은 적절하지 않다.

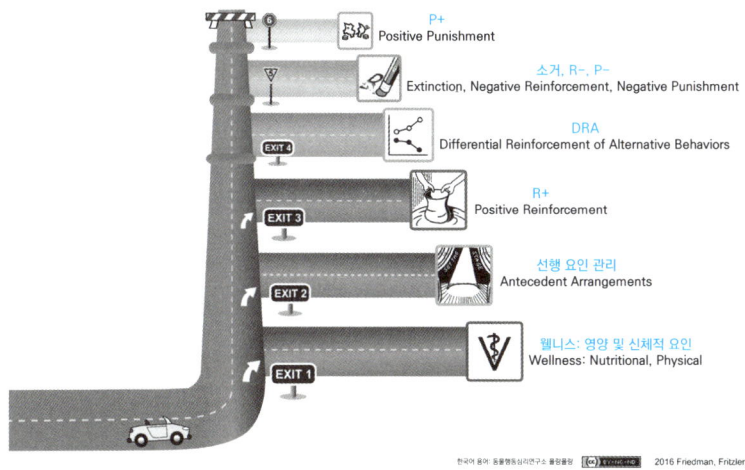

행동 변화 6단계

　6단계까지 나뉘어 있지만 모든 단계를 허용한다는 의미는 아니다. 그림을 잘 보면 단계를 올라갈수록 도로가 좁아진다는 사실을 알 수 있다. 4단계부터는 과속방지턱이 있다. 4단계 이상을 적용할 때는 그만큼 신중해야 한다는 뜻이다. 올바르게 적용하지 않으면 불필요한 침해로 변질할 수 있다. 5단계 옆에는 노란 경고등이 그려져 있다. 도로의 황색 신호와 같다. 황색 신호는 진행 허용이 아니라 운전을 멈추라는 정지 신호다. 5단계는 기본적으로 사용하지 않는 것을 원칙으로 한다. 지식과 경험이 풍부한 인증된 전문가의 판단하에 부득이하다고 판단되는 경우에만 예외적으로, 인도적 범위에서 제한적으로 허용한다. 6단계에는 적색 신호와 진입 금지 표시가 그려져 있다. 동물에게 적용하는 것을 금한다는 뜻이다.

공인된 자격과 올바른 지식, 풍부한 경험을 갖춘 진정한 전문가라면 1단계부터 4단계 사이에서 해결책을 찾는다. 대부분은 1단계부터 3단계 사이에서 해결된다. 그 선을 넘는 일은 거의 없다고 봐도 무방하다. "개가 공격적이고 위험을 초래하는데 어떻게 그럴 수 있나?"라고 말하는 사람이 있을지도 모르겠다. 이해를 돕기 위해서 아래 실제 사례를 담았다. 보호자와 함께 사는 다른 반려동물을 공격하고 혈전을 벌이던 반려동물들이 행동 변화 6단계 중 1단계와 2단계만으로 변화된 사례를 보면 이해에 도움이 될 것이다.

1단계
웰니스: 영양 및 신체적 요인 Wellness: Nutritional, Physical

모든 행동 변화는 행동 변화 1단계에서 출발한다. 1단계에서 동물을 도울 수 있으려면 해당 종의 동물에 대해서 깊이 알고 있어야 하는 것은 물론이고, 각각의 동물의 행동을 세밀하게 관찰하고 가이드할 수 있는 전문성이 필요하다. 1단계에서 반려동물은 가장 큰 선택의 자유를 보장받으며 스트레스 요인이 가장 적다.

훈련, 교육, 행동 변화 등을 고려할 때는 예외 없이 반려동물의 전반적 웰빙을 살펴보는 것부터 시작해야 한다. 만약 반려동물의 행동이 건강과 관련이 있다고 판단되거나, 직접적으로 관련이 없다고 하더라도 변화가 필요한 부분이 있다면 해당 사항을 최우선 해결한다.

실제 내가 만났던 사례다. 여러 마리의 반려견들을 키우는 가족이었는데, 그 중 한 마리가 다른 개들과 혈전을 벌이기 시작했다. 보호자가 쓰다듬으려고 손을 뻗다가 물린 일도 여러 차례, 훈련소에 보낸 것도 여러 차례. 보호자와 반려견이 나에게 찾아왔을 때는 둘 다 지칠 대로 지친 상태였다. 그런데 행동 분석을 통해 확인된 근본 원인은 반려견의 건강 문제, 바로 만성 중이염이었다. 만성 질환이 있으면 전반적인 삶의 질이 훼손된다. 이 반려견이 누구에겐들 친절할 수 있었을까? 네발 동물이 자신을 방어할 방법은 많지 않다. 아픈 곳을 만질까 봐 걱정될 때, 만지지 말라고 소리치거나 입으로 저지하는 것이 할 수 있는 전부다. 안타깝지만 개의 이런 행동은 흔히 사납거나 비정상적인 행동으로 오해받는다. 행동의 근본 원인이 건강 문제라는 것을 알게 된 순간부터가 변화의 시작이다. 보호자는 반려견을 배려하고 보살피는 방법을 배웠고, 반려견은 비로소 안심하고 회복에 전념하기 시작했다. 건강 문제를 해결하면서 가정에 평화가 찾아왔다. 1단계에서 답을 찾은 사례다.

또 다른 반려견 가족의 사례다. 어느 날인가부터 반려견이 실내 이곳저곳에 실수를 하기 시작했다. 배변 습관을 고쳐줘야 한다고 생각한 보호자는 반려견이 실수할 때마다 큰 소리를 내거나 반려견을 실수한 장소로 데리고 가서 혼을 내곤 했다. 몇 달 후 더 이상 보호자는 화를 내거나 반려견을 혼낼 필요가 없게 되었다. 반려견이 세상을 떠났기 때문이다. 배변 실수의 원인은 질병이었고 급성 질환이 아니었기 때문에, 반려견과 보호자 모두에게 충분히 상황을 바꿀 기회가 있었다. 그러나 반려견의 잘못된 행동을 고치겠다는 생각에 골몰했던 탓에 보호자는 반려견을 살릴 기회를 잃었다. 행동 변화 1단계를 가장 먼저 고려했다면 결과는 달랐을 것이다.

앵무새가 하루 종일 운다면 울지 못하게 막을 방법을 찾을 것이 아니라 행동 변화 1단계를 떠올려야 한다. 어둡고 습한 방 안에서 좁은 새장에 갇힌 채 지내야 한다면 그것은 앵무새에게 고문과 다름없다. 그 상황에서 앵무새가 할 수 있는 일이란 울거나 자해하거나 무기력하게 견뎌내는 정도다. 앵무새의 행동을 바꾸고 싶다면 건강한 환경을 제공하고 앵무새의 심신의 회복을 돕는 것이 우선이다.

반려동물의 안녕을 보살피지 않는다면 다른 솔루션은 의미가 없다. 심신이 불편한 생명에게 다른 것을 요구할 수는 없기 때문이다. 건강상의 문제가 아니라도 마찬가지다. 반려동물의 웰빙에서 벗어나는 것, 예를 들어 반려견이 두려움, 고통, 스트레스를 겪는 상황에서는 행동을 변화시킬 수 없다. 오히려 새로운 문제가 추가된다.

2단계
선행 요인 관리 ^{Antecedent Arrangements}

선행 요인이란 자극, 사건, 조건 등 행동을 유발하는 모든 요인을 말한다. 반려견이 현관 벨만 울리면 짖는다면 '현관 벨 소리'가 선행 요인이다. 달리는 자전거만 보이면 따라간다면 달리는 자전거가 행동을 유발한 선행 요인이다.

행동을 유발하는 요인을 관리하는 것을 선행 요인을 관리한다고 한다. 일반적인 용어가 아니기 때문에 나는 보호자에게 설명할 때는 '환경 매니지먼트'라는 표현을 쓴다. 선행 요인 관리만으로 문제가 완벽히 해결되는 경우도 많다. 예를 들어, 반려견이 짖는 이유가 벨 소리라면 벨을 끄거나 소리를 대체하는 것만으로도 짖는 행동을 멈출 수 있다.

선행 요인 관리, 즉 환경 매니지먼트는 사후 대처가 아니라 사전 대응이다. 이미 일어난 행동을 막으려고 애쓰는 것보다 앞서 생각하고 대응하는 것이 당연히 훨씬 효과적이다. 엎질러진 물을 주워 담느라 고생하느니 물이 엎질러지지 않도록 하는 편이 낫다. 반려견이 휴지통을 뒤진다고 하자. 휴지통을 쏟아서 이미 난장판이 된 상황에 반려견을 혼내봐야 아무 의미 없다. 반려견은 이미 휴지통을 뒤지는 행동을 했고, 행동은 반복하면 습관이 된다. 이 행동을 바꾸고 싶다면 반려견이 휴지통을 뒤질만한 상황을 제공하지 않는 것이 우선이다. 휴지통부터 치워라. 아니면 반려견이 열 수 없는 무거운 나무나 돌로 만든 박스를 사용하는 방법도 있다.

반려견이 다른 사람을 공격한다고 하자. 보호자가 가장 먼저 해야 할 일은 반려견이 타인에게 달려들 수 있을 만한 상황을 만들지 않는 것이다. 외출할 때 항상 줄을 착용하고 사람들과 충분한 거리를 두고 다닌다면, 형사 가제트가 아닌 이상 다른 사람에게 달려들 수 있을 리가 없다. 분노와 폭력은 반복하면서 강도와 빈도가 올라간다. 반려견이 타인이나 동물을 공격한 이력이나 가능성이 있다면, 그런 행동을 반복 연습할 기회를 원천 봉쇄해야 한다. <u>원치 않는 행동을 리허설할 기회를 완벽히 제거해라.</u> 그리고 일단 시작했다면 일관된 태도를 보여라. 일관된 태도를 보이기 어렵다면 시작하지 않는 것이 낫다.

3단계
R+ ^{Positive Reinforcement}

R+라 쓰고 '알 플러스'라고 읽는다.

R+는 해당 동물이 원하는 것을 주는 것, 즉 동기를 부여해서 행동의 강도나 빈도를 높이는 것이다. R+의 원용어인 Positive Reinforcement는 '긍정 강화, 긍정적 강화, 정적 강화, 플러스 강화, 포지티브 강화' 등으로 번역되고 있는데 대부분이 원용어의 의미와 맞지 않는 잘못된 용어다.

강아지가 앉을 때 칭찬하고 좋아하는 간식을 주면 강아지가 더 자주 앉는다. 이것이 R+를 이용한 훈련이다. 그러나 간식을 사용한다고 모두 R+가 아니다. 또한 동물에게 행동의 동기를 부여하는 방법이 간식만 있는 것도 아니다. 배우는 동물이 원하는 것, 동기를 부여하는 방법은 다양하다. R+는 훨씬 다양하고 차원 높게 사용할 수 있다. 자세한 내용은 CHAPTER 5. 개와 고양이는 어떻게 학습할까?에 담았다.

4단계
DRA ^{Differential Reinforcement of Alternative Behaviors}

DRA라 쓰고 '디알에이'라고 읽는다.

DRA는 선별 강화 ^{Differential Reinforcement}의 여러 유형 중 하나다. 기존에 하던 특정 행동의 기능을 대신할 다른 행동을 정해서 그 행동을 강화한다.

가구를 긁는 습관을 지닌 고양이를 예로 들어보자. 행동을 막거나 체벌하는 것은 바람직하지 않고 효과도 없다. 스크래치 하는 행동은 나쁜 행동이 아니다. 단지 보호자 입장에서는 고양이가 가구를 긁지 않았으면 한다. 그렇다면 고양이가 가구 대신 스크래처^{Scratcher}를 긁도록 행동을 전환할 수 있다. 벨이 울릴 때마다 심하게 짖는 반려견이 있다고 하자. 짖지 못하게 막거나 짖을 때마다 제재를 가하는 것이 아니라, 바람직한 행동으로 행동을 전환하는 것이 DRA다. 내가 2016년에 올린 영상이 그 좋은 예다. 벨이나 노크 소리가 날 때 짖는 대신 보호자에게 벨이 울렸다는 사실을 알리고 지정된 장소로 가서 편안히 기다리도록 가르쳤다.[7]

5단계

소거^{Extinction}, R-$^{Negative Reinforcement}$, P-$^{Negative Punishment}$

Extinction은 소거^{消去}

R-라 쓰고 '알 마이너스'라고 읽는다.

P-라 쓰고 '피 마이너스'라고 읽는다.

5단계 옆에는 노란 경고등이 그려져 있다. 운전을 멈추라는 신호다.

순서는 무관하다. 프리드먼 박사는 리마^{LIMA}에 비추어볼 때 이 세 가지가 동일한 선상에 있다고 보았다.

5단계의 소거, R-, P-는 동물에게 두려움, 불안, 좌절감, 고통, 과도한 스트레스, 분노를 유발할 수 있다. 스트레스 상황에서 배울 수 있는 동물은 없으므로 학습 효과가 낮고 트라우마가 남을 수 있다. 따라서 5단계는 적용하지 않는 것을 기본 원칙으로 한다.

소거^{Extinction}는 이전에 하던 행동을 더 이상 하지 않게 되는 것을 말한다. 간단한 예로, 떼를 써도 효과가 없으면 아이는 더 이상 떼를 쓰지 않게 된다는 것이 소거의 개념이다. 그러나 아이를 키워본 부모라면 다들 실

---

7 폴랑폴랑 2016년 9월 29일 https://www.youtube.com/watch?v=oXC_cAgJ1go
폴랑폴랑 2016년 10월 13일 https://www.youtube.com/watch?v=ooF6u2b6XOc

제 상황이 시나리오대로 움직이지 않는다는 데 동의할 거다. 별도로 설명하겠지만 소거는 효과적이지 않을 뿐 아니라 비인도적일 수 있다. 대상이 자녀이든 반려동물이든 당신 자신이든 마찬가지다.

P-는 리워드를 제거하여 바람직하지 않은 행동을 할 가능성을 줄이는 것이다. '개가 뛰어오르면 등을 돌리고 서 있어라, 개가 짖으면 무시해라, 개가 줄을 당길 때 그 자리에 돌처럼 멈춰 서서 움직이지 않으면 개가 줄을 당기지 않게 만들 수 있다.'고 말하는 훈련이 P-에 해당한다. 이것은 효과적이지 않으며 지금 예시와 같이 비인도적으로 사용될 가능성이 높다. 이 내용은 CHAPTER 5에서 별도로 설명했다.

R-는 말의 고삐를 떠올리면 개념을 쉽게 이해할 수 있다. 사람이 말의 고삐를 당길 때마다 말은 입안이 호두 까기로 까이는듯한 고통을 느낀다. 고통을 줄이려면 고삐가 당겨지는 쪽으로 고개를 돌려야 하므로, 사람이 오른쪽 고삐를 당기면 말은 오른쪽으로 방향을 돌린다. 누군가 당신의 머리카락을 잡아당길 때 고개를 돌리는 것과 같은 원리다. 구식 훈련사들의 훈련법 다수가 R-에 해당한다. 이것은 공격적 행동을 증가시키는 주요 원인의 하나다. 고통을 피하고자 요구에 따르는 것이기 때문에 원하는 학습 효과를 얻기 어렵다. R- 방식의 훈련을 받은 개는 배우는 과정 자체를 고통과 연관 지어 기억할 가능성이 높다.

한 학부모로부터 '자녀의 기 잡기'라는 용어를 들었다. 부모가 자녀의 몸통을 붙들고 저지하다가 자녀가 울음을 멈추고 잠잠해지면 놓아주는 것이 '기 잡기'라는 교육법이라고 한다. 이것도 R-에 해당한다. 대상이 동물이든 자녀이든 R-는 사용할 필요가 없으며 지양해야 할 부적절한 방법이다. 이런 방법은 아이들의 내면에 분노를 심어줄 수 있다. 자녀와 부모의 힘이 역전될 미래의 어느 시점에 부모인 자신이 그 입장이 된다면 어떨지 생각해 보기를 바란다.

6단계
P+ Positive Punishment

P+라 쓰고 '피 플러스'라고 읽는다.

6단계는 적색 정지신호다. 모든 단계를 통틀어서 가장 침해가 심하고 극도의 혐오감을 유발한다. 줄 잡아채기, 개 들어올리기, "안돼, 쯧"과 같은 협박, 밀치기, 코너로 몰기 등 구식 훈련사들이 사용하는 방법 대부분이 P+에 해당한다. 머리에 총이 겨누어져 있는데 수다를 떨 사람이 누가 있을까? 이런 일을 당하면 동물은 하던 행동을 멈출 것이다. 그러나 학습이 일어나거나 행동이 바뀐 것이 아니다. 공포로 얼어붙는 것이다.

P+에서는 동물에게 선택의 여지가 전혀 주어지지 않는다. "죽을래? 내 말대로 할래?"는 선택권이 아니다. 매우 극단적이고 비인도적이며 동물 학대에 해당한다. 따라서 동물 교육에서 6단계인 P+가 설 자리는 없다.

행동 변화 6단계 또한 역량 기반이다.

프리드먼 박사는 <u>이것은 레시피가 아니라 가이드라인으로 삼아야 하며, 이것을 의도대로 사용하려면 행동 변화에 대한 깊은 전문성과 판단력이 필요하다</u>고 언급했다. 반려동물의 행동 변화에는 각 동물과 상황에 맞추어 이론을 적용할 수 있는 창의력과 문제해결 능력, 동물을 대하는 올바른 시각과 윤리 의식이 필요하다.

각 단계는 유기적으로 연결되어 있다. 하나의 방법만 사용해서 교육하는 경우보다 1단계부터 4단계 사이를 파도를 타듯 넘나들며 복합적으로 적용하는 경우가 많다. 지식과 경험을 쌓으며 실력을 향상하면 행동 변화 중 1단계부터 4단계 안에서 반려동물의 행동을 변화할 수 있는 다양한 방법을 도출할 수 있다.

R+로 가르치는 방법을 모르면 그 훈련을 맡으면 안 된다.

"인도적인 방법으로 해결할 수 없는 경우도 있다. 모든 방법을 동원해도 안 되면 강압적인 훈련도 필요할 수 있다."고 말하는 사람들이 있다. "훈련 성과를 제한된 시간에 압축해서 보여줘야 하는 경우에는 의도가 좋아도 강압적으로 보일 수 있다."고 말하는 사람들도 있다. 훈련에 대해 왜곡된 인식을 갖고 있으며, 동물의 고통에 대한 공감 및 문제의식이 부족하다는 사실을 시사한다.

수십 년간 이어진 과학적 연구가 증명하듯이 인도적인 방법만으로 동물을 효과적으로 가르칠 수 있다. 반려동물 교육 윤리 기준에 부합하는 **인도적인 방법을 모른다면, 그것은 트레이너의 지식과 기술이 부족하며 해당 케이스를 맡을 실력을 갖추지 못했다는 뜻이다.** 국제 반려견 전문가 협회 CCPDT의 윤리 강령에는 이런 경우 자신이 해당 케이스를 맡을 준비가 안 되었다는 사실을 인정하고, 더 많은 경험과 실력을 갖춘 다른 전문가에게 의뢰하라고 명시되어 있다. 자신의 역량에서 벗어나는 일에는 관여해서는 안 된다. 어떤 경우에도 비인도적이고 강압적인 훈련은 불가하다. 이것은 자격 여부에 상관없이 반려동물과 관련된 모두가 반드시 지켜야 하는 기본 원칙이다.

동물 트레이너이자 생물학자인 밥 베일리[Robert E. Bailey]는 "지난 60여 년간 반려동물부터 야생동물까지 거의 모든 종의 동물을 훈련해왔지만, 강압적 방식의 훈련이 필요한 상황은 내 모든 커리어를 통틀어 단 한 번도 없었다."고 말했다. 야생동물을 교육할 일도 없고 세계적인 난제를 해결해달라는 부탁을 받을 일도 없는 일반 보호자나 반려견 트레이너가 강압적 방법이 아니고는 해결 못 할 케이스를 만날 가능성은 희박하다. 정상 범위를 넘어서는 이상 행동을 보이는 반려동물은 이 분야에서 반백 년 가까이 일해온 전문가들조차 만나보기 힘들다고 말할 정도로 드물다. 반려동물 교육에 비인도적인 방법을 고려해야 할 상황은 거의 제로라고 봐도 무방하다.

나는 '과학적으로 검증된 지식과 인도적이고 상식적인 테두리 안에서 도출할 수 있는 교육 방법의 다양성'에 대해 말해왔다. 그런데 "다양한 방법을 사용해도 된다고 했으면서 왜 인도적 방법 이외에는 안된다고 하나요?"라고 묻는 분들이 있다. 내 말은 인도적 범위에서 도출할 수 있는 방법이 많다는 뜻이다. 내 교육에 참석한 분들은 R+라는 테두리 안에서 얼마나 다양한 솔루션이 도출되는지 경험하고 깜짝 놀란다. 그것이 내가 말하는 '방법의 다양성'이다.

R+로는 해결할 수 없다는 생각이 든다면, 그것은 자신의 교육 전략을 재평가해야 한다는 신호로 받아들여야 한다. 행동의 배경 원인을 명확히 이해하고 행동의 결과를 바람직한 방향으로 도출할 수 있는 지식과 경험이 갖추어지면 R+로 다양한 솔루션을 도출할 수 있다. 그렇지 않다면 반려동물의 행동 변화에 관여할 단계가 아니다. 우선 자신의 반려동물에게 간단한 동작을 가르치는 기초 스킬을 점검하는 것부터 시작하는 것이 바람직하다.

비인도적 훈련 도구 및 훈련법

국제적으로 공인된 거의 모든 국제기관과 단체, 미국 내 거의 대다수의 주, 여러 국가에서 공통으로 다음에 기재된 도구, 방법, 유사한 모든 행위를 동물 학대로 간주한다. 표에 기재된 도구는 대부분의 동물 복지 선진국에서 판매 금지 또는 사용 금지되었거나 추진 중이다. 동물 복지 차원을 넘어 동물에게도 사회적으로도 실질적으로 심각한 문제를 초래하는 것이 확인되었기 때문이다. 이와 같은 방법과 도구가 동물의 공격적 행동을 증가시키는 것이 확인되었다. 여기에 기재되어 있지 않아도 동물이 거부감을 느끼는 행동은 비인도적 행위에 해당한다. 개뿐 아니라 모든 동물에 공히 해당한다.

글로 적는 것도 끔찍한 이 내용을 국제기관과 단체에서 성명으로 발표한 이유는 이것을 훈련이라고 말하는 사람들이 있기 때문이다. 미국 수의행동 전문가 협회 AVSAB는 아래와 같이 공표했다.

「행동 변화에 있어 강압적인 훈련이 들어갈 자리는 없다...공격적 행동과 같이 쉽지 않은 경우라고 해도 효과적인 동시에 인도적인 방법으로 교육해야 한다. 여기에 예외란 없다.」

비인도적·비전문적 훈련법

- 동물의 몸을 힘으로 제압하는 모든 행동
- 방법과 관계없이 어떤 식으로든 동물의 기도를 막거나 제한하는 행위
- 줄, 목걸이, 또는 목덜미를 붙잡아 동물을 들어 올리는 행위
- 동물의 몸을 내리꽂는 행위 및 동물의 몸을 밀치는 행위
- 알파 롤링 Alpha Rolling: 동물 대상의 기 잡기. 개가 힘을 풀 때까지 저항하지 못하게 몸을 잡거나 누르는 행위
- 부적절한 도구를 사용하는 행위
- 신체 부위에 상관없이 동물의 신체에 전기 자극이나 충격을 주는 행위
- 손 또는 기타 도구로 동물의 신체 부위를 꼬집거나 고통을 주는 행위
- 물고문, 감금, 동물에게 물건을 던지는 행위
- 사이렌, 경보, 동전을 넣은 캔 등 공포심을 조장하는 소리
- 동물을 위협하는 행위 | 심리적 공포 조성: '츳, 쓋, 앗' 등 부적절한 소리, 소리 지르기, 거칠게 명령하기, 노려보기, 밀어붙이기, 코너로 몰기 등

비인도적·비전문적 훈련 도구

- 초크 체인 Choke Chains, Choke Collars
- 프롱 칼라 Prong Collars, 핀치 칼라 Pinch Collars: 초크 체인보다 훨씬 잔인하다.
- 슬립 목걸이 Slip Collars, 슬립 줄 Slip Leashes
- 쇼크 칼라 Electronic Shock Collars, E-칼라 E-collars, 전기 충격 | 진동 목걸이
- 보이지 않는 울타리 Invisible Fences, 전기 충격 울타리 Boundary Fences
- 짖음 방지 목걸이 Anti-bark Collars
- 올가미: 동물 구조에 필요한 경우에는 사용할 수 있다.
- 오리 머즐: 호흡, 음식 섭취, 수분 섭취가 어려운 오리 입 모양의 머즐
- 스프레이 분사 목걸이 Spray Collars

초크 체인Choke Chains, 슬립 목걸이Slip Collars, 슬립 줄Slip Leashes

초크 체인은 동물행동에 대한 지식이 전무하던 1900년대에 경비견 훈련 시 사용하던 도구다. 개가 다른 사람이나 동물을 공격하도록 만들기 위해 군견 훈련사들은 초크 체인을 사용했다. 초크 체인으로 개의 목을 조이면, 목의 근육과 신경이 조여들면서 혈압이 상승하고 고통과 분노가 증가하여 공격적 행동으로 이어진다. 고통은 연상 작용을 일으켜 비슷한 상황에 놓였을 때 개가 다시 공격적 행동을 하게 만든다. 오래전부터 선진국에서는 초크 체인을 사용하는 훈련을 동물 학대로 규정하고 있다. 반려견을 짖고 달려들게 만들고 싶은 보호자가 아니라면 사용할 이유가 없다. 재질은 다르지만, 슬립 목걸이도 마찬가지다.

프롱 칼라Prong Collars, 핀치 칼라Pinch Collars

프롱 칼라 또는 핀치 칼라라고 부르는 도구는 여러 갈래의 금속 갈고리를 목걸이 형태로 연결한 것이다. 줄을 당기면 십여 개의 고리가 동물의 목을 조이면서 파고든다. 이것은 초크 체인보다 훨씬 더 잔인하다. 이 도구로 인해 반려동물이 사망하거나 장애를 안게 된 사례는 수도 없이 많다. 프롱 칼라를 옹호하는 사람들은 이것이 어미 개가 새끼를 훈육할 때 목덜미를 물고 흔들면서 가르치는 것과 같은 원리라고 설명한다. 근거 없는 잘못된 상식이다. 이 세상 어떤 어미 개도 강아지의 목덜미를 물고 흔들면서 훈육하지 않는다.

고통을 주기 위한 용도가 아니라면 일반 목걸이를 사용해도 될 것이다. 그들이 그렇게 하지 않는 이유는 동물에게 고통과 공포심을 유발하지 않고는 할 수 있는 것이 없기 때문이다. 프롱 칼라가 개에게 고통을 주지 않는 안전한 도구라고 말하는 훈련사를 만나거든 그들의 목에 프롱 칼라를 씌워 낭길 수 있게 해달라고 요청해라. 손목이 아니라 목에 걸어야 한다. 고통을 주지 않는 안전한 도구라고 말했으니 기꺼이 응할 것이다.

개가 사람을 공격하는 사고가 일어나면 개와 보호자 처벌 여부에만 관심을 쏟는 경향이 보인다. 그러나 이때 가장 중요한 것은 **개의 복지를 확인하는 것**이다. 특히 개가 보호자 또는 훈련사를 공격했다면 **반드시 그리고 가장 먼저** 개의 복지 상태를 면밀히 조사해야 한다.

개의 방어 능력을 평가하는 독일 IGP 같은 경우에도 개가 방호복의 지정된 타깃만 공격하고, 훈련사의 지시어를 들으면 즉각 놓도록 훈련한다. 이것은 철칙이다. 사회 안전과 직결되므로 개가 사람의 신체에 직접적이든 간접적이든 상해를 입히지 않도록 가르치는 것이 훈련의 핵심이다. 이유 불문, 대상 불문, 사고 발생 시 무거운 법적 책임이 따른다.

반려견이 실수로 또는 다른 이유로 보호자를 무는 경우가 있지만, 근육이나 신경이 손상될 정도로 보호자에게 상해를 입히는 경우는 극히 드물다. 반려동물이 보호자에게 치명상을 입혔다면 단순 사고가 아닌 가정 내 폭력 또는 학대일 가능성이 높다.

가정 내에서 동물 학대·폭력·비인도적 행위가 일어나는 경우 반려동물에게는 탈출구가 없기 때문에 많은 경우 사고로 이어진다. 자기 자신을 방어하고 생명을 보호하기 위해 상대방을 공격한 개에게 공격적이고 위험한 동물이라고 레이블을 붙이는 것은 부당하다.

개가 보호자를 공격한 경우 보호자의 처분에 맡길 뿐 아무런 조치도 취하지 않는 것이 현 한국 사회의 현실이다. 그러나 통계상으로 개에게 물리는 사고의 절반 이상은 가정에서 키우는 반려견에 의해 일어나고, 반려견이 경험하는 심신의 스트레스·불안·고통이 공격적 행동과 관련이 높다는 점을 생각한다면, 보호자와의 관계 및 반려견의 복지 상태 확인 & **반려견을 보호하는 조치가 반드시 우선**되어야 한다.

누구에게 도움을 요청해야 할까?

간단한 질문을 몇 가지 해보겠다. 누구에게 도움을 요청해야 할까?
1. 반려견이 분리 불안으로 고통받고 있다.
2. 반려견에게 프리스비를 가르치고 싶다.
3. 반려견이 다른 개를 공격하여 위험을 초래할 뻔했다.
4. 반려견이 요즘 잘 먹지 못하고 체중이 줄었다.

답은 이렇다.
1. 동물 행동 전문가
2. 훈련사
3. 동물 행동 전문가
4. 수의사

훈련사

훈련사는 동물에게 동작을 가르치는 사람이다. 일반적으로 훈련사는 기초 훈련 클래스, 프리스비나 어질리티와 같은 스포츠 클래스 등을 운영한다. 반려견에게 줄을 착용하고 걷는 법을 가르치고 싶다면 반려견 훈련사 또는 동물 행동 전문가에게 연락하면 된다. 그러나 반려견이 산책할 때 다른 개에게 달려들거나 줄을 당기며 걷는 습관을 갖고 있어 그 행동을 바꾸고 싶다면 동물 행동 전문가에게 연락해야 한다.

훈련사가 되고 싶은 경우 주로 훈련소에서 견습생으로 시작한다. 단기 기술 훈련 등을 통해서 시작하는 경우도 있다. 아무 경험이나 자격이 없어도 누구나 자신을 훈련사, 트레이너라고 말할 수 있고 법적으로 문제가 되지 않는다. 학력도, 학위도, 자격증도 필요하지 않다. 동물 복지 선진국도 크게 다르지 않다.

훈련사 자격을 취득한 훈련사라고 해도 훈련사는 그들이 '행동 교정'이라고 부르는 일은 할 수 없고 해서도 안 된다. 동물 행동을 전문적으로 공부하고 검증된 경력을 쌓은 사람이 아니기 때문이다. 당연히 훈련사가 동물 행동 전문가를 양성할 수도 없다. 해외 선진국에서는 반려견 훈련사가 '동물 행동 전문가' 또는 유사 호칭을 사용하는 경우 법적으로 문제가 될 수 있다.

동물 행동 전문가

동물의 행동을 변화시키는 일은 동물 행동 전문가의 영역이다. 동물 행동 전문가는 동물의 행동에 대한 학위와 국제 공인 자격을 소지하고 있으며, 전문가로서 수년간 실전 경험을 쌓은 사람을 말한다. 여기서 말하는 실전 경험이란 동물 행동 전문가로서의 실전 경험을 말한다.

동물과 관련된 학문은 동물행동학, 생태학, 실험동물 연구, 낙농 과학, 수의학, 유전학, 동물영양학 등 전문 분야가 다양하다. 개구리 생태 연구나 실험동물 연구는 동물행동학이나 동물 행동 교육과 다르다. 동물행동학에서도 곤충, 야생동물 등 연구하는 대상과 분야가 다르고, 학문적 연구와 실제 행동 교육은 별개다. 동물의 행동 변화를 돕는 동물 행동 전문가가 되고 싶다면, 해당 동물의 행동을 전공하여 올바른 과학적 지식을 쌓고, 전문가의 지도하에 풍부한 실전 경험을 쌓아야 한다. 이 모든 것이 뒷받침되었을 때 비로소 동물 행동 전문가라고 할 수 있다. 동물 행동 전문가는 전문적 상담을 통해 동물의 행동을 진단 및 평가하고, 그에 맞는 행동 변화 솔루션을 설계하여 교육을 진행한다. 반려동물이 분리 불안으로 고통받을 때, 반려견이 짖고 달려드는 경우, 공격적인 행동을 보이는 경우 등 동물 행동에 대한 자문, 행동 상담, 행동 변화가 필요하다면 동물 행동 전문가의 도움을 받아야 한다.

임상 행동 전공 수의사

수의학에서 말하는 행동학은 임상 행동학이다. 이것은 동물 행동 전문가의 전문 분야인 동물 행동학과 별개다. 임상 행동 전공 수의사는 수의학을 전공하고 수의사 면허를 취득한 후에 동물의 임상 행동에 대한 정규 학위 과정을 추가 이수하여 학위를 취득한 사람을 말한다. 누구나 들을 수 있는 인터넷 강의나 단기 과정을 수강하는 것은 여기에 해당하지 않는다.

동물 행동 전문가와 임상 행동 수의사가 하는 일은 어떻게 다를까?

반려견의 분리 불안 케이스를 예로 들어보겠다. 반려견이 분리 불안으로 어려움을 겪고 있다면 보호자는 동물 행동 전문가에게 도움을 요청해야 한다. 동물 행동 전문가는 반려견의 행동 및 원인을 분석하고 그 결과에 따라 행동 변화 솔루션을 설계하고 교육을 진행한다. 만약 동물 행동 전문가가 반려견의 행동이 분리 불안에 해당하며 반려견의 건강 문제와 관련되었을 가능성이 있다고 분석했다고 하자. 또는 해당 반려견의 분리 불안이 상당히 심각한 수준이라서 교육 초기에는 교육과 약물 처방을 병행하는 것이 바람직하다고 분석했다고 하자.

　동물 행동 전문가는 행동 변화 솔루션 진행에 앞서 보호자에게 동물병원 검진을 제안할 것이다. 해당 분리 불안 교육이 완료되는 시점까지 동물 행동 전문가와 임상 행동 수의사는 협력하여 반려견의 상태를 크로스 체크한다. 간단히 말해 수의학적 치료는 수의사가, 행동 분석 및 행동 변화를 위한 솔루션은 동물 행동 전문가가 담당하면서 함께 협력하여 반려견의 건강과 안전을 위한 최선의 솔루션을 향해 나아간다.

공신력 있는 자격을 확인하자.

　반려동물 교육 시장이 뜨거워지는 만큼 국내외에서 반려동물 관련 자격도 우후죽순 늘어나고 있다. 자격 간의 수준 격차가 상당히 크기 때문에 단순히 자격 여부를 확인하는 것은 의미가 없다. 보호자는 자격의 신뢰도와 업무 범위를 구분할 수 있어야 한다. 현시점에 전 세계적으로 가장 공신력을 인정받는 훈련사 자격은 CCPDT[8]에서 주관하는 훈련사 자격이다. 앞서 설명한 훈련사 자격 범위에서 일할 수 있다. CCPDT는 리마 LIMA와 행동 변화 6단계 Hierarchy of Behavior-Change Procedures를 선언문으로 채택하고 있으며, 기관의 정책 및 윤리 방침도 이를 기반으로 한다.

　기본적으로 선진국에서 진행하고 있는 반려견 훈련사 자격들은 탈락시키기 위한 시험이 아니고, 우수한 훈련사라는 증명도 아니다. 간단히 말하면 비인도적인 훈련사들을 걸러내기 위한 시험이다. 고등학교 졸업 이상의 학력과 최소 300시간 이상의 훈련 경력만 있으면 된다. 운전면허 시험을 생각하면 된다. 운전면허 시험은 떨어뜨리기 위한 시험이 아니다. 운전자에게 주행의 규칙, 도로에서 해도 되는 행동과 하면 안 되는 행동을 주지시키고 확인받기 위한 것이다. 그래야 규칙을 위반했을 때 처벌할

8　The Certification Council for Professional Dog Trainers

수 있다. 국제 반려견 트레이너 자격도 마찬가지로 응시자에게 훈련사로서 지켜야 할 기본적인 규칙을 주지시키고 확인받기 위한 것이다.

자격이 없다면 무면허 운전과 같다. 무면허 운전자에게 소중한 내 아이가 타고 있는 스쿨버스를 맡길 수는 없다. 따라서 반려동물의 보호자라면 훈련을 의뢰할 때 최소한 CCPDT 자격 여부는 확인해야 한다. 국제 자격시험에 합격했다면 윤리 기준 및 정책을 준수한다는 서약을 했고, 동물에게 해서는 안 되는 행동이 무엇인지 인지하고 있는 사람이라는 뜻이기 때문이다.

운전면허를 취득했다고 천재 드라이버 미하엘 슈마허$^{Michael\ Schumacher}$가 되는 것은 아니다. 국제 반려견 트레이너 자격은 그 사람의 훈련 실력을 증명해 주지 않는다. 2~3개월의 반려견 기초 훈련 경험과 사지선다형 퀴즈를 풀 수 있는 능력이 있다고 해서 실제 반려견 트레이닝을 할 수 있는 것은 아니다. 다른 사람에게 이론이나 훈련법을 가르칠 수 있는 수준의 자격도 아니다. 실제로 반려동물을 훈련하기 위해서는 시험에서 요구하는 수준보다 월등히 높은 전문 지식과 실전 경험이 필요하고, 타인을 가르치는 것은 또 다른 차원의 이야기다.

운전면허가 있다고 모두 안전 운전을 하는 것은 아니다. 자격시험이 훈련사의 트레이닝 스킬이나 윤리 의식을 확인해주지는 않는다. 훈련사의 설명만 믿고 소중한 반려동물을 맡길 것이 아니라, 반려동물이 그 순간에 어떤 이야기를 하는지 잘 들여다보기를 바란다.

보호자가 판단할 수 있는 눈을 갖춰야 반려동물을 위험으로부터 보호하고 올바르고 건강한 교육을 받도록 도울 수 있다. 보호자는 반려동물의 유일한 대변인이다. 훈련사가 반려동물에게 행동 변화 4단계를 넘어서는 행동을 하거나, 윤리 기준을 준수하지 않거나, 반려동물이 두려움·불안·스트레스를 표현한다면 보호자는 즉각 개입하여 중단시키고 반려동물을 보호해야 한다.

반려견 훈련 또는 교육을 선택할 때 보호자는 최소한 다음의 네 가지는 확인해야 한다.

첫째. 윤리적 기준을 확인해야 한다.

리마^{LIMA}와 행동 변화 6단계$^{Hierarchy\ of\ Behavior\text{-}Change\ Procedures}$를 준수하는 사람인가?

둘째. 국제적으로 인증된 자격을 가졌는지 확인해야 한다.

훈련사와 동물행동전문가는 다르다. 동작을 가르치고 싶다면 훈련사 또는 동물행동전문가, 행동 상담과 행동 변화가 필요하다면 동물행동전문가에게 도움을 요청해야 한다. 도움이 필요한 분야에 적합한 교육을 받고 인증된 자격을 취득한 사람인가?

셋째. R+로만 교육하는지 확인해야 한다.

R+는 행동을 격려하는 바람직한 교육법이다. 전문가의 설명을 복제하여 흉내 내면서, 실제 하는 행동은 정반대로 비인도적이고 부적절한 경우를 흔히 볼 수 있다. 사이비 종교도 성경으로 예배를 보고 사기꾼도 경제학 용어와 차트를 이용한다. 따라서 보호자가 알아야 하고, 트레이너가 R+ 교육을 실제로 실천하는지 확인해야 한다.

넷째. 과학적 근거에 기반한 교육인지 확인해야 한다.

실제 교육 방법이 검증된 과학적 지식을 기반으로 이루어지는지 확인해야 한다.

반려동물 교육을 선택할 때 확인해야 할 네 가지

국제적인 반려동물 교육 윤리 기준에 부합하나?
도움이 필요한 분야에 적합한 지식과 인증된 자격을 가진 사람인가?
R+ 교육을 실제로 실천하고 윤리 기준을 준수하나?
검증된 과학적 지식에 기반한 교육인가?

트레이너가 반드시 준수해야 하는 직업윤리

국제 인증 트레이너는 리마^{LIMA}와 행동 변화 6단계$^{Hierarchy\ of\ Behavior\text{-}Change\ Procedures}$를 준수해야 한다. 자격 취득 이후라도 국제 인증 트레이너가 동물에게 폭력, 학대, 방치, 잔인한 행동을 하거나 윤리적으로 적절하지 않은 행동을 하는 경우에는 자격이 취소되거나 징계를 받을 수 있다. 비인도적 방법으로 훈련을 시도하거나 비인도적 훈련을 옹호하는 경우도 마찬가지다. 트레이너가 훈련 중 동물에게 물리는 사고, 학대, 방치 등에 관여한 사실이 확인되는 경우 관련 법에 따라 엄중히 처리된다.

국제 인증 자격은 이에 부합하지 않는 타 자격과 공존할 수 없다. 예를 들어 국제 인증 자격을 보유한 훈련사가 비인도적 훈련을 추구하는 자격을 같이 보유하거나, 관련 교육 또는 기관과 연계하고 있다면 그 훈련사는 국제적 윤리 기준을 준수하고 있는 훈련사로 볼 수 없다. 허위로 경력을 기재하여 자격을 취득하는 것 또한 직업윤리에 어긋난다. 예를 들어 번식업에 종사한 경력, 반려견 용품 판매 경력, 심판이나 운영 요원으로 일했던 이력 등을 훈련 경력으로 포장한 경우를 들 수 있다.

경력을 허위 광고 또는 과대 포장해서 자신의 역량에서 벗어나는 훈련 또는 행동 변화를 맡는 것은 비윤리적 행동이다. 반려견 트레이너 자격을 취득한 사람이 자신을 반려견 행동 전문가 또는 반려견 교육 전문가 등 유사 명칭으로 소개하는 것, 훈련사 자격으로 행동 상담 또는 행동 변화와 관련된 일을 맡는 것은 자격 위반 사항이다. 해외에서는 법적으로도 문제가 된다. 반려견 트레이너는 반려견 행동 전문가가 아니다. '훈련사'와 '트레이너'는 다르다는 분들이 있는데 한국어냐 영어냐의 차이일 뿐, 빵이나 브레드나 살이 찌는 것은 매한가지다. 트레이너 또는 전문가는 자격 및 인증에 대해 사실에 입각해야 하며 자신의 자격과 경험 범위에서 일해야 한다.

초보 트레이너가 반려견의 습관을 바꿔 달라는 보호자의 요청을 받고 수락한다면, 그 훈련은 부적절하고 비인도적일 수밖에 없다. 인도적인 방법으로 행동을 가이드하는 데 필요한 지식과 기술을 갖고 있지 못하기 때문이다. 간혹 트레이너 자격이나 유사 자격을 가졌다며 행동 이론을 가르치는 경우를 볼 수 있는데, 훈련사 자격시험에서 요구하는 지식은 다른 사람에게 이론을 가르치거나 행동 상담을 제공할 수 있는 수준이 아니다. 영어 교육 10년에 영문학과를 졸업했어도 영어 한마디 못 하는 사람이 허다하다. 학원 잠깐 다니고 영어과 교수가 되는 법은 없다. 반려동물 훈련 또는 행동 상담을 하는 사람은 자신의 실력에 정직해야 한다.

가르치는 방법은 무수히 많다.
자신의 윤리적 기준이 명확해야 한다.
동물의 의사에 반하여 물리적·비물리적 압력을 가하는 것은
동물 훈련이 아니라 동물 학대다.

반려동물 교육은
반려동물만이 감당해야 하는 '문제'가 아니라
우리 모두가 함께 배우며 살아가는 '과정'이다.

사랑받을 만해서 사랑받는 것이 아니라
사랑할 줄 아는 사람을 만났기 때문에 사랑받는 것이다.

반려동물에게 훈련이라는 이름으로
재주를 가르치려 하기 전에
한 생명에게 마음으로 다가서는 연습이 필요하다.

사랑할 준비가 되어있지 않은
당신과 함께 있는 반려동물은
물을 주지 않은 화초처럼 시들어간다.
당신은 사랑할 준비가 되어있나?

CHAPTER 3.
동물행동심리전문가 폴랑폴랑

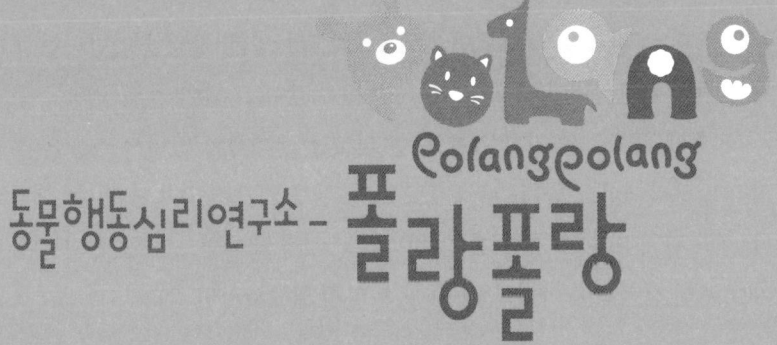

내가 도울 수 있게 허락해 줄래?

"이 개는 멍청해서 교육이 안 될 겁니다."

한 보호자가 나에게 반려견을 맡기고 돌아가며 이렇게 말했다.

일주일 후 다시 방문한 보호자는 당혹한 표정으로 한동안 아무 말 없이 자신의 반려견을 바라보았다. 한참을 그렇게 서 있던 그는 "우리 개가 맞습니까?"라고 입을 열었다.

일주일 전 그의 반려견은 네 발이 지면에 붙어있지 않은, 산만하고 통제 불능하며 보호자의 말에 귀를 기울이지 않는 아이였다. 일주일 후 그의 반려견은 나의 말에 귀를 기울이고 언제나 매너 있게 행동하는 사랑스러운 아이였다.

보호자는 "전에는 왜 그랬던 겁니까?"라고 물었다. 폴랑폴랑 반려견 교육 클래스에 참석했던 보호자들이 들려준 소감이 그 답이 될 듯하다.

"방송에 나오는 영리한 개를 보면 타고난 천재성이 있어서 가능한 것이라고 생각했다. 그리고 나에게도 그런 천재 개가 있었으면 했다. 그러나 나의 반려견이 그 천재 개 중 하나라는 것을 교육받으며 알게 되었다. 바보는 내 반려견이 아니라 나였다. 좀 일찍 알았더라면 싶다."

당신의 반려동물이 놀라운 능력을 품 안에 감춘 채 초야^{草野} - 초야라 쓰고 집구석이라 읽는다. - 에 묻혀 살고 있다. 전국의 보호자들이여! 반려동물의 잠재력을 깨워라.

내가 도울 수 있게 허락해 줄래?

나는 행동 상담을 시작하기 전에

'내가 가진 지식에 한 생명을 끼워 넣어서 판단하지 않도록, 모든 것을 내려놓고 이 아이의 이야기에만 귀 기울일 수 있도록'

기도하고 자리에 들어선다. 그리고 반려동물과 처음 대면할 때 마음속으로 이렇게 말한다.

"너에게 도움이 되고 싶어. 그럴 수 있게 허락해 줄래?"

그러면 반려동물이 마음으로 다가오는 것이 느껴진다. 내 능력으로 답을 찾는 것이 아니라 그 아이가 내가 미처 생각하지 못했던 해답을 준다. 내가 생각하는 정답으로 동물을 끌고 가는 것이 아니라 동물이 가는 길을 밝혀줄 수 있는 지혜가 생긴다.

나는 동물행동심리전문가다.

'동물행동심리'와 '동물행동심리전문가'는 내가 만들고 사용하는 단어다. 나를 동물행동심리전문가로 소개한 이후로 그 의미도 모르면서 이 용어를 따라 쓰는 사람들이 많이 보인다. 현재 동물 행동과 관련된 학문은 행동주의^{Behaviorism}를 기반으로 하는 동물행동학이다. 동물행동심리학은 없다. 나 역시 동물행동학을 전공했고 동물 행동 전문가로서 국제 자격들을 보유하고 있다. 그럼에도 내가 동물행동전문가라는 공식 명칭이 아니라 '동물행동심리전문가'라는 명칭으로 자신을 소개하고, '동물행동심리연구소 폴랑폴랑'으로 회사 이름을 정하고, 동물행동심리를 주장하는 데는 나만의 이유가 있다.

이 책은 이론서가 아니니 자세한 내용은 생략하겠지만, 행동주의는 기본적으로 모든 행동을 환경과의 상호 작용으로 해석한다. 외부에서 주어지는 자극과 환경이 동물에게 미치는 영향과 그로 인한 행동 변화에 중점을 둔다. 행동주의에서는 관찰 가능^{Observable}하고 측정 가능^{Measurable} 한 것만을 대상으로 한다. 따라서 객관적으로 관찰 또는 측정할 수 없는 것들, 예를 들어 생각이나 감정, 무의식, 개인적 특성 등의 모든 내면적 요인은 주관적 경험이고 추론에 불과하므로 배제된다.

동물행동학에서 동물의 행동은 자극과 환경에 대한 반응으로 해석된다. '좋아하는 음식을 주면 행동이 강화된다, 체벌하면 행동이 줄어든다.'는 것과 같은 해석을 예로 들 수 있다. "개가 줄을 당기지 않으면 간식을 줘라. 그러면 줄을 당기지 않고 걷게 된다." 지금도 동물행동학 과정에서는 그렇게 가르친다. 교수는 실험실 시뮬레이터로는 설명대로 모니터 속의 쥐를 훈련하는 데 성공했다. 그러나 자신의 반려견들과는 단 1초도 나란히 걷지 못했고, 그 이유를 사람들에게 설명하지도 못했다.

생각과 감정이 개입되지 않는 통제된 실험 환경에서라면, 이론을 기계적으로 입력하는 것만으로도 설명대로 원하는 결과를 얻을 수 있을지 모른다. 그러나 실제로 개가 그렇게 행동할까? '아하, 줄을 당기지 않으면 간식을 주는구나, 그러면 줄을 느슨하게 만들어야겠다.'라고 생각할까? 걷다 말고 우두커니 서 있는 보호자를 보면서 혈압이 오르지는 않고? 오늘도 저 바보를 매달고 걸어야 한다는 생각에 피로가 몰려오지는 않을까? 벽돌처럼 서 있는 답답이에게 돌아가서 한마디 해주고 싶은 생각은 안 들까? 반려동물은 동전을 넣으면 어김없이 음악이 흘러나오는 주크박스가 아니다. 버튼만 누르면 음료수가 튀어나오는 자판기도 아니다. 불행히도 많은 반려동물이 이런 방식에 상당한 스트레스를 받는다.

간식을 어김없이 득점으로 계산하는 것은 시뮬레이터이지 개가 아니다. 간식을 주고 쓰다듬어 주면 그것이 개에게 보상이 될 거라는 생각은 개가 감정과 생각을 가진 생명이라는 사실을 배제한 사고다. 줄을 당기지 않을 때 간식이 나온다는 사실을 몰라서 개가 줄을 당기며 걷는 것이 아니다. 불안, 스트레스, 무의식적 습관, 보호자의 습관이나 반응 등 개가 산책하는 동안 줄을 당기는 이유는 다양하다. 만약 불안이 원인이라면 이와 같은 훈련은 개에게 도움이 되지 않으며, 문제가 더 악화할 수 있다.

행동학을 부정하는 것은 아니다. 행동학은 모든 것의 근간이고, 학습 이론은 다양한 행동을 설명하는 데 유용할 수 있다. 그러나 나는 여기에서 가장 중요한 것이 누락되었다고 생각한다. 바로 한 생명이다. **각각의 고유한 동물의 생각과 감정이 고려되지 않은 설명은 불완전하다.**

나는 어렸을 때 보았던 다큐멘터리의 한 장면을 잊지 못한다. 아가들을 잃고 오열하던 엄마 사자의 모습이다. 엄마 사자는 따스한 햇살 속에 느긋하게 누워 아가들과 즐거운 한때를 보내고 있었다. 태어난 지 얼마 되지 않은 꼬물이들이 엄마 사자에게 뛰어오르고, 엄마 사자는 행복한 표정으로 아가들의 장난을 받아주었다. 그러나 그 행복은 찰나의 순간에 악몽으로 바뀌었다. 순식간에 독사가 다가와 엄마 사자의 눈에 독을 뿌렸다. 자신보다 아가들의 안전이 우선이었던 엄마 사자는 허공에 온몸을 던지며 보이지 않는 뱀과 싸웠다. 고통스럽게 울며 오랜 시간 몸부림쳤지만 소용없었다. 한참 후 엄마 사자는 죽어가는 몸을 이끌고 가까스로 호수로 기어갔고, 물에 의존하여 일주일이라는 시간을 악착같이 견뎌냈다.

시간이 지나면서 몸에서 독이 빠져나가고 시력이 회복되자, 엄마 사자는 아가들과 마지막까지 함께 있던 장소로 내달렸다. 그러나 그곳에 아가 사자들은 없었다. 흔적만 남아있을 뿐이었다. 그 상황을 마주한 엄마 사자는 그 자리에서 바닥에 머리를 찧고 몸을 내던지며 한참을 울부짖었다. 자녀를 잃은 부모가 옷을 찢으며 땅을 치고 우는 모습과 다르지 않았다. 그 당시는 과학이 동물의 모성애, 감정, 사고 능력을 인정하지 않던 시기였기 때문에, 엄마 사자의 모습을 해석하는 내레이션도 그러했다. 그저 동물의 번식 본능에 불과하다고 했다. 그러나 내가 본 모습은 달랐다. 엄마 사자의 애통함과 슬픔, 아가들을 살려야 한다는 절박함으로 이를 물고 고통을 견뎌낸 강인함은 조건화된 본능으로 설명할 수 없다.

찰스 다윈은 사람이 동물보다 우등하기는 하지만, 동물들도 정도의 차이만 있을 뿐 감정과 생각을 갖고 있다고 말했다. 연구자 볼프강 쾰러Wolfgang Köhler는 1921년 그의 저서에서 영장류가 시행착오를 통한 학습이 아니라 번뜩이는 통찰력으로 문제를 해결하는 것처럼 보인다고 밝힌 바 있다. 그러나 동물행동학은 오늘날까지도 동물에게 '심리' 또는 '마음'이라는 표현을 사용하기를 꺼려왔다.

과학은 지금까지 동물이 사람과 마찬가지로 감정과 욕구를 가진, 사람과 다를 것이 없는 존재라는 사실을 상당 부분 부인해 왔다. 동물의 인지 능력, 감정, 욕구를 인정하더라도 그 수준이 낮거나 단순하다고 단정해왔다. 동물의 감정과 욕구에 대한 많은 부분을 '의인화'로 간주하기도 했다.

과학자들이 할 말을 잃게 만든 것은 소셜미디어다. 전 세계에서 기존 과학의 믿음의 틀을 깨는 증거 영상들이 속속 올라왔다. 이를 통해 우리가 알게 된 것은 동물들이 지금까지 사람들이 생각해왔던 것보다 훨씬 지혜롭고 놀라운 존재라는 것, 그리고 인간이 꽤 어리석다는 사실이다. 종을 뛰어넘어 다른 생명을 돕고, 공감하고, 사랑하고, 애도하고, 보살피는 전 세계의 수많은 동물이 그 증인이다. 낯선 동물의 생명을 자신의 안전보다 우선하는 동물들이 기존에 동물들의 모든 행동을 생존과 번식을 위한 본능으로 해석하던 과학에 물음표를 던진다. 그리하여 최근에 이르러서야 동물의 '마음'에 대한 연구에 관심이 모이기 시작했다.

동물에게 진심으로 귀 기울이는 것이 교육의 핵심이다.

과거에는 내가 반려동물에게 언어가 있다고 말하거나 관계 중심의 반려동물 교육을 강조하면, 반려동물 선진국으로 불리는 곳에서조차 공감받지 못했다. '동물행동심리'라는 단어와 개념을 처음 만들고 주장했을 때도 거의 모두가 동물에게 '심리'라는 단어를 붙이는 것은 부적절하다고 말했다. 내가 '동물의 감정^{Emotions}과 니즈^{Needs}를 존중하는 교육'을 지향한다고 말했을 때도 이에 대해 우려를 표하는 사람들이 많았다. 그러나 나는 모든 동물이 스스로 생각할 수 있는 뇌와 느낄 수 있는 감정을 갖고 있으며, 그들의 생각과 감정을 존중해 주는 것이 우리가 가장 먼저 해야 할 일이라고 생각한다. 시스템적인 접근만으로 동물의 행동을 마음대로 바꿀 수 있다는 시각에 나는 동의하지 않는다.

동물은 조건화의 틀에서 움직이는 기계가 아니다. **나는 교육에서 동물의 자유 의지, 내면적 요인, 각자의 인지 능력과 유전적 요인 등을 존중하고 충분히 고려해야 한다고 생각한다.** 개나 고양이가 스스로 생각하고 판단을 내릴 수 있는 자유, 각자의 성향과 관심에 따라 움직이고 독창적으로 행동할 수 있는 여지를 인정해야 한다고 생각한다. 그래서 나는 동물의 내면을 주의 깊게 들여다보고 동물의 의사를 존중한다는 신념을 담아 '동물행동심리'라는 단어를 만들고 추구해왔다.

줄을 당기며 걷는 습관을 지닌 반려견 교육을 예로 들어보겠다.[9] 나는 안전한 범위 안에서 개에게 행동의 자유를 준다. 나와 같이 걷지 않아도 상관없다. 개는 언제든지 그 자리를 벗어날 수 있다. 그리고 언제든지 돌아올 수 있다. 내가 할 일은 개의 감정과 욕구에 귀를 기울이면서 개에게 도움을 주고, 나와 함께 하는 시간이 개에게 즐거운 경험이 되도록 만드는 것뿐이다. 그러면 개는 곧 나와 걷는 것을 선택한다. 즐겁기 때문이다. 순식간에 행동이 변화된다. 줄이 없어도 영화처럼 아름답게 보호자와 산책하는 아이로 만들 수 있다. 이렇게 만든 관계는 쉽게 무너지지 않는다. 강요하거나 뇌물을 달고 다닐 필요가 없다. 반려동물에 따라, 보호자에 따라, 기타 요인에 따라 방법은 얼마든지 다양하게 변형할 수 있다. 빠르고 효과적이고 무엇보다 즐겁다. 이것이 나만의 동물행동심리 기반의 교육이다. 그래서 나는 동물행동심리전문가다.

---

9 [폴랑폴랑] 나란히 걷기 https://youtu.be/OzjcD1o4UdE

동물행동심리연구소 폴랑폴랑

　폴랑폴랑은 내가 회사를 시작하기 훨씬 이전부터 별칭으로 사용하던 이름이다. 회사 이름으로 사용할 생각은 하지 못하고 업체에 네이밍을 의뢰했었지만, 결국 내가 이름을 만들게 되었다. 그때 폴랑폴랑이라는 이름을 그대로 가져가야겠다는 생각이 들었다. 나는 폴랑폴랑이 언어나 국적과 관계없이 소통되는 이름일지 확인하고 싶었다. 그래서 최종 결정 전에 해외 지인들에게 설문 조사를 했다. 결과는 만족스러웠다. 그렇게 폴랑폴랑이 회사명이 되었다.

　이름을 결정해 놓고 우연히 마케팅 관련 일을 하는 미국인 부부를 만나게 되었는데 그 자리에서 부부에게 내가 하는 일과 나의 신념을 소개했다. 이야기 중에 '모든 동물의 행동에는 나름의 이유가 있다.'는 폴랑폴랑의 슬로건을 설명하면서, 이 문장의 의미를 함축적으로 설명해 줄 영어 슬로건을 아직 정하지 못했다고 이야기했다. 부부는 나의 신념과 생각에 공감한다며 'Every Tale tells a Story'라는 영어 슬로건을 제안해 주었다. 그렇게 폴랑폴랑의 영어 슬로건이 결정되었다.

폴랑폴랑의 두 가지 의미

가볍고 경쾌한 발걸음의 행복한 동물의 모습

Paw 동물의 손 + 랑 With의 합성어: 손에 손을 맞잡은 $^{\text{Hand in hand}}$

동물과 사람은 동등하게 더불어 살아가는 것이며 우리에게 동물은 없어서는 안 될 존재입니다.

폴랑폴랑의 미션

반려동물 교육의 패러다임 쉬프트

사람과 동물의 관계 변화를 통한 삶의 질 향상

폴랑폴랑의 슬로건

모든 동물의 행동에는 나름의 이유가 있다.

Every Tale tells a Story.

폴랑폴랑의 모토

　사람을 포함하여 모든 동물은 자신만의 욕구^{Needs}와 감정^{Emotions}을 갖고 있습니다. 줄이나 강압적인 방법으로 동물을 제압하려고 한다면 표현되지 못한 욕구와 느낌은 뒤틀린 방법으로 해소될 것입니다. 동물의 이야기를 경청하고 배려하는 방법을 이해하면 더욱 깊은 신뢰와 소통을 경험할 수 있습니다.

　동물행동심리연구소 폴랑폴랑은 모든 동물의 행동에는 나름의 이유가 있으며, 더불어 살아가는 우리는 이해와 소통을 위해 노력한다는 모토에서 출발합니다. 반려동물이 스스로 바람직한 행동을 선택하도록 가르치는 것이 폴랑폴랑의 교육법입니다. 타인의 요구에 의해 실행한 행동은 그 자리에서 끝이 나지만 스스로 선택한 행동은 지속됩니다.

폴랑폴랑의 믿음

동물과 인간은 연결되어 있습니다.

동물의 희생이 결코 인간에게 행복으로 돌아오지 않으며 반대의 경우도 마찬가지라고 생각합니다.

한집에 같이 산다고 가족이 되는 것은 아닐 겁니다. 매일 좋은 추억을 만들고 관계를 가꿔나가면서 가족으로 남는 것이라고 생각합니다. 반려동물도 마찬가지입니다.

저는 보다 많은 사람에게 반려동물과 함께 사는 즐거움이 전해졌으면 합니다. 그 즐거움을 조금이라도 맛본다면 유기 동물은 서서히 줄어들겠죠. '유기하지 말라' 또는 '유기 동물을 입양하라'는 외침에 의해서가 아니라 사람들이 그 즐거움을 경험하고 감사를 느끼면서 변화가 시작된다고 생각합니다.

그렇게 인간과 동물이 성장하는 곳, 그곳을 꿈꾸고 있습니다.

교육은 반려동물과 사람 모두가 배우는 과정이다.

"아는 게 없네. 교육 좀 받아야겠네."라며 뭔가 주입하지 않으면 그저 공기계에 불과하다는 눈으로 반려동물들을 대하는 것은 후진적 사고방식이다. 가르치지 않으면 안 되는 미숙한 생명이라서 반려동물을 가르치는 것이 아니다. 내가 생각하는 교육은 반려동물과 사람 모두가 배우는 과정이다. 사람이 사는 세상에서 사람과 동물이 더불어 살아가야 하기에 서로 타협점을 찾고 조율하는 과정이 교육이라고 나는 생각한다. <u>사람과 동물이 서로가 공존하는 방법을 배우는 과정이다.</u>

세상에 완벽한 생명은 없다. 완벽하지 않으나 모든 동물이 타고난 모습 그대로 '온전'하다. 서로 다를 뿐이다. 각각의 동물들이 살아가는 모습은 경이로움 그 자체다. 동물들은 사람으로서는 상상도 할 수 없는 지혜와 능력을 갖고 있다. <u>네발 동물로 사람 사는 세상에 태어나 우리의 보살핌을 받고 있기는 하지만, 반려동물들은 사람의 이해 수준을 넘어서는 사고 능력과 감정을 가진 생명이다.</u>

개는 당뇨병, 암, 폭약 등 사람이 감지할 수 없는 냄새를 단번에 찾아낼 수 있는 후각을 가졌다. 개의 후각 능력이 사람의 10만 배라고 흔히 말하지만, 정확한 표현이 아니다. 사실 개의 후각 능력은 우리가 측정할 수 있는 범위를 벗어났다. 과학은 아직 개의 후각이 작동하는 원리나 능력 범위에 대해 밝혀내지 못했다. 그러나 당신이 후각만으로는 암을 발견할 수 없어 덩치 큰 기계의 힘을 빌린다는 이유로 개가 당신을 '뭘 모르는 동물'로 취급하지는 않을 거다. 바다거북은 부모 없이 혼자 알을 깨고 바다로 나가고, 수년 후 자신이 태어났던 그 자리로 혼자 돌아가 후손을 낳는다. 당신은 부모가 물려준 유산이 없다며 징징거리고 내비게이션 없이는 혼자서 숙소도 못 찾아가겠지만, 그렇다고 바다거북이 당신을 한심하게 보지는 않을 거다.

과거 과학은 두뇌의 크기가 지능과 관련이 있다고 믿었고, 다른 동물들보다 사람의 뇌가 크기 때문에 인간이 지능적으로 우수하다고 말해왔다. 그러나 두뇌의 크기가 지능을 대변하지 않는다는 사실이 과학적으로 밝혀졌다. 지능은 두뇌의 크기가 아니라, 뇌의 각 부분이 상호 얼마나 효과적으로 커뮤니케이션하는가와 더 관련이 있다. 개의 뇌는 늑대의 뇌보다 작다. 그러나 뇌가 작다고 열등하지 않다. 개의 뇌는 크기는 작아지면서 사람과 더불어 살아가는 데 적합하도록 진화했다. 사람이라는 동물에 맞춰 조율한 결과다. <u>사람인 우리는 동물을 위해 어떤 변화의 노력을 하고 있을까?</u>

사람은 뛰어난 동물이지만, 우리가 과거에 믿어왔던 것만큼이나 우등한 동물은 아니다. 사람이 뇌의 10% 정도만 사용하고 있다는 대중적 믿음은 과학적 근거가 없으며 사실이 아니다. 인간은 뇌 전체를 두루두루 잘 사용하고 있다. 우리는 커다란 시설과 기계와 전문 인력 없이는 호르몬 변화를 감지할 수 없다. 폭발물을 제거하려면 개의 도움이 필요하다. 내비게이션을 수십 번 확인하지 않고는 원하는 곳에 갈 수도 없다. 고철 덩어리를 만들지 않으면 날 수 없다. 동물들은 도구 없이도 거뜬하게 할 수 있는 일들을 사람은 복잡한 도구를 사용하지 않고는 할 수 없어 가는 곳마다 쓰레기를 만든다. 사람은 지구에서 쓰레기를 만드는 유일한 동물이다. 사람이 동물보다 못하다는 말이 아니다. 사람만이 할 수 있는 것들도 많다. 각각의 동물마다 타고난 능력이나 살아가는 방식이 다를 뿐, 생명에 우열이 없다는 사실을 말하고 있다. 사람이 다른 동물들보다 우위에 있지 않고, 다른 동물들이 사람보다 열등하지 않다.

동물들에게는 도덕적 의식이나 윤리 의식이 없다고 말하는 사람들이 있다. 그러나 그들이 말하는 도덕적 인식이나 윤리는 사람이 만든 것이다. 동물들과 논의하여 만든 것이 아니다. 동물들이 그것을 당연히 알고 있거나 의무적으로 지켜야 할 이유가 없다. 사람이 가진 기준과 다를 뿐 동물 세계에는 종마다 그들 나름의 기준, 지켜야 할 원칙과 윤리적 기준이 존재한다. 그들 나름의 시각으로 세상을 본다. **정작 동물들의 의식과 윤리적 기준에 대해 무지한 것은 사람 아닐까?** 인간은 세상을 지배하고 다스리는 세계의 중심이 아니다. 수많은 생명이 모여 사는 지구라는 마을의 주민 중 하나일 뿐이다. 우리는 다른 생명들을 배려하고 매너를 지키며 살아가는 방법을 배워야 한다.

동물에 대해 무수한 시간 공부하고 경험을 쌓는다고 해도 사람이 처리할 수 있는 지식에는 한계가 있다. 한 생명에 대해 '전문가'라는 말은 있을 수 없는 것 같다. 한 생명에 대해 모두 안다고 누가 말할 수 있을까? 단지 계속 귀 기울이고 이해하려고 노력하고 더 도움이 될 수 있는 길은 없을지 **탐구하는 순례자**라고 생각한다. 아무리 작은 생명이라도 내가 한없이 부족한 헤아림으로 대하고 있을 뿐이라는 겸허함으로 마주해야 한다.

폴랑폴랑 그렇게 시작되었다.

개 열세 마리, 고양이 세 마리, 닭과 병아리들…
　서울에서 나고 자랐지만 내가 세상을 인식하던 시점부터 내 곁에는 동물들이 있었다. 나는 동물들과 함께 자랐고 가족사진에 동물이 함께하는 것은 너무나 당연하고 자연스러운 일이었다. 학교에 가지 않는 날이면 알람이 없어도 거짓말처럼 정확히 오전 5시에 눈이 떠졌다. 마음과 몸은 함께 움직인다는 것을 그때 깨달았다. 오전 5시부터 사람들이 살아나는 아침 시간까지는 어떤 방해도 없이 사랑하는 동물들과 나만이 누릴 수 있는 마법 같은 시간이었다. 고요한 새벽 시간에 반려동물들과 함께하는 기쁨이 그만큼 컸다.
　나는 시간 개념이 남들과 조금 다르다. 사람들은 1월 1일이 한 해의 시작이라고 생각하지만, 나에게는 그 감각이 잘 와닿지 않는다. 내가 어렸을 때 우리 집에는 길을 가던 사람들이 멈춰 서서 바라볼 정도로 아름다운 목련 나무가 있었다. 나는 매년 나무를 끌어안고 하늘을 향해 고개를 한껏 젖힌 채 꽃봉오리가 올라오는 날을 손꼽아 기다렸다. 그리고 드디어 아기 새처럼 솜털이 보송보송하고 여린 꽃망울이 사랑스럽게 얼굴을 내미는 날, 나무를 안고 "이제야 만났네."라고 말하는 것이 새로운 한 해를 맞이하는 나만의 비밀 의식이었다. 마치 나도 겨울잠에서 깨어나 기분 좋게 맑은 공기를 들이마셔도 좋을 것 같은 행복감이 밀려왔다.

나는 동물과 식물이 사람과 동등하게 지구에서 더불어 사는 생명이라고 생각한다. 어렸을 때 방송을 통해 아메리칸 인디언들을 보고 '내 동족이 저기에 있다.'라고 생각했다. 그 당시 가능했다면 장담하건대 아마 나는 곧장 비행기를 타고 그들을 찾아 나섰을 거다. 그들의 정신과 문화가 철저히 파괴된 것이 마음 아프다. 어디엔가 작은 불씨로라도 살아있기를, 다시 타오르기를 나는 지금도 고대하고 있다.

어렸을 때는 자신이 경험한 세계가 누구나 경험하는 보편적인 세상인 줄 아는 법이다. 나도 세상의 모든 사람이 나와 같은 줄 알았다. 그러나 대여섯 살 무렵 경험한 한 만남을 계기로 어쩌면 그렇지 않을지도 모른다는 것을 직감하게 되었다.

놀이터에서 놀고 있던 어느 날이었다. 한 중년 여성이 자그마하고 이국적인 반려견을 데리고 놀이터로 들어왔다. 당시 한국에는 해외 견종이 드물었다. 그렇기에 한국에서는 볼 수 없는 장신구를 착용하고 나름 근사한 치장을 한, 낯선 외양의 작은 반려견은 등장만으로 모두의 시선을 끌 만했다. 그러나 그것보다 내 주의를 더 끄는 것이 있었다. 보호자와 반려견을 감싸고 도는 불안과 긴장감이었다.

그 자그마한 개는 머리끝까지 불만이 가득 차서 종일 울다가 결국은 입을 꾹 닫아버린 심통 난 아이 같은 얼굴을 하고는 경직된 자세로 꼿꼿하게 서 있었다. 놀이터임에도 뛰어놀 의사가 전혀 보이지 않는 아이. 나의 반려견들이나 동네의 개들에게서는 한 번도 본 적이 없는 그 표정에 나는 빨려 들어갔다. 나는 한동안 그 아이에게서 눈을 떼지 못하고 행동을 관찰하는 일에 온 정신이 팔렸었는데, 보호자는 반대로 그런 내 모습을 구경하고 있었던 모양이었다.

"강아지 좋아하니? 안아볼래?"라고 보호자가 나에게 말을 걸었다.

"좋아해요. 저도 강아지들을 키우고 있어요."라고 대답했지만, 선뜻 보호자의 말대로 강아지를 안고 싶다는 생각은 들지 않았다. 정확히 설명할 수는 없지만 그러면 안 될 것 같았다. 뭔가 알 수 없는 힘이 나에게 그러지 말라고 시키고 있는 것처럼.

"만져봐. 안아봐도 돼."라고 보호자는 한 번 더 나에게 권했다. 나는 강아지를 안아보는 대신 강아지 눈높이에 맞추어 몸을 굽혀 앉으며, 강아지에게 "왜 그렇게 화가 난 거야? 아프니?"하고 말을 걸었다. 그 순간 그 강아지가 순식간에 내 무릎을 덥석 물었다. 머리가 핑그르르 돌며 현기증을 느꼈다. 물린 자리가 아팠지만, 화가 나는 게 아니라 미안하다는 생각이 들었다. 보호자가 놀라서 반려견을 잡아당겨 후다닥 안아 올렸다. 나는 "그러지 마세요. 제 잘못이에요. 제가 강아지를 불편하게 했나 봐요."라고 말하고 강아지에게 "미안해"라고 사과한 다음 물러섰다.

보호자가 어쩔 줄 모르며 병원에 가자고 했다. 그렇지만 나는 "아니에요. 괜찮아요. 제가 잘못한 거니까 걱정하지 마세요."라고 대답했다. 한편으로 병원에 가는 것이 죽기보다 싫었거나, 아니면 물려도 아프다는 생각이 들지 않을 정도로 강아지가 너무 귀여웠기 때문이었을지도 모르겠다. 분명한 건 그 개가 그런 행동을 한 이유가 나에게 충분히 와닿았다는 것, 강아지가 다가오지 말라고 어필하고 있었음에도 내가 그 개의 의사를 무시하고 가까이에 있었다는 사실이었다.

나는 내 잘못이라고 생각했다. 그리고 내 잘못임에도 그 작은 개가 불이익을 받게 되는 것은 아닐까 하는 걱정이 되었다. 그래서 나는 이 일을 아무도 모르도록 숨길 생각이었다. 놀란 얼굴로 나에게 계속 연락처를 물어보는 강아지의 보호자에게 괜찮으니 걱정하지 말라고 다섯 살짜리 나름의 신신당부를 하고 자리를 떴지만, 일이 내 생각대로 되지는 않았다. 결국 강아지의 보호자가 우리 집을 알아내어 연락하는 바람에 사실이 알려지게 되었으니까. 내 머릿속에서는 다른 걱정보다 그 강아지와 관련된 그날의 의문들만이 꼬리를 물고 이어졌다. 보호자와 강아지 사이에서 어린 나이의 내 언어로는 정확히 표현할 수 없는 낯선 그림자가 느껴졌다.

'그 강아지는 무엇 때문에 그렇게 화가 나 있었을까?'

'왜 그 보호자는 강아지가 그렇게 불편해하는데도 나에게 강아지를 만져보라고 했을까?'

명확하게 언어화하지 못한 의문을 기억 한쪽에 잘 보관해 둔 채로 시간은 흘렀다. 그러다가 다시금 기억의 창고를 열고, 뽀얗게 먼지가 앉은 궁금증을 꺼내어 살펴보아야 하는 시간이 왔다.

갈비뼈가 선명하게 드러날 정도로 뼈만 앙상하게 남은 작은 개가 사시나무처럼 떨며 한 아파트촌 길목을 배회하고 있었다. 그렇게 지낸 지 수개월이 훌쩍 넘었다. 그곳을 오가던 사람들이 개를 구하기 위해 여러 노력을 기울였지만 개는 틈을 주지 않고 빠져나갔다. 손을 쓸 수 없는 상태로 시간은 계속 흘렀다. 추운 겨울, 그렇게 개가 살아있다는 것이 신기했다. 여기까지가 인근 주민들에게 나중에 전해 들은 이야기이다.

한 중학생이 길에서 앙상한 작은 개와 마주쳤다. 그 개는 마치 잃어버렸던 가족과 재회라도 한 것처럼 그녀를 향해 단숨에 걸어와 품에 와락 안겼다. 플라스틱 인형처럼 굳어버린 앙상한 몸은 품에서 녹아 금방이라도 공기 중으로 사라져 버릴 것만 같았다.

'개를 잃어버리고 애타고 찾고 있는 가족이 있지는 않을까...'

반려견을 보호하고 있다는 포스터를 인근 곳곳에 붙이고, 반려견을 잃어버렸다는 인근 주민들의 집도 여러 곳 방문했다. 그러나 그 개의 보호자는 만날 수 없었다. 그렇게 그 개는 공식적으로 그녀의 가족이 되었다. 나의 중학생 시절 어느 방학으로 가던 길목에서 있었던 일이다.

나는 그때까지 내가 함께했던 동물들에게서 보지 못했던 모습들을 그를 통해 보게 되었다. 놀랍고 궁금했다.

이 조막만 한 아이가 그런 행동을 하게 만든 것은 무엇일까?
무엇이 작고 여린 생명을 이렇게 만들었나?
어디에서 시작되었나?
엉킨 실타래는 어디에서부터 풀어야 하나? 누가 풀어야 하나?
실타래의 끝은 누가 잡고 있는 것일까?
동물과 더불어 사는 것이 쉽지 않은 사람들, 어떻게 하면 그들을 도울 수 있나?
지금 이대로 좋은가? 지금 이것이 최선인가?
이것이 과연 단순히 반려동물과 사람 사이의 문제로 그치는 것일까?

나의 가족이 된 작은 개를 보며 나는 기억 속에 담아두었던 질문들을 다시 꺼내어 들여다보기 시작했다. 세상을 인식하던 무렵부터 동물에게 둘러싸여 자란 나에게는 당연한 사실이 누구에게나 그렇지 않다는 것을 다시 한번 명확히 인식하는 계기가 된 만남이었다. 반려동물과 사람이 서로에게 어떤 영향을 미치고 있는지 이 아이를 통해 들여다보고 피부로 느낄 수 있었다.

누군가에게는 동물과 더불어 사는 것이 당연하지 않을 수 있다는 사실.
사람들은 동물의 언어를 이해하지 못하거나 오해하고 있다는 사실.
그래서 반려동물이 힘들어할 때 위로나 도움이 될 수도 없다는 사실.
서로 어긋나고 서로 상처 주며 살아간다는 사실.

나는 어린 시절 반려동물들과 함께하면서 본능적으로 그들의 언어를 체득했다. 반려동물들이 모두 나의 선생님이자 멘토였다. 반려견들이 서로 어떻게 대화하고 소통하는지도 배웠고, 내가 그들의 언어를 구사하는 방법도 배웠다. 반려동물들과 함께하는 과정에서 자연스럽게 그들의 행동 심리를 알게 되었고, 내 의사를 효과적이고 건강하게 전달하는 방법도 배웠다. 그러나 그것은 누구에게나 당연한 일이 아니라 내게 우연히 주어진 선물이었다. 나는 이것을 사람들에게 전해주고 싶었다.

'내가 아는 것을 어떻게 사람들에게 전달할 수 있을까?'

그 질문에 답하는 과정에서 폴랑폴랑이 시작되었다.

우리 사랑하자.[10]

　우리 집에는 전 보호자와 훈련소의 기권으로 오게 된 벤노와 미니가 있다. 실명을 거론함에 양해를 구한다. 아침부터 밤늦게까지 직장 생활로 바쁜 데다 두 마리를 입양할 계획도 아니었는데, 인연이 되려고 그런 것인지 여러 상황이 얽혀서 결국 집에 데리고 오게 되었다.
　서둘러 출근했다가 돌아온 바로 그날 저녁... 상상 초월이었다. 리모델링할 계획이었는지 하루 만에 거실과 방 사이의 벽을 파서 구멍을 만들고, 대소변을 못 가려서 온 집안에 대소변, 찰리의 초콜릿 공장인지 집 안 가득 날아다니는 오리털과 솜들... 온종일 짖어서 이웃집에서 항의가 들어오고, 산책시키려고 데리고 나가니 지나가는 개와 사람에게 달려들고 빗질만 해도 으르렁거렸다. 게다가 며칠 후 알게 된 사실이지만, 둘 다 훈련소에서 전염성 피부질환에 감염된 상태였다. 덕분에 나도 반려견들과 꼬박 6개월을 피부 질환에 시달려야 했다.
　피곤한 몸을 달랠 아늑한 집이 존재하지 않는다는 것을 깨달은 순간 머리끝까지 화가 치솟은 나는 거실로 소리를 지르며 내달렸지만 이미 벤노와 미니는 어딘가로 피한 상태였다. 그때 베란디 유리창에 비친 내 모습

10　2002년에 기고한 글의 일부다.

이 보였다. 기다란 빗자루를 손에 든 프랑켄슈타인 같았다.

'이건 아냐, 이건 내가 아냐. 어떻게 해야 하지?'라는 생각이 들자 힘이 쭉 빠져서 나는 바닥에 그대로 주저앉았다. 잠시 머릿속을 여러 생각들이 휘감고 지나가고 나자 마음이 이렇게 속삭였다.

'그래, 무엇을 해도 좋아. 내가 다 받아줄게. 여기가 너희의 마지막 집이 될 거야.'라고.

그 순간 마음과 마음을 관통하는 터널이 열린 것 같은, 말로 표현할 수 없는 에너지가 느껴지면서 어딘가 숨어있던 벤노와 미니가 걸어와 내 앞에 나란히 앉았다.

"정말?"이냐고 물었다. "응, 정말이야. 우리 사랑하자."

한순간도 함께 지낼 수 없을 것만 같던 벤노와 미니는 그렇게 일주일이 지나자 그럭저럭 같이 살 만한 강아지들이 되었고, 한 달이 지나자 꽤 괜찮은 녀석들이 되었다. 그때까지 어느 누구도 "사람과 살 때는 이렇게 해야 하는 거야."라고 가르쳐주지 않았던 거다. 이후에 벤노와 미니는 4단계에 이르는 까다로운 국제 치유 동물 시험을 통과하고, 열 살에 은퇴할 때까지 치유 동물로 활동하면서 학교, 병원, 기관, 캠프 등에서 많은 사람을 도왔다.

사람이 밀림에 떨어진다면 사자에게 밀림에서 어떻게 살아가야 하는 것인지 배워야 한다. 새가 나무 열매나 곡식을 먹는 것은 아름다운 자연의 섭리라고 여기면서, 개가 베란다에 널어 둔 고구마나 화초를 먹는 것은 혼날 일이다. 마치 개는 태어날 때부터 해도 되는 일과 안 되는 일에 대해 오리엔테이션이라도 받았다는 듯 사람은 개에게 당연하지 않은 것을 당연하게 요구한다. 개는 알고 싶다. 그리고 끊임없이 우리와 대화하려고 노력하고 있다.

후일담

당시에 나는 반려견을 입양할 계획이 없었다. 그러나 입양하지 않으면 개 농장에 팔아넘기겠다는 말을 거리낌 없이 하는 사람의 손에 아이들을 둘 수는 없었다. 그래서 나는 벤노와 미니의 가족이 되기로 결심했다.

개 농장과 입양자와 훈련소 사이를 오가며 살았을 미니는 이번에 끌려가면 죽은 목숨이라고 생각했던 것 같았다. 어떤 시간을 보내며 지내왔는지 그 모습만으로도 어렴풋이 짐작되었다. 공포에 질려 애끓는 목소리로 우는 미니에게 "너는 이제 안전해."라고 말해줄 수 있으면 좋으련만 언어로는 전할 수가 없었다. 그래서 나는 조금 떨어진 곳에 앉아서 조용히 기다렸다. 그리고 미니가 준비되었을 때 다가가 미니를 품에 안았다.

벤노의 목에는 살점이 떨어져 나가고 움푹 팬 커다란 흉터가 있었다. 상처가 아물고 남은 흉터가 그 정도라면 실제 상해는 상당했을 것이다. 벤노의 귀는 성형 수술이 된 상태였는데 불법 시술을 한 것이 분명했다. 잘못 절개된 귀와 흉터를 보면 그 수술이 얼마나 고통스러웠을지, 벤노의 귀를 볼 때마다 가슴이 아팠다. 어린 나이에 겪었을 신체적, 심리적, 정서적 고통은 어마어마했을 것이다. 그 모든 과거의 경험에도 불구하고 벤노는 믿을 수 없을 만큼 긍정적이고 건강한 마인드를 갖고 있었다. 벤노는 자기 자신보다 미니를 더 챙겼다. 불안에 떠는 미니를 안심시켜 주려고 그 앞에서 재주를 넘고 장난을 치며 노력하던 벤노와, 그 노력에 두려움을 잠시 잊고 살며시 웃던 미니의 모습을 나는 지금도 생생히 기억한다.

'태어나던 순간부터 우리가 함께였다면 너희의 삶은 얼마나 빛났을까?'

똑같이 사랑스러운 생명일 뿐인데 어딘가에서 태어난 동물은 평생을 창살 안에서 보내다 떠나고, 누군가를 만난 동물은 먹잇감이 되고, 어떤 동물은 신성한 동물로 여겨져 친수를 누리기도 한다. 만나지 않았더라면 좋았을 인연과 닿아 고통을 겪는가 하면, 우연히 닿은 인연을 통해 새로운 기회를 얻기도 한다.

한 생명이 성장하는 과정에 함께 할 수 있다는 것은 정말 근사한 일이다. 어느 시점에서든 한 생명의 삶에 동참한다는 것은 특권이고 행운이다. 나는 나를 포함한 우리 모두가 '방법'을 묻기 이전에 내 곁에 있는 반려동물의 감정과 욕구를 들여다볼 수 있게 되기를, 그리고 반려동물을 사랑할 수 있는 능력을 키울 수 있기를 바란다. **그것은 우리가 반려동물에게 무언가 '가르치려는' 마음을 내려놓고, 반려동물을 '이해하기' 시작할 때 시작될 것이다.** 그리고 지금 여러분의 곁에 있는 반려동물이 그 능력을 키울 수 있도록 여러분을 도울 것이라고 확신한다.

CHAPTER 4.
당신을 근사한 보호자로 만들어줄 폴랑폴랑 마법

관계가 먼저다.

　보호자가 반려견을 훈련하는 방식이 보호자와 반려견의 관계에 영향을 미칠까? 영국 브리스틀 대학교 연구팀은 반려견과 보호자 53팀을 대상으로 연구를 진행했다. 그 결과 강압적인 훈련, 물리적 체벌을 받은 적이 있는 반려견들은 보호자와 장난하거나 보호자에게 친밀하게 다가가지 않는 경향을 보였다. 반면 언제나 칭찬과 상을 받았던 반려견들은 보호자와 친밀했고, 더 자주 눈을 마주쳤으며 더 장난기가 많았다. 과제를 수행하는 학습 속도와 적극성과 수행 성과가 높은 것도 언제나 칭찬과 보상을 받았던 반려견들이었다. 물리적 체벌을 받던 반려견들은 과제 수행에 소극적이고 학습 속도가 느렸으며 수행 성과가 낮았다.

　똑같은 동작을 가르쳐도 결과는 다르다. 강압적 방법으로 배운 반려동물은 경직된 자세로 몸을 낮추고 웅크린다. 표정도 편안하지 않다. 명령한 사람의 기분을 살피느라 눈동자는 휑하고 불안하다. 동작을 수행하는 속도도 느리다. 스스로 즐거워서 하는 동작이 아니기 때문이다. 반면, 칭찬과 상을 받으며 배운 아이의 바디랭귀지는 편안하다. 동작을 요청받으면 순식간에 동작을 수행한다. 전신의 근육이 한껏 이완되어 폴랑폴랑하다. 장난기가 가득하고 표정이 밝다. 보호자에게 다가가고 눈을 보고 웃으며 끊임없이 대화한다. 새로운 것을 배우고 싶어 호기심이 충만하다.

똑같은 동작을 가르쳐도 결과가 다르다.

돌보는 사람과의 관계가 핵심이다.

반려동물의 입장에서 생각하고, 그들의 감정과 생각과 욕구에 귀 기울인다는 것은 '관계'를 의미한다. 정서적 지지와 신뢰가 있는 관계를 만드는 것이 가장 우선이다. 반려동물의 변화를 만드는 열쇠는 보호자가 쥐고 있다. 보호자와의 관계, 보호자의 반응과 교육법은 변화의 핵심으로 작용한다.

강아지든 고양이든 사람이든, 변화를 위해서는 애정 어린 마음과 마인풀한 시선, 두 가지 양념이 꼭 필요하다. 가정은 그 두 가지 양념이 있는 곳이다. 그래서 중요하다. 양육자란 단순히 생존을 위해 필요한 존재가 아니다. 한 생명이 건강하게 성장하기 위해서는 친밀하고 애정이 어린 따뜻한 관심과 지지가 절대적으로 필요하다.

모든 생명은 관계 속에서 도움을 주고받으며 성장한다. **참조 대상이 누**

구냐에 따라 삶의 무게는 달라질 수 있다. 건강한 성장 환경을 제공하는 지혜로운 부모의 모습을 참조하며 성장하는 사람의 삶은 그렇지 않은 사람의 삶보다 월등히 수월하다. 반려동물이 참조할 주요 대상은 보호자이므로 어떤 보호자, 어떤 가정을 만나느냐에 따라서 반려동물의 삶은 달라진다. 사람은 자신의 의지로 새로운 관계를 구축하거나 원치 않는 관계를 정리할 수 있다. 그러나 반려동물에게는 관계를 선택할 자유가 없다.

다수의 반려동물을 키우고 있다며 자신이 얼마나 반려동물을 사랑하는 사람인지 어필하는 분들이 있다. 그 논리로 말하면 지금 세대를 살아가는 사람들은 아이를 열 명 이상 낳던 할머니 세대에 비해 얼마나 매몰차고 사랑을 모르는 세대인 건가? 반려동물 숫자와 사랑의 크기는 동의어가 아니다. 외동 자녀를 둔 보호자보다 자녀 수가 많은 보호자의 자녀 사랑이 더 크다고 할 수 없다. 다섯 마리를 키워도 그 아이들 각각을 불행한 아이로 만드는 보호자는 얼마든지 있다.

동물이든 사람이든 사랑할 줄 아는 사람을 만나야 행복하다. 안정적이고 건강한 애정을 줄 수 있는 보호자와 함께 하는 반려동물은 행복하다. 서로 협조하고 지지하며 칭찬하는 습관을 지닌 가족의 반려동물 교육은 효과적이고 즐겁다. 온 가족이 함께 기뻐하고 격려하는 속에서 반려동물은 가족과 함께 배우는 과정 자체를 즐거워한다.

반면 가족 간에 의견을 모으지 못하거나, 한 사람에게 책임을 전가하거나, 방임하거나 비협조적인 구성원이 있는 가족, 부정적인 가족, 보호자마다 서로 다른 이야기를 하거나 다른 주장을 하면서 반려동물에게 혼란을 주며 분노를 키우는 가족의 반려동물은 언제나 긴장 상태에서 벗어나지 못한다. 분위기 자체가 어두우니 평온한 마음을 갖는다는 것이 불가능할 것이다. 사랑할 줄 모르는 보호자, 불안정한 보호자, 삶이 건강하지 못한 보호자와 함께 사는 반려동물의 앞날은 어둡다. 교육도 힘들고 성취도도 낮다.

비현실적인 기대를 버려라.

　사람들은 흔히 반려동물에 대해 비현실적인 기대를 갖고 있다. 가르쳐 주지 않아도 반려동물은 정답을 알고 그대로 완벽하게 잘 행동할 거라고 기대한다. 음식을 테이블에 놓고 외출해도 그것은 보호자의 몫이니 반려동물은 손대지 않을 것이라고 믿는다. 그러고는 돌아와서 기대와 다른 상황을 보고 반려동물에게 분노한다. 이것은 테이블에 놓인 음식을 먹은 반려동물의 잘못일까? 오늘도 음식을 테이블에 놓고 외출한 당신의 잘못일까? **반려동물을 시험에 들게 하지 마라.** 우리가 완벽하지 않듯이 반려동물도 완벽하지 않다. 반려동물도 때로 실수하고 깜박 잊을 때가 있으며 그들에게도 컨디션이라는 것이 있다. 당신은 실수해도 좋고 반려동물에게는 실수가 용납되지 않는다는 이중잣대는 합리적이지 못하다.

　반려동물이 언제나 보호자의 마음과 생각을 읽고 그에 부응해 주기를 바라는 것, 자신의 마음을 위로해 주기를 바라는 것, 몇 달간 산책하러 나가지 않아도 좋은 산책 습관을 선보여주기를 바라는 것, 필요한 보살핌을 주지 않고도 고양이가 파괴적인 행동을 하지 않기를 바라는 것, 이런 기대는 모두 비현실적인 기대다. 일주일에 한 번 외출하는 아이에게 바라톤에서 상을 받아오라고 하는 것이나 마찬가지다.

보호소를 방문했을 때 들어서기가 무섭게 이런 이야기를 들은 적이 있다. "이 아이는 짖는 것 좀 어떻게 해주고, 저 아이는 사람 못 물게 하고, 이 아이는 화장실 실수하지 않게 해 주세요." 이렇게 들린다. "여기 나사 좀 조여주고, 여기는 녹이 슬었으니 닦아내고, 여기는 덜덜덜 소음 좀 줄여주세요." 폴랑폴랑 교육은 효과적이라는 말은 기쁘다. 그러나 교육이란 줄 서서 주사 한 대 맞으면 끝나는 일은 아니니, 우리가 만날 아이와 연결되는 것이 교육의 시작 아닐까? 그래서 묻는다. "이 아이가 가장 좋아하는 것이 뭔가요?" 그 순간의 침묵이 나에게는 가장 슬프다.

동물은 고유한 존재다. 이 세상 어디에도 똑같은 동물은 없다. 성장 환경에 따라, 유전적 요인에 따라, 각자의 성향과 욕구에 따라 다르며 자신만의 욕구와 감정을 갖고 스스로 생각한다. 어떤 보호자, 어떤 환경에서 어떤 교육을 받는지에 따라 동물은 변한다.

끊임없이 간식을 던지며 행동을 유인하거나, 강압적으로 명령하거나, 물리적 힘을 행사하는 것을 훈련이라고 생각하는 보호자들이 적지 않다. 심지어는 그런 행동을 '교육'이라고 부르는 사람들도 있다. 생각해보자. 그런 방법으로 반려동물의 사고나 감정을 바꿀 수 있을까? 천만에. 반려동물은 기계가 아니다. 동전을 넣으면 작동하는 장난감이 아니다. **스스로 생각하고 고민하고 답을 찾아가는 과정이 없다면 학습은 일어나지 않는다**. 학습이 일어나지 않는다면 그것은 훈련도 교육도 아니다.

동물의 행동에 대한 과학적 지식이 발전하면서 그동안 사람이 동물에게 인위적인 행동을 강요하며 그들의 타고난 욕구를 얼마나 무시해 왔는지 속속 밝혀지고 있다. 우리의 비현실적인 기대와 잘못된 지식이 반려동물의 부적절한 행동 증가에 기여한다는 과학적 증거가 넘쳐난다. 진정으로 반려동물과 더불어 사는 기쁨을 누리고 싶다면 그들의 생각과 욕구와 감정을 올바르게 이해하는 것이 우선이다.

반려동물 보호자에게 필요한 습관

잊지 말고 매일 한 번 물어보세요.
나 자신에게, 나의 반려동물에게.
오늘도 내가 너를 제대로 사랑했는지….

매일 밤 잠자리에 들기 전에 잘자 인사하면서
반려동물의 가슴에 가만히 손을 올리고
반려동물에게, 그리고 나 자신에게 물어보세요.

내가 오늘 너를 제대로 사랑한 걸까?
내가 사랑이라고 믿는 방법들이 옳은 방법이었나?
오늘보다 내일, 더 사랑하려면 어떻게 하면 될까?
내가 오늘 너에게 한 행동이나 말들이
너에게도 사랑으로 가 닿았을까?
내 감정에 취해서 너를 아프게 하지는 않았나?

나침반을 확인하지 않으면
엉뚱한 곳으로 흘러가기도 하는 거니까.

"사랑하는 아이야, 오늘도 내가 너를 제대로 사랑한 걸까?"

문제 행동은 없다.

_.

행동을 억누르는 것이 아니라 행동을 향상하는 것이 진정한 전문가다.

나는 '문제 행동'이라는 단어를 사용하지 않는다. 그 단어에 동의하지도 않는다. 자신의 뇌와 의지와 감정을 가진 생명을 교정해야 할 대상이라고 생각하나? 문제 행동은 없다. '행동 교정'이라는 단어도 마찬가지다. 단어를 듣기만 해도 끔찍하다.

'행동 교정, 행동 교화'는 범죄자를 향해 사용하는 말이다. 사전적 의미로는 틀어지거나 잘못된 것을 바로잡는 것을 말하며, 범죄자들의 반사회성을 개선하는 것을 의미한다. 어떤 단어를 사용하는지 보면 말하는 사람의 시각을 알 수 있다. 반려동물의 행동에 교정 또는 교화라는 단어를 붙인다는 것은 반려동물의 행동을 고쳐 잡아야 하는 나쁜 것으로 보고 있다는 것을 의미한다. 그러나 반려동물의 행동은 범죄도, 반사회적 행동도, 나쁜 행동도 아니다.

반려동물이 원치 않는 행동을 하거나 반려견의 행동으로 인해 생활이 불편해지는 경우, 많은 사람이 그 행동을 단순히 문제 행동, 나쁜 행동, 성격적 결함 또는 혼을 내서 고쳐야 하는 것 등으로 레이블을 붙인다. 그러나 강아지와 고양이들, 반려동물들의 행동에는 반드시 이유가 있다.

문제 행동 또는 나쁜 행동이라는 표현은 사람의 입장에서 기술한 것이다. 특정 행동이 기술하는 사람 자신에게 '문제'로 여겨진다는 뜻이다. 어떤 행동이든 그 행동을 하는 동물에게는 그것이 문제 행동이 아니다. 동물의 행동을 '문제' 또는 '고쳐야 하는 것, 바꿔야 하는 것'으로 바라보면 해결이 어렵다. 동물의 입장을 고려하지 않은 사람의 주관적 판단이기 때문이다.

반려동물을 룸메이트라고 생각하면 이해하기가 쉬울지도 모르겠다. 같은 공간을 나누며 함께 살려면 많은 조율이 필요하다. 나와 생활 방식이 다르다고 해서 룸메이트가 문제아는 아니지 않나? 룸메이트에게도 나라는 동물의 행동 양식이 다 마음에 들지는 않을 것이다.

보호자의 역할은 반려동물의 행동을 '뜯어고쳐야 하는 문제 행동'으로 바라보는 것이 아니라, 반려동물이 그 행동을 하는 이유를 이해하려고 노력하고, 서로가 조화를 이루어 살 수 있는 최선의 지혜를 구하는 것이다. 반려동물도 나라는 동물과 함께 산다는 것이 마냥 편하고 즐겁지만은 않을 것임을 이해하고 배려하는 노력을 기울이는 것이다.

동물들은 에너지 효율 전문가다. 절대로 불필요한 일에 자신의 에너지를 쏟지 않는다. 동물이 어떤 행동을 할 때는 그 행동의 역할이 있다. 필요한 이유가 있어서 하는 것이다. 그 행동이 해당 동물에게 더 이상 득이 되지 않거나 역할을 하지 못한다면, 옆에서 누가 뭐라고 한들 그 행동을 더 이상 하지 않는다. 해봐야 별 도움이 안 되는 행동에 에너지를 쓸 이유가 없다. 반대로 득이 된다면 그 행동을 반복할 것이다.

우리는 다른 사람 또는 다른 동물의 생각과 행동을 바꿀 수 없다. 우리가 바꿀 수 있는 것은 우리 자신뿐이다. 우리가 할 수 있는 것은 그들의 자발적 변화를 돕는 일이다. 행동에 '문제'라는 레이블을 붙이면 영원히 변화에 도달할 수 없을 것이다. 행동을 억누르는 것이 아니라 향상히는 것이 진정한 전문가, 진정한 보호자다.

문제 행동이라는 단어를 사용해 왔다면 지금부터 사용할 다른 단어를 알려드리겠다. 나는 오래전부터 '프로젝트, 프로젝트견, 프로젝트 행동'이라는 용어를 사용하도록 교육해왔다. 반려동물의 행동은 뜯어고쳐야 할 문제가 아니라 다 같이 솔루션을 찾아갈 즐거운 프로젝트이기 때문이다. '문제 행동'은 없다. **함께 솔루션을 찾아갈 즐거운 프로젝트**다.

의심하거나 비난하기 이전에
마음을 열고 귀를 먼저 기울여 보세요.
　　　　　　마음이 입보다 먼저 움직이게 하세요.
　　　　　　내가 세상의 정답이 아닐지도 모르니까요.
　　나의 생각이 미치지 못하는 그곳에 답이 있을지 모르니까요.

동물의 제안이 훨씬 현명하고 효과적이다.

나는 스스로 생각하고 자기 의사 표현을 잘하는 동물들을 좋아한다.
"나는 이렇게 하고 싶어."
"아, 그래? 왜지? 이것 때문이야?"
"맞아, 그건 별로야. 난 이렇게 하는 게 좋아."
"아, 그래? 네 아이디어 근사한데? 그럼 그렇게 한번 해볼까? 어떠니?"
"신나는데?"
"내 생각도 한번 들어볼래? 이렇게 해보는 건 어때?"
"응 좋아."
"그럼, 우리 앞으로 이렇게 하기로 할까?"
라고 반려동물과 대화하면서 문제를 풀어나가는 과정이 무엇과 비교할 수 없이 즐겁다.

명령대로 따르는 동물을 똑똑한 개, 천재 고양이라고 여기는 사람이 많겠지만, 동물과 함께하다 보면 내가 생각한 해결책보다 동물의 제안이 훨씬 현명하고 효과적이라는 것을 깨달을 때가 굉장히 많다. 반려동물들의 아이디어는 근사하다. 언제나 사람의 우매한 생각을 초월한다.

자신의 의견이 수용되는 느낌, 자신의 생각과 감정에 귀 기울여주는 누군가를 경험하는 것, 행동을 선택할 권리를 부여받는 것. 이것은 반려동물에게 있어 무엇과도 바꿀 수 없는 소중한 것이다. 이 과정에서 반려동물들은 자신감을 얻고 마음을 열고 교육자와 연결된다. 다른 것은 더 이상 필요하지 않다. 서로 연결되고 반려동물이 스스로 생각하는 재미를 느끼면, 교육에는 가속도가 붙고 교육 성과는 눈부시다. 반려동물 스스로 변한다. 그것도 아주 바람직한 방향으로. 생명이란 지혜 그 자체다.

학교에 대해서도 나는 비슷한 시각을 갖고 있다. 시스템은 제도가 주는 답에 의문을 제기하지 않는 아이들을 칭찬한다. 그러나 그 아이들에게서는 미래가 보이지 않는다는 게 나의 개인적인 생각이다. 나는 하늘을 그리라고 할 때 푸른 물감을 칠하는 아이들보다 도화지 밖으로 뛰쳐나가는 아이들, 주어진 답과 다른 각도에서 바라볼 수 있는 아이들에게 미래가 있다고 생각한다. 이것은 내가 반려동물을 교육할 때도 그대로 적용된다.

모든 동물은 자신의 컨디션과 자신의 리듬에 맞게 배울 자유가 있다. 선택권은 교육받는 대상에게 있다. 교육에 참여할지 중단할지, 어떻게 참여할지는 교육에 참여하는 대상이 결정한다. 행동의 자유와 선택할 권리를 최대한 부여하는 것이 가장 효과적이고 즐거운 반려동물 교육이다. 가르치는 사람은 가이드라인을 제공하는 것으로 충분하다.

스스로 바람직한 행동을 선택하도록 가르친다.

계단 이동을 거부하던 한 반려견 이야기다. 엘리베이터가 없는 5층 건물이었는데 반려견이 계단만 보면 극단적인 거부 반응을 보였다. 반려견이 온몸에 힘을 주고 주저앉아서 버티는 바람에 보호자는 계단을 오르거나 내릴 때마다 반려견을 안고 이동해야 했다. 5층까지 중형견을 안고 오르내리는 일은 고된 일이다. 안정제를 처방받아보기도 했고 방문 훈련도 받았지만 해결되지 않았다. 반려견이 계단에서 소리까지 지르는 시점에 이르자 보호자는 처방받은 약과 훈련을 중단한 후 나에게 연락해 왔다.

행동 상담 과정에서 나는 이것이 반려견이 아니라 보호자의 습관과 관련 있다는 것을 알았다. 나는 반려견에게 채운 줄을 팽팽하게 잡고 있는 보호자에게 줄을 느슨하게 놓아달라고 부탁했다. 보호자는 그 상태로는 반려견의 행동을 통제할 수 없을 것이라며 불안해했다.

그러나 결과는 보호자의 예상과 달랐다. 내 요청대로 보호자가 줄을 느슨하게 놓자 반려견의 표정이 바뀌었다. 반려견은 나를 올려다보며 생긋 웃더니 토끼처럼 신이 나서 계단을 이동했다. 보호자는 뭔가에 홀린 기분이라고 했다.

보호자가 잡은 줄에서 팽팽한 긴장감이 느껴질 때마다 반려견은 아마 계단을 올라가다가 뒤로 굴러떨어질 것 같은 불안감을 느꼈을 것이다. 반려견에게는 자신이 안전하다는 확신과 마음의 준비가 되었을 때 스스로 행동을 선택할 자유가 필요했다.

동물에게는 행동을 선택할 자유가 있고, 스스로도 그 사실을 알아야 한다. 지금 사례처럼 다칠까 불안해서 계단으로 이동하고 싶지 않은 상황이라고 하자. 자신에게 선택의 자유가 있고 보호자가 그 의사에 귀 기울여 준다는 사실을 아는 반려동물은 의사를 표현하고 자기 몸을 보호할 것이다. 그러나 반대의 경우는 위험을 안은 채 억지로 원치 않는 행동을 할 가능성이 높다. 부상의 위험이 올라간다. 훈련사가 혐오감을 유발하는 훈련을 한다고 하자. 자신에게 선택권이 있다는 사실을 아는 반려동물은 자리를 떠날 것이다. 보호자가 그 의사를 존중해줄 것임을 알기 때문이다. 반대의 경우 반려동물은 할 수 없는 상황에서도 무리해서 보호자와 훈련사의 요구에 따를 것이다. 뒤따를 상황에 대한 공포가 크기 때문이다.

훈련이나 교육 중에 당사자인 반려동물이 그 자리를 떠나길 원한다면 의사를 존중해야 한다. 반려동물이 떠나기를 원할 때는 이유가 있다. 불편하거나 두렵거나 휴식이 필요할 수도 있다. 반려동물이 자리를 떠나지 못하도록 힘으로 또는 도구로 막는 것은 부적절한 행동이다. 반려동물의 언어를 이해하지 못하는 사람에게 반려동물이 항변할 방법은 제한적이다. 짖거나 문다. 많은 경우 반려동물이 두려움을 느끼는 상황에서는 무는 사고로 이어진다. 내 말을 듣든가 아니면 벌을 주겠다는 것은 '선택'이 아니다.

자신의 판단과 선택에 따라 행동할 수 있을 때 반려동물은 더 좋은 선택을 할 수 있고, 반려동물이 경험하는 행복감도 증가한다. 미국 리치먼드 대학교 연구팀은 쥐를 '우버 쥐'와 '운전자 쥐'의 두 팀으로 나누어 실험을 진행했다. 운전자 쥐는 가고 싶은 곳으로 직접 운전하는 쥐, 우버 쥐는 태워다 주는 곳으로 이동하는 승객 쥐다. 연구팀은 쥐 전용 자동차를 만들어서 운전자 쥐에게 운전을 가르쳤다. 연구에 참여한 운전자 쥐 중에는 간식을 먹기 위해서 운전하는 쥐들도 있었지만, 운전 자체가 즐거워서 자발적으로 참여하고 새로운 운전법과 경로를 탐구하는 쥐들도 있었다. 실험 결과, 우버 쥐들보다 직접 운전한 쥐들의 건강한 호르몬 DHEA 수치가 더 높았고, 운전자 쥐들이 스트레스에 더 유연하게 대처한다는 사실이 확인되었다.

연구팀은 실험실 쥐보다 자연 상태에서 풍요로운 경험을 하던 쥐들이 더 사고가 유연하고 학습 속도가 빨랐다고 밝혔다. 실험실 쥐는 운전면허 시험에 불합격했지만 자연 상태에서 온 쥐들은 합격했다. 이들은 주체적으로 움직이고 탐구하면서 연구팀이 미처 생각하지 못한 새로운 방법을 만들어냈다. 뇌가 발달하려면 스스로 탐구하고 경험을 쌓아야 한다. 연구에서 밝혀진 것처럼 **동물에게 다채로운 경험과 탐구의 기회, 새로운 경험에서 얻는 성취감, 상황 통제력과 선택권이 주어질 때 동물의 스트레스 대처 능력, 자기 효능감, 성취도가 향상된다.**

도를 넘는 행동은 당연히 허용되지 않는다. 그러나 범위 안에서는 반려동물이 스스로 선택하고 결정하며 독립적으로 행동할 수 있다. 가르치는 사람은 바운더리 안에서 반려동물이 최선의 선택을 할 수 있도록 지원한다. **반려동물이 감정을 인내하는 것이 아니라 긍정적이고 즐거운 감정으로 함께 할 수 있도록 도와야 한다.**

자율과 방임은 다르다.

    선택의 자유에 관해 이야기했다. 그러나 오해하지 말자. 자율과 방임은 다르다.

    강의 요청을 받고 참석했을 때의 일이다. 한 참석자가 이렇게 말했다. "저도 반려견에게 행동의 자유, 자율성을 주는 게 얼마나 중요한지 잘 알아요. 제 반려견은 제가 입양하기 전까지 떠돌이 개로 살았어요. 제가 헌신적으로 돌봐서 지금은 행복한 아이가 되었답니다. 그래서 더욱 그에게는 행동의 자유가 중요해요. 저는 제 반려견이 동네를 마음껏 자유롭게 다닐 수 있도록 자유를 줘요. 돌아다니다가 옆집 닭을 물어 죽인 적도 있지만 사람을 해친 건 아니니까요. 반려견을 집에 가두어두는 것은 부당해요. 제 반려견은 자유를 누릴 자격이 있잖아요."

    반려동물을 사랑하는 참석자의 심정을 이해하지 못하는 바는 아니다. 그러나 멋진 보호자라고 맞장구를 쳐줄 수는 없었다.

    "사람을 공격한 것이 아니니 괜찮다고 말씀하시는 것은 맞지 않아요. 반려견이 다른 동물을 공격하고 생명을 빼앗았다면 그건 심각한 문제라는 걸 인식하셔야 합니다. 다른 사고가 또 일어나기 전에 얼른 교육적 도움을 받을 인근 전문가를 알아보세요."

그러자 참석자는 내 의견에 동의할 수 없다고 했다. 그녀는 그 행동은 개로서 할 수 있는 자연스러운 행동이고, 훈련은 개의 자연스러운 행동을 억제하는 것이기 때문에 원치 않는다고 했다.

"반려견의 행동을 억제한다는 말씀은 교육이 아니라 구식 훈련을 말씀하시는 것 같습니다. 교육은 행동을 억제하는 게 아니에요. 교육을 원치 않는다면 다른 대책이라도 마련하셔야 합니다. 울타리나 담을 만드는 것도 이웃의 안전을 위한 방법의 하나겠죠. 또 한 가지. 산책이란 보호자님이 반려견과 함께 데이트하는 시간을 말합니다. 개가 혼자 떠돌아다니는 건 산책이 아니에요. 사람이든 동물이든 반려견이 다른 대상에게 위험이 되지 않도록 교육하는 것은 보호자가 해야 할 의무 중 하나입니다. 다른 사고가 일어나기 전에 빨리 행동하세요."

보호자는 내 말이 끝나기가 무섭게 자신의 반려견은 나쁜 의도로 한 행동이 아니기 때문에 그렇게 해야 할 이유를 느끼지 못한다고 반박했다. 그것은 자유가 아니라 방임, 무책임이라는 것을 명확히 전달해야겠다는 생각이 들었다.

"타인에게 피해를 주는 것을 자유라고 하나요? 다른 동물의 생명을 빼앗으면서 자유를 만끽합니까? 당장 본인이 손해를 보는 것이 없으니 그 심각성이 눈에 들어오지 않으세요? 그런 행동으로 피해를 보는 건 이웃들만이 아닙니다. 보호자님의 반려견이 가장 큰 피해자예요. 그런 행동을 할 때 반려견은 분노와 무질서를 경험합니다. 엄청난 스트레스를 받아요. 보호자가 이 상황에서 아무것도 하지 않는 건 도움이 필요한 반려견을 방치하는 것이지 사랑이 아니에요."

'훈련은 개의 행동을 억압하는 것이니까 하지 않는다, 발톱을 깎는 것을 싫어하니까 개의 의사를 존중해서 하지 않는다, 고양이가 하고 싶다는 대로 놔둔다.' 이것은 무책임한 방임에 불과하다. 아이가 병원을 싫어하니까 아파도 병원에 데려가지 않는다고 말하는 부모가 있다면 그것은 아동 학대, 방치, 직무 유기다. 아플 때 병원에 가야 하는 것은 당위이고, 아이가 편안하게 진료를 받아들일 수 있도록 도울 방법을 찾고 양육하는 것은 부모의 의무다.

  사랑과 집착, 자율과 방임. 단어 사이에서 갈피를 잡기가 어려운가? 상식적으로 생각하자. 자유를 허용하는 것과 보호자로서 해야 할 도리를 안 하는 것은 전혀 다른 이야기다. 방임은 사랑이 아니다. 무책임과 방임의 결과로 사랑스럽던 반려동물이 프랑켄슈타인이 되었을 때 그 책임은 고스란히 반려동물에게 돌아간다. 자신이 반려동물의 생명을 벼랑으로 몰고 있는 것은 아닌지 생각해봐야 한다.

피해자가 될 수도 있고 생존자가 될 수도 있다.

동물보호단체 세이빙 휴이 파운데이션$^{Saving\ Huey\ Foundation}$에서 구조한 작은 강아지의 이야기다. 멕시코 티후아나^{Tijuana}의 길가에서 자그마한 개가 사람들에게 다가와 도움을 요청했다. 전신 55%가 3도~4도의 심각한 화상을 입은 상태였다. 누군가 강아지의 몸에 불을 놓은 것으로 보였다. 구조자는 즉시 이 개를 동물병원으로 데리고 갔다. 수의사는 신체검사 중에 그 이전부터 이미 고문에 가까운 학대가 반복되었다는 사실을 추가 확인했다. 보호단체에서는 이 개에게 크링글^{Kringle}이라는 이름을 붙여주었다. 크링글은 49일간 병원에서 입원 치료를 받았다. 화상과 화상치료는 견디기 어려운 극한의 고통이라고 한다. 그 고통을 작은 개 크링글은 씩씩하게 견뎌냈다.

크링글은 세상을 배우기도 전에 학대와 고통을 경험했다. 그 작은 몸으로 견딘 고통의 시간과 깊이를 우리는 가늠할 수도 없을 것이다. 그럼에도 크링글은 사람이라는 존재를 두려워하거나 혐오하는 것이 아니라 자신에게 고통을 주었을 인간이라는 존재를 용서하고 신뢰했다. 온몸이 타들어 가는 고통을 느끼는 아이가 마치 아무 일도 일어나지 않은 것처럼 최선을 다해서 하루하루를 살았다. 상처에 짓눌리거나 두려워 웅크리는 것이 아니라, 용기를 잃지 않고 긍정적인 자세로 최선을 다했다. 구조자는 영상에서 주변의 모든 것에 두려움 없이 열린 마음으로 다가가는 크링글의 자세가 놀라웠다며 이렇게 말했다.

"고통에 맞서 싸우는 놀라운 능력, 동시에 그렇게 상냥할 수 있다는 사실. His impressive ability to fight, and then to be able to be so kind."

고통스러운 현실, 주어진 아픔을 삶의 즐거움으로 바꾸는 그 힘은 무엇일까? 어디에서 나온 것일까?

학습된 무기력Learned Helplessness에 대해 한 번쯤 들어본 적이 있을 것이다. 여기에서는 기존에 알려진 것과 조금 다른 이야기를 하려고 한다. 1967년 심리학자 마틴 셀리그먼Martin E.P. Seligman과 스티븐 F. 메이어Steven F. Maier는 동물이 불리한 경험을 어떻게 받아들이고 학습하는지 알아보기 위한 실험을 진행했다. 그들은 개를 세 그룹으로 나누었다. A그룹에는 아무 자극도 주지 않았다. B그룹은 개가 레버를 눌러 전기 충격을 중지시킬 수 있는 곳에 묶어둔 다음 뒷다리에 전기 충격을 가했다. C그룹의 레버는 의도적으로 작동하지 않도록 설계했다. B그룹은 레버를 눌러 전기 충격에서 벗어났다. 그러나 C그룹은 레버가 작동하지 않아 전기 충격에서 벗어나지 못했다.

다음 날 다시 동일한 개들을 바닥에 전기가 흐르는 칸과 안전한 칸으로 나뉜 셔틀 박스에 배치했다. 그러자 이전 실험에서 레버를 눌러 전기 충격에서 벗어났던 개들은 안전한 칸으로 점프하여 대피했다. 그러나 레버가 고장 나서 전기 충격을 벗어나지 못했던 개들은 몸을 웅크리고 누운 채 탈출하려는 시도조차 하지 않았다. 두 학자는 이것을 경험을 통해 무력감이 학습되는 '학습된 무기력Learned Helplessness'이라고 명명했다. 즉, 학습된 무기력이란 동물이 강압적 자극에 노출되었을 때 탈출구가 차단된 경험을 한 후 시도 자체를 체념해 버리는 상태, 무기력을 내면화한 상태를 말한다.

전기가 흐르는 방에 갇힌 쥐는 도망가기 위해 발버둥을 친다. 그러나 도망갈 방법이 없다는 것을 깨닫는 순간 쥐는 더 이상 빠져나가려는 시도 자체를 하지 않는다. 다음에 탈출할 방법이 생겨도 탈출하지 않는다. '나는 아무리 노력해도 안 돼, 할 수 없어.'라는 것을 배우기 때문이다. 발버둥 치며 노력해도 삶이 나아지지 않자 모든 것을 포기하고 틀어박히는 것, 반복적으로 가정 폭력을 당한 피해자가 폭력을 당하면서도 그 관계에 눌러앉는 것, 비인도적 훈련에 노출된 이후 어떤 감정 표현도 하지 않는 반려동물, 모두 학습된 무기력의 한 형태다.

학습된 무기력은 다양한 정신적 문제를 유발한다. 우울감, 극단적 사고, 폭력성, 자기 파괴적 행동 등의 문제들이 학습된 무기력을 경험한 반려동물에게서도 나타난다.

그런데 근래에 학습된 무기력에 대한 후속 연구에서 흥미로운 사실들이 발견되었다. 학습된 무기력의 초기 연구자인 스티븐 F. 메이어[Steven F. Maier] 박사는 뇌과학으로 분야를 확장하여 연구를 지속했고, 그 결과 학습된 무기력이 사실은 '학습된' 것이 아니라 본능적이고 생물학적인 반응이라는 사실을 밝혀냈다. 그의 연구에 따르면 학습된 무기력의 핵심은 "나는 이 상황을 통제할 수 없어."라는 무력감이 아니라 "내가 이 상황을 통제할 수 있다."는 것에 있다. 다시 말해 스스로 힘이 있다는 것을 깨닫는다면 무기력 상태에 머물지 않을 수 있다.

당신은 피해자가 될 수도 있고 생존자가 될 수도 있다.
내면의 힘을 깨닫는다면 강아지 크링글처럼 스스로 통제할 수 없는 불리한 상황에서도 학습된 무기력에 빠지지 않을 수 있다. 연구에 따르면 학습된 무기력을 경험하는 동물은 고통을 처리하는데 온 에너지를 쏟는 반면, 회복력이 높은 동물은 에너지를 고르게 분배하며 건강한 삶을 유지하는데 쏟는 경향을 보인다. 과거의 상처를 곱씹는 대신, 현재를 가꾸는데 에너지를 사용할 때 회복력이 향상되었다.

학습된 무기력에 대해 아직 우리가 모르는 것이 많다. 무엇이 생존자와 피해자라는 차이를 만드는지, 어떻게 하면 바람직한 선택을 할 수 있도록 도울 수 있는지 알려진 바가 없다. 그러나 현재까지 밝혀진 범위에서 회복력을 높일 수 있는 몇 가지 방법은 말할 수 있다.

첫째. 상황 통제력이다.
상황을 통제할 수 있는 자유가 커지면 커질수록 회복력이 높아진다는 것은 확실하다. 어떤 상황에 처하든지 나에게 선택권이 있다는 믿음, 일단 출구가 있다는 것을 경험하고 나면 건강한 선택을 할 가능성이 커진다. 쥐를 대상으로 한 실험에서 쥐에게 통제력이 주어진 경우 무기력에 빠지지 않는다는 사실이 확인되었다. 반려동물에게 언제나 선택권을 주어야 한다는 사실을 기억하자. 숨 쉴 여지를 주어야 한다. 반려동물들이 출구를 경험할 수 있도록 돕는 현명한 보호자가 되어야 한다.

둘째. 사회적 지원이다.
환경적 요인, 조력자의 존재가 심신의 스트레스를 완화하고 회복력을 높이는 데 중요한 역할을 하는 것으로 보인다. 강아지 크링글의 경우처럼 강력한 지원군이 곁에서 함께 하며 도와줄 때 반려동물은 건강한 선택을 할 수 있다.

셋째. 건강한 신체 활동과 사회적 활동을 지속하는 것이다.
아직 그 정확한 메커니즘은 밝혀지지 않았지만, 운동이 신경생물학적 영향을 미치는 것으로 보인다. 쥐를 대상으로 한 연구에서 운동이 학습된 무기력이나 우울감으로부터의 탈출에 도움이 되는 것으로 나타났다. 반려동물에게 산책, 운동, 놀이가 중요한 이유 중 하나다. 산책이나 놀이 지속 시간보다 그 시간이 반려동물에게 긍정적 영향을 주는 시간인지 여부가 중요하다.

    왜곡 해석하지 말자. 동물을 학습된 무기력 상태로 몰아넣는 것은 동물학대이고, 무기력에 빠진 동물에게 내면의 힘을 깨닫고 회복력을 발휘하라고 요구할 수 없다. 피해자에게 생존자가 되라고 요구하거나 생존자가 되지 못하는 것을 비난하는 일은 있을 수 없다. 책임은 가해자 그리고 보호자라는 이름으로 동물을 보호하지 못한 보호자에게 있다.

    반려동물이 경험하는 학습된 무기력은 사람의 경우보다 훨씬 심각하다. 사람에 의해 통제되는 상황 속에서 반려동물에게는 다른 선택지가 없기 때문이다. 비인도적 훈련에 노출되었을 때, 특히 가족이 비인도적 행동을 반복한다면 반려동물은 그야말로 암담한 심정일 것이다. 보호자에게서 벗어날 방법은 없기 때문이다.

    보호자는 반려동물이 접하는 모든 환경을 주의 깊게 선택해야 한다. 그 환경에는 보호자 자신도 포함된다. 매 순간의 경험이 동물에게 긍정적인 에너지를 줄 수 있도록 환경을 조성해야 한다. 그것은 보호자만이 할 수 있다.

동물의 니즈를 파악하고 정확한 타이밍을 포착해라.

80년대에 방영된 미국 NBC 사의 〈페임Fame〉이라는 뮤지컬 드라마가 있다. 미국 전역의 내놓으라 하는 끼와 재능을 가진 청소년들이 높은 경쟁률을 뚫고 재능을 입증받아야만 입학할 수 있는 뉴욕의 예술 학교. 그 학교에 입학한 청소년들의 이야기다. 노래, 연주, 댄스, 공연, 연기 등 공연예술 분야에서 고군분투하는 이 학교 학생들은 탁월한 재능과 미래에 대한 야망, 자부심과 열정으로 똘똘 뭉쳐있다.

그중에 이미 프로의 경지를 넘어서는 댄스 실력을 갖춘 리로이라는 학생이 있었다. 학생 신분임에도 여러 곳에서 실력을 인정받고 있는 그. 프로페셔널 댄서로서 그의 미래는 이미 보장된 것이나 마찬가지였다. 다만 아쉬운 점 한 가지가 있었으니 그는 댄스 이외에는 그 무엇에도 관심이 없는 댄스 외골수. 학업 수준은 바닥이었고 모국어 실력은 문맹에 가까웠다. 다음 문장을 읽기 전에 잠시 멈추고 당신이 그의 담임 교사라면 어떻게 했을지 생각해보자.

이런 상황에서 교사나 부모님의 모습을 생각해보면 활활 불이 붙어서 연기가 피어나는 머리가 떠오른다. 리로이가 만난 많은 선생님이 실제로 그랬다. 성적이 형편없다며 그를 다그쳤고 그의 수업 태도를 나무랐다.

어떤 교사는 알 바 아니라는 태도로 무시했다. 그러나 단 한 사람, 그의 담임 교사는 달랐다. 워낙 오래전에 방영되었던 드라마이기 때문에 내 기억이 정확한지는 잘 모르겠다. 내 기억은 이렇다.

리로이가 순백의 답안지를 훌렁훌렁 날리며 교실을 박차고 나가거나 수업에 불참하는 동안 담임 교사인 셔우드는 그에게 그 어떤 말도 행동도 하지 않는다. 눈빛이나 행동으로 무언의 압박을 주는 일도 없었다. 그러던 어느 날, 리로이가 학교 밖에서 주목받으며 프로로 발돋움하는 시점이었다. 여느 때처럼 교실을 빠져나가던 리로이에게 셔우드 선생님이 이렇게 말한다.

"리로이. 나는 네가 최고의 댄서가 될 거라고 믿어. 넌 반드시 그렇게 될 거야. 네가 최고의 자리에 올라 신문과 잡지가 온통 너에 대한 이야기로 가득해지는 날이 올 거라고 생각해. 그런데 나는 그때 네가 네 눈으로 직접 그 기사들을 읽고 기뻐할 수 있었으면 좋겠어."

언제나 저항 또는 회피라는 케케묵은 대응을 하던 리로이가 그 자리에 멈춰서서 셔우드 선생님을 바라보았다. 그는 선생님의 말에 아무 대답도 하지 않았지만, 그의 바디랭귀지가 너무나 많은 말을 하고 있었다. 내면에 불이 들어오는 동기 부여의 순간이다. 셔우드 선생님의 말 한마디가 리로이의 마음 어딘가에 있던 버튼을 제대로 눌렀다. 장기 휴업 상태이던 리로이의 내면에서 변화가 일어나기 시작했다. 해야 할 명확한 이유가 생겼다. 그날 이후 리로이는 자발적으로 질문하고 찾아서 공부하기 시작한다. 댄스에 불사르던 열의가 그날을 기점으로 공부로 맹렬히 옮겨붙었.

이것이 내가 언제나 말하는 '**스스로 생각하는 교육, 동물의 감정과 니즈에 부합하는 교육**'이다. 자녀의 일거수일투족에 관여하는 부모를 떠올려보자. 관여하는 부모에게나 자녀에게 모두 얼마나 피곤한 삶인가? 반려동물도 마찬가지다. 일일이 "아아, 안돼, 가져와, 놔, 앉아, 기다려."와 같이 명령하지 말고 반려동물 스스로 판단할 수 있게끔 가르쳐라. 그것이 교육이다. 배우는 동물의 니즈^{Needs}에 부합할 때 그것은 최고의 교육이 된다. 지시할 필요도 잔소리할 필요도 없다. 배우는 학생도 억지로 하지 않아도 된다.

　셔우드 선생님은 리로이의 니즈를 정확히 파악했고 정확한 타이밍을 포착했다. 그것은 리로이를 **마음을 다해서 바라보고 진심으로 대할 때만 가능하다**. 현란한 테크닉이 아니다. 흔히 사람들은 중요하지 않은 것에 몰두한다. 모두 외적 요건에 불과하다. 외적 동기는 부정적 감정을 불러일으킨다. 외적 동기는 내적 동기를 대신할 수 없다. 스스로 필요성을 느끼지 못하는 것은 결국 어느 시점에 중단된다. 내적 행복감을 채워주지 못한다. 모든 행동의 시작은 동기 부여다. 정확한 니즈를 파고들면 결과와 과정을 모두 즐길 수 있다.

근육, 호흡, 무게 중심을 읽어라.[11]

내가 언제나 하는 말이 있다.
"코끝부터 꼬리 끝까지 전체 시그널을 읽으세요."
일반적으로 머리를 긁적일 때 우리는 같은 방향의 손을 사용한다. 나의 학창 시절 은사 한 분은 언제나 반대편 손으로 머리를 긁었다. 왜일까? 같은 방향의 팔이 아파서 손을 올릴 수 없었을까? 더 쉽게 긁는 방법을 몰랐던 걸까? 쉽게 살면 안된다고 생각한걸까? 표면적으로 드러난 행동이 동일하더라도 그 행동의 배경과 의도는 제각각이다. 반려동물의 행동을 자의적으로 해석하기 시작하면 그 습관에서 벗어나기 어려우며, 반려동물의 의도를 오해하고 부적절한 대응을 하기 쉽다.

반려견이 하울링을 한다는 사실만으로 슬픔 또는 분노 등으로 해석한다면 주관적이고 섣부른 판단이다. 하울링은 기쁘거나 즐겁다는 이야기일 수도 있고, 보호자의 행동을 모방 학습한 결과일 수도 있으며, 노래를 부르는 것일 수도 있고, 대답하는 것일 수도 있고, 항변하는 것일 수도 있고, 친구를 부르는 것일 수도 있고, 도움을 청하는 것일 수도 있다.

『당신은 반려견과 내화하고 있나요?』에 적었듯이 반려견의 언어를 이

---

11 [폴랑폴랑] 우리 집 강아지들이 서로 싸운다면 ② 2016년 9월 6일 https://blog.naver.com/animalmind/220806008225

해할 때는 전체 시그널을 읽어야 하고, 맥락을 포함해야 하며, 근육의 움직임을 읽어야 하고, 반드시 해석보다 관찰이 선행되어야 한다. 시그널을 객관식으로 대입해서 동물의 행동을 해석하면 반드시 오답이 나온다. 발가락만 보고 사람의 의사를 이해할 수 없듯이 꼬리의 방향만으로 반려동물의 의사를 이해할 수 없다.

이해를 돕기 위해 반려동물의 언어를 시그널로 정리해서 설명하지만, 정말 읽어야 하는 것은 조각조각의 시그널이 아니라 전체 그림, 즉 근육과 신경의 변화다. **호흡과 근육의 변화가 가장 먼저, 그리고 가장 많은 것을 말해준다.** 긴장하면 무의식적으로 숨을 참거나 호흡이 얕아진다. 사람도 마찬가지이므로 사실 이것은 우리에게 낯선 것이 아니다. 우리는 언제나 다른 사람의 근육과 호흡을 무의식중에 읽으며 살아가고 있다.

반려동물도 다르지 않다. 반려동물의 근육과 호흡 변화를 마인드풀하게 살펴보는 습관을 갖자. 긴장하면 근육과 신경이 경직되고 호흡이 얕고 빨라진다. 이미지를 보면 미간, 눈썹, 눈동자 주변, 눈 아래, 볼, 입가의 근육이 경직되어 두드러진다. 신경이 곤두서고 근육이 경직되어 귀의 위치도 바뀐다. 입은 굳게 다물거나 오므린다. 싫거나 불편한 것이 다가오면 무게 중심이 상대의 반대 방향으로 이동한다. 무의식적으로 대상에게서 멀어지려고 하기 때문이다.

근육, 호흡, 무게 중심을 읽어라.

CHAPTER 5.
개와 고양이는 어떻게 학습할까?

학습 이론은 교육법이 아니다.

    학습 이론은 행동에 대한 설명이지 교육법이 아니다. 이것은 커다란 퍼즐의 한 조각일 뿐이며, 학습 이론을 아는 것만으로 반려동물 행동을 바꿀 수는 없다. 학습 이론은 동물 행동 변화를 위해 알아야 하는 방대한 이론적 지식의 첫 장 정도에 불과하다. 설명은 간단해 보일지 몰라도 이론을 제대로 이해하고 활용하는 사람 또한 많지 않다.

    학습 이론은 모든 반려동물 보호자가 알아야 할 기본 지식이자 반려동물에게 다가가기 위한 첫 노크이다. 반려동물에게 행동을 효과적으로 가르치려면 우선 학습 이론을 정확히 이해할 필요가 있다. 반려동물이 어떻게 생각하고 학습하는지, 우리의 의식적 또는 무의식적 선택이 반려동물에게 어떤 영향을 미치는지 그 메커니즘을 이해하면 반려동물에게 건강한 환경을 제공하는 지혜로운 보호자가 될 수 있다.

    이 책은 이론서가 아니기 때문에 복잡하고 세부적인 내용은 줄이고, 충분한 지식을 제공하면서도 최대한 이해하기 쉽게 설명하려고 노력했다. 여기에 설명된 이론만 이해해도 보호자는 반려동물 교육과 양육에 필요한 충분한 지식을 얻을 수 있고, 트레이너는 국제 자격시험에 여유 있게 합격할 수 있을 것이다.

타고난 것인가 체득한 것인가?

캥거루는 보지도 듣지도 못하는 불과 1cm에 불과한 작은 생명체로 태어나지만, 그 순간 곧장 엄마의 젖을 찾아 대장정에 나선다. 누가 가르쳐 준 것도 아니고 엄마 캥거루의 도움을 받아서 하는 행동도 아닌, 타고난 ^{Nature} 행동이다. 호주에는 지저귀는 것이 아니라 개의 발성으로 짖는 까치가 있다. 한 가정에 구조되어 반려견과 함께 성장한 까치 몰리^{Molly}의 이야기다. 몰리는 가족인 반려견 페기^{Peggy}의 행동을 모방하여 하늘을 보고 누워 잠을 자고 페기처럼 짖는다. 이 행동은 유전자와 상관없이 환경 속에서 체득한 후천적 행동^{Nurture}이다. 배변은 자연적 행동이다. 그러나 화장실을 이용하는 것은 후천적 학습이다. 강아지가 걷거나 달리는 것은 타고나는 행동이다. 그러나 하네스를 착용하고 보호자의 보폭에 맞추어 걸으려면 후천적 학습이 필요하다.

한 생명의 성장에 있어 유전과 환경 중 어느 것이 더 중요할까? 그 궁금증을 탐구한 실험 중 하나가 1930년대 진행된 침팬지 구아 실험이다. 비인도적이고 비윤리적인 연구 방법으로 많은 비판을 받은 연구이기도 하다. 연구자는 생후 10개월인 자신의 아들 도널드와 생후 7개월경의 침팬지 구아^{Gua}를 동일한 방식으로 양육하면서 변화를 관찰했다. 연구 중 침

침팬지 구아의 학습 능력은 아기 도널드보다 높았다. 구아는 사람 방식으로 인사했고 식사 도구를 사용했다. 단어를 습득하는 속도도 아기 도널드보다 빨랐다. 아기 도널드가 서너 개의 단어만 말할 수 있을 때, 침팬지 구아는 약 90개 이상의 단어를 이해하고 구사했다. 그러나 아기 도널드처럼 사람의 언어로 문장을 만들지는 않았다. 이 실험은 실험 시작 9개월 후 갑자기 중단되었다. 정확한 중단 사유는 알려지지 않았지만, 처음 예상과 달리 아가 도널드가 침팬지 구아의 행동을 모방하는 비중이 높아지자 중단한 것으로 보는 견해가 많다.

'타고난 것이냐, 체득한 것이냐Nature vs. Nurture'는 과학계의 케케묵은 그리고 아직 끝나지 않은 논쟁이다. 현시점에서 우리가 아는 것은 유전적 요인과 환경적 요인이 합쳐질 때 행동이 발현된다는 사실이다. 타인에게 피해를 주거나 거짓말을 하고 죄책감을 느끼지 않는 등의 반사회적 성격은 반사회적 유전자가 나쁜 환경과 결합할 때 문제가 된다는 논문에서도 알 수 있듯이, 한 생명의 행동은 유전 또는 환경 어느 한쪽의 단독 결과가 아니라 선천적 유전자와 후천적 환경의 컬래버레이션이라고 정리할 수 있다. 같은 그림도 어디에 그리느냐에 따라 달라지는 것과 같다.

눈도 채 뜨지 못한 갓 태어난 강아지도 꼬물거리며 기어나가 잠자리에서 먼 곳에 배변한다. 생활공간을 더럽히지 않는 행동은 타고난 것이다. 자연 상태에서 살아간다면 강아지는 잠자리와 화장실을 구분해서 사용할 거다. 그러나 사람이라는 동물이 만든 주택에서 강아지나 고양이가 특정 장소에서 배변하기를 원한다면 그 행동은 가르쳐야 한다. 거실, 안방, 부엌, 화장실이라는 개념은 사람이 정한 규칙이고 다른 동물이 그것을 알고 태어날 리 없고 동의한 바도 없기 때문이다.

환경의 영향에 따라 행동은 변할 수 있다. 예를 들어, 브리더가 배변 장소를 가리는 꼬물이의 행동을 지속해서 격려해 주고 생활공간을 청결하게 유지해 준다면, 꼬물이는 위생 개념이 잘 갖춰진 아이로 자란다. 그만큼 화장실 교육도 수월하다. 반면, 브리더가 청결을 게을리하거나 무관심한 경우에는 더럽고 비위생적인 환경이 꼬물이의 기준이 된다. 이 꼬물이를 입양하면 보호자는 비위생적인 환경에 익숙해진 동물에게 위생 개념을 처음부터 새로이 가르쳐야 한다.

<u>**유전적으로 타고난 행동이라고 해도 환경 요건이 주어지지 않는다면 행동은 발현되지 않을 수 있다.**</u> 쥐를 보고 상냥하게 인사를 건네는 고양이, 고양이 등 위에 히치하이크하는 쥐 같은 경우를 들 수 있다. 사냥에 필요한 유전적 기반은 갖고 태어난다. 그러나 그 스킬을 갈고 다듬는 것은 후천적이다. 야생 동물은 집단 내 어른 동물들이 사냥하는 모습을 관찰하고 모방하며 사냥 스킬을 발전시킨다. 쥐의 천적인 고양이라고 해도 학습의 기회가 주어지지 않는다면 쥐를 사냥하는 행동을 하지 않을 수 있다. 환경적 요건이 주어지면 뒤늦게 쥐를 사냥하는 행동이 발현될 수도 있다. 그림을 그릴 기회가 없어서 모르다가 어느 날 우연히 자신에게 미술적 재능이 있다는 사실을 발견하는 사람처럼.

견종에 따라서도 다를 수 있다. 개가 머리를 높이 들고 모델처럼 시원한 보폭으로 걸어 나가는 모습을 보고 감탄한 적이 있을 것이다. 그러나 보더콜리가 그와 같은 걸음걸이를 선보인다면 뭔가 잘못된 것이다. 대부분의 견종은 사람이 목적에 맞게 디자인하여 진화된 것이다. 달려가서 사냥물을 찾아와야 하는 리트리버[12]나 세터 같은 견종은 사냥물을 찾아 머리를 높이 들고 시원시원하게 달리도록 디자인되었다. 그러나 가축을 통제하기 위해 번식된 목양견 중 하나인 보더콜리는 첩보작전을 펼치는 비밀 요원처럼 머리와 몸을 최대한 낮추고 스토킹 자세로 걷는 것이 정석이다. 개인차는 있지만, 일반적으로 보더콜리는 고도의 집중력으로 한 시도 놓치지 않고 가축을 강렬하게 주시하는$^{Strong-eyed}$ 경향이 있다. 목양견 중에도 시선으로 제압하는 보더콜리와 달리 가축과 지속적으로 눈을 맞추기

---

12 규범 표기는 '레트리버'다. 어째서?

보다^(Loose-eyed) 바쁘게 뛰어다니며 짖거나 발목을 무는 등의 방법으로 가축을 통제하는 견종도 있다.

간혹 '특정 견종의 공격적 행동은 훈련으로 바꿀 수 없다'는 둥 비상식적 주장이 보이는데 이것은 근거가 없는 잘못된 말이고 지금 설명하는 내용과 아무 관련이 없다. 견종과 공격성은 무관하다. 교육이 불가능한 공격성을 보이는 견종은 없거니와, 혹여라도 있다면 그 견종은 애초에 존재하면 안 된다.

반려동물을 교육할 때 우리는 먼저 그들의 타고난 모습을 존중해야 한다. 모든 동물은 종 고유의 행동 패턴^(Species-Specific Behaviors)을 갖고 있다. 거기에서 벗어나는 행동을 가르칠 수는 없다. 만약 고양이가 기둥에 올라가지 않도록 가르쳐달라고 보호자가 요구한다면 그것은 비인도적이고 불가능하다. 반려동물의 고유한 행동 패턴은 억제하거나 보호자의 뜻대로 바꿀 수 있는 것이 아니기 때문이다.

우리는 동물이 이해할 수 없는 방식으로 행동을 강요하거나, 그들이 할 수 없는 것을 하도록 강요할 수 없다. 그들의 행동을 사람 방식으로 해석하는 것 또한 잘못이다. 침팬지 구아는 뛰어난 학습 능력과 언어 습득 능력을 증명했지만, 사람처럼 문장을 만들어 언어를 구사하지 않았다. 침팬지가 사람보다 지능이 낮거나 열등한 동물이라서가 아니다. 종이 다른 동물이기 때문이다. 새가 사람을 양육한다고 하자. 아무리 영리한 사람을 양육한다고 해도 그 사람이 새처럼 날게 될 리는 없다. 반려견이 보호자인 당신에게 왜 시속 72km로 달리지 못하느냐고 쑤싯난가? 나무를 탈 줄 모르는 미개한 동물이라고 고양이가 당신을 비난하던가? 타고난 유전적 구조를 후천적으로 바꿀 수는 없다. 개, 고양이, 사람은 다른 종이다. 먼저 **서로의 타고난 모습을 그대로 인정한 다음 합의점을 찾아가야 한다.**

효과적인가? 안전한가?

한 보호자가 반려견의 화장실 교육 문제로 상담을 요청했다. 보호자는 반려견이 아무 곳에나 일을 본다고 말했지만, 상담 중에 알게 된 사실은 보호자의 설명과 달랐다. 보호자의 반려견은 언제나 현관 앞에 볼일을 보고 있었다. 반려견은 아주 깔끔하고 화장실 교육이 잘 된 아이였다. 문제는 반려견이 정한 화장실이 보호자의 마음에 들지 않는다는 사실이었다.

"보호자님은 주택 구조를 알고 계시죠. 이렇게 생긴 곳은 거실, 이렇게 생긴 곳은 욕실. 그렇지만 낯선 문화권을 방문한다면 거기에서는 이 룰이 적용이 안 될 거예요. 실수해서 현지인들에게 질책을 살 가능성도 있어요. 반려견도 마찬가지예요. 반려견이 이해할 수 있게 보호자님이 알려주지 않으면 반려견은 이해할 수가 없어요."

군용 트럭을 타고 몽골 사막을 횡단하다가 몽골인 가이드에게 화장실 안내를 부탁했다. 그러자 가이드는 사막 한가운데 차를 세웠다. 화장실을 찾을 수 없어 두리번거렸더니 가이드가 이렇게 말했다. "점이 될 때까지 뛰어라. 그곳이 너의 화장실이다." 아무도 보지 못할 만큼 뛰어가서 그곳에서 해결하라는 뜻이다. 언어로 소통할 수 없었다면 내가 그 의미를 이해할 수 있었을까? 반려동물은 우리와 사람의 언어로 소통할 수 없다. 반려동물이 느낄 심정이 조금은 이해가 되지 않나?

　어떤 행동의 좋고 나쁨 또는 옳고 그름이라는 가치 개념은 사람이 만들어낸 개념이다. 거실을 화장실로 이용하면 나쁜 동물이라는 개념은 보호자의 주관적 기준에 불과하다. 그 가치 개념에 반려동물은 동의한 적이 없다. 도자기의 의미를 알지 못하는 사람에게는 도자기나 요강이나 같은 것이다. 문화재 도자기에 실례를 했다고 해서 죄책감을 느끼지 않는다. 따라서 그 앞에서 화를 내며 질책을 해봐야 의미가 없다. 화장실이 어디인지 가르쳐주지 않으면 강아지와 고양이가 스스로 정하게 되어 있다. 내가 원하지 않는 장소에 배변했다고 화를 낼 것이 아니라, 그럼 도대체 어디가 화장실인지를 알려주는 데 공을 들이는 것이 나와 반려동물 모두에게 유익하다.

　우리가 가진 옳고 그름의 잣대로 반려동물을 평가하지 말기를 바란다. 반려동물은 효과와 안전을 기준으로 생각한다. **'이 행동이 효과적인가?'** 효과적이라면 그 행동을 지속할 것이다. 효과가 없다면 그만두거나 다른 대안을 찾을 것이다. **'이 행동이 안전한가?'** 그렇다면 그 행동을 계속할 것이다. 위험하다면 그 행동을 피하고 보다 안전한 방법을 추구할 것이다. 반려동물이 당신이 원하지 않는 행동을 계속하고 있나? 그렇다면 그것은 반려동물이 머리가 나쁘거나 고집불통이기 때문이 아니다. 그 행동이 효과가 있기 때문이다. 그리고 **당신이 그 행동보다 더 효과적인 대안을 제시해주지 못하고 있기 때문일 것이다.**

반려동물의 판단 기준

이 행동이 효과적인가?

이 행동이 안전한가?

연상 | 결과 | 사회적 인지 학습

　모든 동물은 학습한다. 환경에 적응하여 행동을 바꾸거나 문제에 대처할 방법을 배워야 삶을 지속할 수 있다. 배운다는 것, 즉 학습^{Learning}이란 환경에서 주어지는 자극에 반응하는 가운데 행동이 변화하는 것이고, 이때 행동의 변화란 비교적 새롭고 지속적인 것을 의미한다.

　학습은 다양한 요인의 영향을 받는 복잡하고 다면적인 프로세스다. 각자의 인지능력, 지각력, 기억력, 유전적 요인, 경험, 소속된 사회의 규범 등 다양한 요인이 복잡하게 상호 작용하며 생각, 감정, 행동에 중대한 영향을 미친다. 그래서 학습을 생물학적, 심리적, 사회문화적 요인의 컬래버레이션이라고 한다.

　생존과 관련된 행동은 더 쉽게 학습된다. 독수리를 모르는 아기 토끼가 독수리의 그림자를 보고 몸을 숨긴다. 높은 곳에 올라가면 공포를 느낀다. 특정 냄새가 나면 먹지 않으려고 한다. 이처럼 모든 동물은 경험해 본 적이 없음에도 자신의 생존에 위협이 되는 요인에 두려움을 느끼고 피한다. 심리학자 B.F. 스키너는 일부 자극이 다른 자극보다 더 강력한 이유를 생물학적 대비$^{Biological\ Preparedness}$[13]라고 설명했다. 진화적으로 생존과 직결

13　생물학적 준비, 생물학적 준비성 등으로 번역되고 있다.

되므로 특정 자극이 다른 자극보다 더 쉽게 학습되거나 더 자연스럽게 강화된다는 개념이다. 그보다는 과거 경험을 통해 이미 학습되었던 행동이기 때문에 더 쉽게 학습되거나 강화된다는 주장도 있다. 어느 쪽이든 상관없다. 중요한 것은 생물학적 대비 또한 학습과 행동에 영향을 미칠 수 있는 많은 요인 중 하나일 뿐이라는 사실이다. 과거 경험, 현재 환경, 인지 및 감정 상태, 문화 등 다양한 요인이 학습과 행동에 영향을 미친다.

개와 고양이는 고전적 조건화와 조작적 조건화를 사용하여 가르칠 수 있다는 말을 들어본 적이 있을 것이다. 1900년대 중반까지는 그렇게 알려져 있었다. 그러나 지금은 21세기. 이 책에서는 여러분에게 한 가지 더 알려드리려고 한다.

사람을 포함해서 이 세상의 생명 있는 모든 동물이 학습하는 방식은 크게 세 가지로 나누어 설명할 수 있다.

> **학습의 세 가지 형태**
>
> 연상을 통해서 – 고전적 조건화 Classical Conditioning
> 결과를 통해서 – 조작적 조건화 Operant Conditioning
> 관찰 & 인지적 경험을 통해서 – 사회적 인지 학습

지금부터는 고전적 조건화를 CC, 조작적 조건화를 OC, 사회적 인지 학습은 그대로 '사회적 인지 학습'으로 기재한다.

※ 연결 학습 Associative Learning [14] 과 비 연결 학습 Non-associative Learning

CC Classical Conditioning는 자극과 반응, OC Operant Conditioning는 행동과 결과를 연결하는 것이다. 그래서 연결 학습 Associative Learning이다. 짝을 짓는다, 연관 짓는다, 매칭한다는 의미로 이해하면 쉽다. 사회적 인지 학습은 자극이나 결과와 관계없는 학습이기 때문에 비 연결 학습 Non-associative Learning이다.

---

14 연합학습, 연상학습 등으로 번역되고 있다.

연상을 통해 배운다.

> **연상을 통한 학습 CC**
>
> 교육이 즐거웠던 반려견이 선생님을 보자 춤을 춘다. **긍정적 경험**
> 물에 빠지는 공포를 경험한 반려견이 수영을 두려워한다. **부정적 경험**
> 캔을 여는 소리에 고양이가 신이 나서 부엌으로 달려간다. **긍정적 경험**
> 청소기에 놀란 고양이가 청소기 소리를 듣고 숨는다. **부정적 경험**

지금이라면 허용될 수 없는 실험이지만, 개에게 먹을 것을 줄 때마다 종을 울렸더니 종소리를 들을 때마다 개가 침을 흘리기 시작했다는 파블로프의 실험에 대해 한 번쯤 들어봤을 것이다. 이것을 CC$^{Classical\ Conditioning}$라고 한다. 고전적 조건화 또는 고전적 조건 형성으로 알려져 있다. 연구자의 이름을 따서 파블로프의 조건화$^{Pavlovian\ Conditioning}$라고 부르기도 한다. '고전적'으로 번역되고 있는 원용어 Classical은 해당 분야의 선구적인 이론, 즉 시발점이 되는 이론에 붙이는 명칭이다. 간단히 말해 CC는 조건화의 시조새, 원조 조건화라고 할 수 있다. 지금부터는 단어 앞 글자를 따서 CC로 기재하겠다. CC라 쓰고 '씨씨'라고 읽는다.

연상을 통해 배운다.

　모든 동물은 연상을 통해 배운다. 어떤 대상을 연상할 때 그 감정 반응은 크게 호감, 비호감, 중립의 셋 중 하나다. 기분 좋은 경험을 했다면 긍정적일 것이고, 반대의 경우는 부정적일 것이다. 아직 경험해보지 못했거나 특별히 연상되는 것이 없다면 중립적일 것이다. 이 경험은 우리의 미래 행동에 영향을 미친다. 예를 들어 파도를 타는 경험이 즐거웠다면 서핑을 좋아하고 더 자주 하려고 할 것이고, 서핑하다가 다쳤거나 무서운 경험을 했다면 회피할 것이다. 서핑 경험이 전혀 없다면 중립적이다. 이것이 연상에 의한 학습, CC다.

　산책하는 줄을 보면 강아지 코로롱은 신이 나서 빙글빙글 춤을 춘다. 왜일까? 코로롱는 산책을 이 세상 무엇보다 좋아한다. 산책하러 나갈 때는 언제나 줄을 착용한다. 코로롱은 줄을 보면 즐거운 산책을 연상한다. 보호자가 줄을 꺼냈다는 것은 산책하러 나간다는 뜻이다. 야호! 산책이다. 긍정적 연상 학습이다.

　줄을 보면 강아지 우루룽은 몸을 움츠리고 구석으로 숨는다. 왜일까? 보호자는 줄을 잡아당기며 "안돼!"라고 말한다. 보호자가 줄을 당기면 우루룽은 아프고 두렵다. 줄을 보면 우루룽은 체벌과 고통을 연상한다. 부정적 연상 학습이다.

　줄을 보아도 강아지 새싹이는 아무 반응이 없다. 왜일까? 새싹이는 산책하는 줄을 한 번도 본 적이 없는 생후 6주의 아기 강아지이다. 줄과 관련된 특별한 경험이 없기 때문에 어떤 행동 변화도 나타내지 않는다. 산책하는 줄을 처음 보면 다가가서 냄새를 맡거나 핥으며 탐구할 수 있지만, 그것은 산책하는 줄에 대한 호감 또는 비호감이 학습된 결과가 아니라 강아지의 타고난 호기심과 탐구심에서 비롯되는 행동이다. 줄은 중립적인 자극일 뿐이다.

　코로롱과 우루룽은 줄에 대한 경험이 있다. 이처럼 자극과 반응이 서로

짝으로 연결되면 '조건화되었다^{Conditioned}'고 한다. 그러나 새싹이의 경우처럼 경험이 없으면 짝을 짓지 못한다. 떡볶이를 먹어본 적이 없는 외국인은 맛을 떠올리지 못한다. 경험이 없기 때문이다. 휴대전화가 새로 출시되어도 강아지는 열광하지 않는다. 강아지에게는 아무 의미도 없기 때문이다. 휘파람 소리를 들어본 적이 없는 개는 휘파람 소리에 반응하지 않는다.

반려동물이 조건화의 영향을 더 크게 받는다.

동물은 노출된 환경에 큰 영향을 받지만, 스스로 환경을 통제할 수 없고 사후적인 설명을 들을 수도 없다. 따라서 반려동물이 사람보다 조건화의 영향을 더 크게 받는다.

몇 번 경험하면 CC로 조건화될까? 단 한 번으로 충분하다. 초콜릿을 단 한 번 맛보는 것만으로도 달콤한 맛을 갈망하도록 만들 수 있다. 새싹이처럼 아직 산책하는 줄이 무엇인지 경험해보지 못한 강아지는 단 한 번의 경험만으로 산책하는 줄을 긍정적인 것으로 또는 부정적인 것으로 기억하게 될 수 있다. 예를 들어 산책 중에 새싹이가 낯선 개에게 느닷없이 공격받았다고 하자. 이 한 번의 경험으로 새싹이는 다른 개를 두려워하게 될 수도 있고, 무서운 경험을 했던 산책로에 가지 않으려고 하거나 산책 자체를 부정적인 의미로 받아들일 수 있다. 단 한 번의 부정적 경험이 새싹이에게는 강력한 힘을 발휘한다. 어린 시절 단 한번의 경험으로 반려동물과 가족의 미래가 뒤바뀔 수 있다

부정적 연상은 반려동물에게 두려움, 회피, 불안 등을 유발할 수 있고 일단 조건화되면 이전으로 되돌리기 어렵다. 이에 따라 발생하는 심리적, 신체적, 사회적, 정서적 피해는 원상복구가 어렵다. 기억을 백지상태로 되놀릴 수는 없기 때문이다.

불쾌한 경험에 노출되면 직접적으로 경험한 것뿐만 아니라 관련된 상

황, 사람, 동물, 명령어, 교육 등 그 상황에서 짝을 이루는 특정 자극도 반려동물에게 부정적인 의미로 학습될 수 있다. 예를 들어 반려견이 산책 중에 다른 개에게 공격받는 부정적 사건을 경험했다고 하자. 그러면 반려견은 다른 개에게 공격당하던 순간의 장소, 공격한 개와 비슷한 생김새, 그 순간 보호자와 주변인의 반응, 소리와 냄새, 그날의 날씨 등 관련된 자극을 부정적으로 기억할 수 있다. 좋아하던 사람이 싫어지면 그 사람이 좋아하던 음식, 헤어스타일, 함께 듣던 노래 등이 전부 다 싫어지는 것과 마찬가지다.

즐거운 기억이나 경험보다 불쾌한 기억이나 경험이 마음에 더 강하게 남는다. 부정적 기억 편향Negative Memory Bias이라고 한다. 모든 동물은 생존에 위협이 될 수 있는 것들에 대해 더 쉽고 빠르게 조건화되는 경향을 보인다. 진화론적 관점에서 해석하면 위험하거나 해로울 수 있는 경험을 더 잘 기억하고 주의를 기울여야 생존에 유리하기 때문이다. 부정적인 사건이 강한 충격을 남기기 때문에 더 기억에 잘 남는 것일 수도 있다. 심리학자 에이브러햄 매슬로Abraham Maslow는 부정적인 사건은 강한 감정을 수반하기 때문에 부정적인 경험에 대한 기억이 더 강렬하게 남을 수 있다고 설명했다. 예를 들어 교통사고와 같은 충격적인 경험을 했다면 시간이 지나도 그 사건이 생생한 기억으로 남을 수 있다. 또한 두려움, 불안 같은 강력한 감정은 더 잘 저장되고 더 잘 호출된다. 2017년 네덜란드 연구진의 논문에 따르면 부정적인 자료는 기억에서 더 쉽게 접근할 수 있어 더 빈번하고 효과적으로 회상된다.

연상 학습을 이해하면 일상이 바뀐다.

조건화되면 반려동물은 자극에 긍정적 또는 부정적으로 반응할 수 있다. 따라서 CC는 반려동물의 일상생활에 상당한 영향을 미친다. 보호자가 CC의 작동 방식을 이해하면 반려동물의 행동을 더 잘 이해하고 예측

하고 긍정적인 환경을 조성할 수 있다.

보호자가 줄을 당기는 습관을 갖고 있다면 반려견도 줄을 당길 가능성이 높다. 일상에서 반복되어 온 경험이 표준이 된다. 한 번도 팽팽한 줄에 끌려가 본 적이 없는 반려견은 줄이 팽팽해지기 전에 멈춘다. 줄이 팽팽해지는 느낌을 경험해본 적이 없기 때문이다.

다른 개에게 짖고 달려드는 반려견의 행동은 많은 경우 조건화된 행동이다. 줄을 착용하고 산책 중에 다른 개가 보인다. ➡ 호기심에 또는 인사하기 위해 다가간다. ➡ 줄이 당겨지면서 개는 고통과 불쾌감을 경험한다. '다른 개가 보일 때마다 고통스럽다.' 곧 반려견의 뇌에서는 '**다른 개= 고통**'이라는 등식이 성립한다. 부정적 연상 학습이다. 이 과정이 반복되면 다른 개가 보일 때마다 짖거나 우는 등 시간이 갈수록 더 강한 반응을 보일 수 있다. 다른 개가 다가온다는 것은 곧 고통이 시작될 거라는 의미이기 때문이다.

다른 개에게 짖거나 달려드는 습관을 가진 반려견의 행동을 바꾸겠다는 의도로 줄을 잡아당기며 "안돼!"라고 말하는 보호자들이 있다. 이제 CC의 원리를 알았으니 반려견의 뇌에서 어떤 일이 일어날지 예상이 될 것이다. 연상 학습에 대해 모르던 1927년 이전의 훈련사들은 줄을 당기면 개가 더 이상 짖지 않는다고 설명했다. 그러나 21세기 보호자는 이것이 훈련이 아니라 단순히 고통과 두려움에 반응하는 부정적 연상 학습이라는 것을 안다. 줄을 당기거나 말이나 행동으로 반려동물을 꾸짖는 보호자의 행동은 반려동물의 부정적 감정과 바람직하지 않은 행동을 더욱 강화할 수 있다. **한번 맺어진 부정적 연상은 강렬하며 되돌리기 어려울 수 있다.** 따라서 처음부터 부정적인 경험을 만들지 않는 것이 중요하다.

그렇다면 산책 중에 다른 개를 만날 때 부정적 연상이 일어날 가능성을 줄이려면 어떻게 하면 될까? 줄을 착용한 상태에서는 절대 다가가거나 인사하지 않는다. 이 규칙을 반드시 기억하기 바란다.

줄을 착용한 개에게는 다가가지 않는 것이 사회적 매너다. 줄을 착용하고 있다면 "지금은 파티 시간이 아닙니다."라는 뜻이다. 반려견에게 좋은 습관을 만들어주기 위해 거리를 유지하는 보호자에게 다가가는 것은 비매너다. 줄을 착용하고 있는 상태에서 다른 개가 보인다면 거리를 유지하면서 반려견을 보호자에게 집중시키자. 폴랑폴랑 바디 블로킹 영상과 이 책의 CHAPTER 8에 담긴 폴랑폴랑 바디 블로킹에 방법이 소개되어 있다.[15] 이 방법은 반려견 매너 교육에도 꼭 필요하다. 반려견이 보호자에게 집중하며 차분하게 걸을 때마다 칭찬하고 좋아하는 상을 주며 행동을 격려하자. 보호자와의 산책이 긍정적인 경험으로 연결되면 바람직한 방향으로 행동이 조건화된다.

줄을 착용한 개에게는 다가가지 않는 것이 사회적 매너다.

---

15 256페이지 폴랑폴랑 바디 블로킹

연상 학습은 감정과 관련이 깊다.

CC는 행동이나 반응이 강화되는 것이 아니라 '조건화되는' 것이다. CC는 우발적으로 일어나며 감정과 관련 있다. 반려동물의 행동과 정서적 반응은 그들이 노출된 환경과 경험에 의해 예기치 않게 형성될 수 있다. 부정적 경험이 누적되거나 스트레스가 많은 환경에 지속적으로 또는 자주 노출되는 경우 반려동물의 불안과 두려움은 증폭된다.

보호자를 포함하여 유치원, 훈련소, 데이케어, 펫시터, 도그워커, 동물병원 등 반려동물과 관련된 모든 사람은 CC의 가능성을 항상 염두에 두고 있어야 한다. 동물병원을 예로 들어보자. 동물병원을 방문했을 때 수의사와 병원 스태프의 태도, 말투, 표정, 숙련도 등에 따라 반려동물은 조건화된다. 동물병원을 방문해 본 적이 없는 강아지에게 동물병원은 아무 의미가 없는 중립적 자극이다. 그러나 단 한 번의 부정적 경험으로도 반려동물이 동물병원 또는 진료를 받는 것 자체를 두려워하게 될 수 있고, 이 경우 보호자는 반려동물의 부정적 경험을 되돌리기 위해 많은 시간과 노력을 쏟아야 한다. 반대로 동물병원에서 긍정적 경험을 한다면 반려동물은 수의사와 보호자를 신뢰하고 자신 있게 행동하는 건강한 아이로 자랄 수 있다.

어린 강아지와 고양이의 수명과 삶의 질은 어떤 사람들에게 둘러싸여서 자라는지, 어떤 경험을 쌓는지에 따라 달라진다. 전 생애에 걸쳐 해당하는 이야기지만, 특히 출생 시점부터 사회적 성숙기까지의 성장 과정에서의 경험이 반려동물의 한평생을 좌우한다고 해도 과언이 아니다.

보호자는 반려동물에게 부정적인 영향을 미치거나 잠재적으로 위험한 요인들로부터 반려동물을 보호해야 한다. 언제나 반려동물이 건강한 경험을 쌓을 수 있도록 환경을 신중히 고려해야 한다는 사실을 기억하자. 긍정적인 경험을 쌓은 반려동물과 함께한다면 반려동물만 아니라 보호자와 주변 이웃 모두가 더욱 행복한 삶을 누릴 수 있다.

결과를 통해 배운다.

ABC 프레임워크

"고양이가 제 다리를 할퀴었어요. 할퀴지 않게 만들어주세요."
"강아지가 줄을 당기며 걸어요. 나란히 걷게 해주세요."

이렇게 요청하는 보호자들이 많다. 그러나 행동의 이유를 알기 전에는 행동을 정확히 이해할 수 없고, 행동을 정확히 이해하지 못하면 반려동물에게 도움이 될 수 없다. 즉, 행동 변화보다 행동 이해가 우선이다.

행동 분석에서 행동, 행동의 원인, 결과 간의 관계를 이해하는 데 유용한 것이 ABC 프레임워크다. A는 선행 요인^{Antecedents}, B는 행동^{Behavior}, C는 결과^{Consequences}의 머리글자다.

선행 요인^{Antecedents}은 간단히 말하면 **행동을 유발하는 모든 요인**이다. 행동 이전에 발생하는 대상, 사건, 상황, 행동, 자극 등 행동이 일어나는 데 기여한 모든 변수가 선행 요인이다.

행동^{Behavior}은 **선행 요인에 따라 나타난 반응이나 행동**이다. 이때 반응이나 행동은 반드시 관찰 가능하고 측정 가능해야 한다. '죽은 사람 테스트'라고 한다. 죽은 사람이 할 수 있는 것은 행동이 아니다.

결과^{Consequences}는 **행동에 뒤따르는 반응, 사건, 결과**를 말한다.

낯선 사람을 보면 두려워서 짖는 개의 경우를 예로 들어보자.

A: 낯선 사람이 다가온다.
B: 개가 짖는다.
C: 낯선 사람이 자리를 떠났다.

두려워서 짖자 두려운 대상이 떠나갔다. 짖는 행동이 효과가 있으므로 향후에도 같은 상황에서 이 행동을 할 가능성이 높다.

A: 낯선 사람이 다가온다.
B: 개가 짖는다.
C: 보호자가 반려견을 밀치며 코너로 몰아세운다.

두렵다고 말하는 순간 보호자에게 추가 폭력을 당했다. 물리적·심리적 폭력을 경험했으므로 불안과 두려움이 더 증폭된다. 폭력을 가한 대상이 보호자이기 때문에 보호자와의 신뢰 관계가 손상된다. 향후에는 보호자에게 감정을 표현하거나 도움을 요청하지 않고 직접 해결하려고 할 가능성이 높다. 두려울 때 개가 할 수 있는 최선의 방법은 공격이다.

A: 낯선 사람이 다가온다.
B: 개가 짖는다.
C: 보호자가 반려견을 데리고 그 자리를 벗어난다.

두렵다고 말할 때 보호자의 지지를 경험했으므로 향후에도 반려견은 보호자의 판단을 신뢰하고 보호자에게 도움을 요청할 가능성이 높다.

이것은 ABC 프레임워크의 개념을 설명하기 위한 단순 예시다. 실제 행동 분석은 이처럼 단편적이지 않다. 실제 행동 변회에서 선행 요인을 제대로 관리하고 A, 원하는 결과를 명확히 전달하면 C, 행동을 바람직한 방향으로 변화하도록 B 도울 수 있다. 개가 낯선 사람을 보고 짖는 이유는 다양하다. 개가 느끼는 불안, 스트레스, 두려움이 원인이라면 그 불안과 두려움을 낮출 수 있는 방법을 선택해야 한다. 불안과 두려움의 기저 원인도 매우 다양하기 때문에 정확한 세부 원인을 파악하여 추가적인 문제를 유발하지 않도록 주의해야 한다. 예시의 경우에는 보호자가 낯선 사람에게 거리를 유지해달라고 요청하거나 반려견과 안전한 장소로 이동해서 반려견이 평정심을 유지할 수 있는 환경을 만들어주는 것이 바람직하다. 절대로 반려견에게 물리적 또는 비물리적 압박을 사용하면 안 된다.

효과의 법칙

19세기 말 심리학자 에드워드 손다이크$^{E.L.Thorndike}$는 퍼즐 박스라는 상자를 만들고 고양이를 상자 안에 넣었다. 상자 안에 있는 레버를 누르면 고양이는 상자의 문을 열고 나올 수 있다. 상자의 바깥쪽에는 고양이가 좋아하는 고기가 놓여있다. 고양이는 이리저리 시도하던 끝에 우연히 레버를 눌러 상자에서 나왔다. 실험이 반복되면서 고양이가 레버를 눌러 상자에서 나오기까지 걸리는 시간이 점점 단축되었고, 여러 번의 시행착오를 거쳐 마침내 고양이는 레버를 누르면 문을 열 수 있다는 사실을 완벽하게 터득했다.

이처럼 동물은 시행착오$^{Trial\ and\ Error}$를 거치며 자신이 선택한 행동과 그 결과의 연관성을 배운다. 행동의 결과가 만족스러우면 그 행동을 반복할 가능성이 크다. 반면 불쾌하거나 부정적인 결과를 얻으면 그 행동은 아마도 반복하지 않으려 할 것이다. 이것을 손다이크의 효과의 법칙$^{Law\ of\ Effect}$이라고 한다. 손다이크의 효과의 법칙은 심리학자 스키너$^{B.F.\ Skinner}$로 대표되는 행동주의로 이어졌으며 OC$^{Operant\ Conditioning}$의 토대가 되었다.

행동의 결과를 통해 배운다.

> **결과를 통한 학습 OC**
>
> 속도위반으로 교통 법규 위반 티켓을 받았다. | **행동의 결과가 과태료라는 부정적 결과로 돌아왔다. 그 이후 제한 속도를 위반하지 않도록 주의한다.** 보호자가 부를 때 달려가면 기분 좋은 일이 생긴다. | **행동이 긍정적 결과를 가져왔다. 그 결과 개는 보호자가 부를 때마다 신이 나서 달려간다.**

이것을 Operant Conditioning이라고 한다. '조작적 조건화, 조작적 조건형성, 오퍼런트 조건 형성' 등으로 번역되고 있다. 그러나 '조작적'이라는 단어는 원용어의 의미와 거리가 있고, 구식 일본 번역으로 직관적으로 이해하기 어렵다. Operant Conditioning에서 Operant는 '원하는 결과를 얻기 위해 동물이 행동을 선택하고 실행하는 것'을 뜻한다.

OC로 기술하겠다. OC라 쓰고 '오씨'라고 읽는다. OC는 동물이 주어진 환경에서 자신이 선택한 행동의 결과를 통해 학습하는 것을 의미한다. 손다이크의 고양이가 그랬던 것처럼 다양한 방법을 시도하며 시행착오를 통해 답을 찾아가는 과정이다. 모든 동물은 환경의 영향을 받아 변한다는 것이 OC의 핵심이다.

<u>모든 동물은 행동의 결과를 통해 배운다. 행동을 선택하고 실행에 옮기는 것은 동물 당사자다.</u>

보호자가 부르는 소리에 달려가자 보호자가 칭찬하며 맛있는 간식을 주었다. 개는 보호자에게 달려간 자신의 행동에 대해 긍정적인 결과를 경험했다. 따라서 향후에도 보호자가 부르면 보호자에게 달려갈 가능성이 높다.

보호자가 부르는 소리에 달려가자 줄이 채워지고 산책이 끝났다. 후회막심이다. 개는 보호자에게 돌아가기로 한 자신의 행동에 대해 놀이 종료라는 부정적인 결과를 경험했다. 그렇다면 향후에 보호자가 부를 때 개가 보호자의 요청에 응할 가능성이 줄어든다.

보상이 주어지는 행동은 강화된다. 보호자들은 의도치 않게 개나 고양이의 바람직하지 않은 행동을 강화한다. 예를 들어, 고양이가 음식을 달라고 큰 소리로 울면 보호자는 무심코 고양이에게 음식을 준다. 고양이의 우는 소리를 멈추고 싶기 때문이다. 보호자의 행동이 음식을 달라고 우는 고양이의 행동을 강화할 수 있다. 통화할 때마다 짖으며 보호자의 주의를 끄는 반려견이 있다. 보호자는 통화에 집중하기 위해 반려견을 만지거나 말을 걸거나 짜증을 낸다. 이 행동은 통화할 때마다 짖는 반려견의 행동을 강화하는 데 효과적이다. 부정적인 반응이라고 해도 보호자의 관심을 얻는 데 성공했기 때문이다.

반려동물의 행동은 매초 매 순간 긍정적 또는 부정적으로 강화된다. 따라서 자신의 무의식적 행동을 점검하고 반려동물에게 일관된 메시지를 전달하기 위해 노력해야 한다. **반려동물에게 시도하기 전에 일단 가르치고 싶은 행동이 무엇인지 명확히 정리해라. 그런 다음 원하는 행동에 집중해야 한다.**

OC는 반려동물 교육뿐만 아니라 나 자신, 자녀, 배우자, 업무, 개인 생활에 이르기까지 광범위하게 적용할 수 있다. 그러나 몇 가지 차이섬이 있다. 사람은 언어와 문자로 소통하는 동물이다. 따라서 우리는 시간에 얽매이지 않고 자신의 행동을 설명하고 협조를 구할 수 있고, 타인의 의도나 행동도 미리 또는 나중에 설명을 듣고 이해할 수 있다. 예를 들어 방 청소를 하지 않는 청소년 딸을 둔 엄마라고 하자. 딸이 자신의 방을 스스로 치우는 아이로 만들고 싶다면 엄마는 이런 전략을 쓸 수 있다. 딸에게

"옆집에 사는 멋진 청년 있잖니? 오늘 저녁에 집에 오라고 초대했단다." 라고 말하는 것이다. 그러면 사춘기인 딸은 우주의 에너지를 끌어모아 정리의 신이 사는 듯한 방을 만들어놓을 것이다. 그러나 반려동물에게는 이 방법을 사용할 수 없다. 반려동물과 우리는 언어와 문자로 소통하는 사이가 아니기 때문이다. 반려동물에게 보호자가 원하는 것을 설명할 때는 바로 '현시점'이어야 한다. 동물도 시간 개념과 인지 능력을 갖고 있지만, 우리는 동물에게 그들의 언어로 정보를 전달하는 방법을 아직 알지 못한다. 따라서 보호자는 반려동물에게 '즉각' 원하는 바를 알려주고 '즉각' 행동에 대한 피드백을 주어야 한다. 사람 교육에서도 마찬가지로 타이밍은 매우 중요한 요소이지만, 반려동물 교육에서는 특히 그렇다.

    산책하러 가고 싶을 때마다 보호자에게 짖는 반려견을 예로 들자. 반려견이 짖을 때마다 마음이 급해서 보호자가 서둘러 산책하러 나간다면 반려견의 짖는 행동은 계속 강화된다. 짖는 행동이 효과가 있기 때문이다. 산책하러 가고 싶을 때 반려견이 조용히 앉아서 기다리도록 가르치려면 어떻게 하면 될까? 반려견이 짖지 않는 순간, 반려견이 차분히 앉는 순간을 포착해서 그 시점에 반려견이 원하는 산책을 나가면 된다. 보호자가 일관된 태도를 보이면 차분하게 앉아있다가 산책하러 나가는 행동이 반려견의 습관, 디폴트가 된다. 결론적으로 미래에 차분한 행동을 반복할 가능성이 더 커진다.

OC의 사분면

정적 강화, 긍정 강화, 긍정적 강화, 긍정 훈련, 긍정 강화 트레이너, 포지티브 트레이너, 부적 강화, 부적 처벌, 네거티브 강화, 네거티브 처벌 등의 단어를 들어본 적이 있을 것이다. 잘못된 용어다. 이 순간 머릿속에서 지워버리기를 바란다. 용어가 만들어진 본토에서조차 용어로 인해 혼선을 겪는 사례가 늘어나고 있다.

지금부터 용어를 새롭게 정리할 것이다. 용어를 보면 머리가 아플지도 모르겠지만 너무 스트레스받지 말기를 바란다. 영어 울렁증이 있다면 기억하지 않아도 된다. 이해를 돕기 위해서 원용어를 함께 기재했지만, 개념을 설명할 때만 언급하고 이후에는 새로 정한 용어를 사용할 것이다.

OC는 네 가지로 나누어 이해할 수 있다. OC의 사분면이라고 한다.

원용어	의미	새로운 용어
Positive	더하다, 추가하다	+
Negative	빼다, 제거하다	-
Reinforcement	행동 증가 또는 강화	R
Punishment	행동 감소 또는 약화	P

+, -, R, P를 조합한 것이 조작적 조건화의 사분면이다.

R+: Positive Reinforcement

R-: Negative Reinforcement

P+: Positive Punishment

P-: Negative Punishment

지금부터는 R+, R-, P+, P-만 기억하면 된다.

OC의 사분면

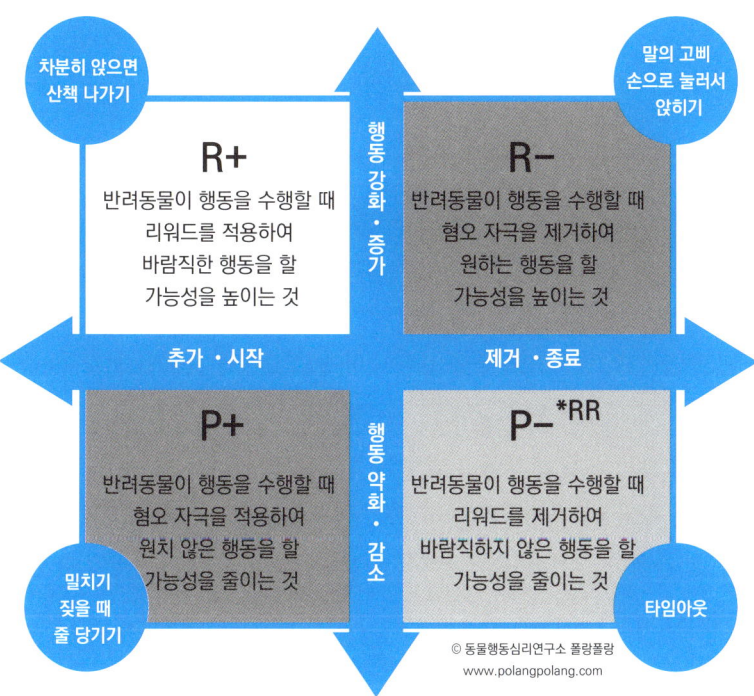

R+: Positive Reinforcement

R+라 쓰고 '알 플러스'라고 읽는다. R은 행동 강화^{Reinforcement}의 머리글자이고, +는 추가한다^{Positive}는 의미다. R+는 반려동물이 행동을 수행할 때 리워드를 적용하여 바람직한 행동을 할 가능성을 높이는 것이다. 차분히 앉아있을 때 원하는 것을 얻는다면 반려견은 차분히 앉아있는 행동을 더 자주 할 것이다. 산책 습관에 적용해보자. 반려견이 차분히 앉아서 기다리면 산책하러 나가는 습관을 갖자. 그러면 금세 반려견이 차분히 앉아서 기다리도록 가르칠 수 있다.

P-: Negative Punishment

Negative Punishment는 P-라 쓰고 '피 마이너스'라고 읽는다. P는 행동 약화^{Punishment}의 머리글자이고, -는 제거한다^{Negative}는 의미다. P-는 반려동물이 행동을 수행할 때 리워드를 제거하여 바람직하지 않은 행동을 할 가능성을 줄이는 것이다. 보호자에게 공을 던져달라고 요청할 때마다 짖는 반려견의 행동을 P-를 활용해서 바꿔보자. 이때 반려견에게 리워드는 공놀이다. 반려견이 공을 던지라며 보호자에게 짖으면 보호자는 공을 주머니에 넣거나 다른 곳으로 치운다. 공을 얻을 수 없다면 짖어봐야 의미가 없으므로 짖는 행동이 줄어들 것이다. P-는 리워드를 제거한다는 의미에서 Reward Removal이라고도 한다. 앞 글자만 따서 RR이라고 적는다. 직관적이고 기억하기 쉬워서 P-보다 RR을 더 많이 사용하지만 어느 쪽이든 상관없다.

P+: Positive Punishment

Positive Punishment는 P+라 쓰고 '피 플러스'라고 읽는다. P는 행동 약화^{Punishment}의 머리글자이고, +는 추가한다^{Positive}는 의미다. P+는 반려동물이 행동을 수행할 때 혐오 자극을 적용하여 원치 않은 행동을 할 가능성을 줄이는 것이다. 간단히 말해 원치 않는 행동을 하지 못하도록 비인도적인 것을 추가하는 것을 말한다. 부모가 자녀의 엉덩이를 때리는 것이 P+에 해당한다. 여기에서 엉덩이를 때리는 것이 혐오 자극이다. 반려견이 짖을 때 초크 체인을 당겨 짖지 못하게 만드는 것도 P+다. 목에 고통을 주어서 (혐오 자극) 짖는 행동을 줄이는 (행동 감소) 것이다.

직접적으로 의도한 혐오 자극뿐만 아니라, 의도하지 않은 관련 요인들도 혐오 자극으로 작용할 수 있다. 예를 들어, 부모에게 엉덩이를 맞을 때 맞는 것 이외에 때리는 부모와 매를 맞던 상황에서도 자녀는 혐오감을 느낄 수 있다. 초크 체인으로 훈련받은 개는 초크 체인이 주는 고통뿐만 아니라 훈련사, 그 상황을 용인하는 보호자, 당시 환경과 상황, 배운다는 것 자체에 혐오감과 공포를 느낄 수 있다. 이 모든 것이 혐오 자극이다.

R-: Negative Reinforcement

Negative Reinforcement는 R-라 쓰고 '알 마이너스'라고 읽는다. R-에서 R은 행동 강화^{Reinforcement}의 머리글자이고, -는 제거한다^{Negative}는 의미다. R-는 반려동물이 행동을 수행할 때 혐오 자극을 제거하여 원하는 행동을 할 가능성을 높이는 것이다. 행동 변화 6단계를 설명할 때 말의 고삐를 당기는 것을 R-의 예로 들었다. 말은 고통을 줄이기 위해 고삐가 당겨지는 쪽으로 고개를 돌린다.

R- 훈련사들은 혐오감을 유발하는 자극을 주다가, 동물이 훈련사가 원하는 행동을 수행하면 자극을 제거하고 고통에서 놓아준다. 개를 뒤집어 눕히고 제압하다가 개가 저항하지 않으면 풀어주는 것, 개의 목에 쇼크 칼라를 부착하고 전기 충격을 주다가 개가 훈련사 옆에 서면 충격을 멈추는 것 등이 R-다. R-는 동물이 혐오 자극, 즉 고통을 피하는 일에만 집중하게 만든다. 결론적으로 가르치는 사람과 동물 간의 관계 손상, 동물의 동기 부여 결여, 자발적 참여 결여, 발달 저해로 이어진다.

R+와 P-에서 설명한 리워드는 당사자가 원하는 모든 것을 말한다. 예를 들어 맛있는 것, 장난감, 칭찬, 관심, 애정, 손길, 산책, 일상의 보상 등 당사자가 원하고 동기 부여를 받을 수 있는 모든 것이 여기에 해당한다.

P+와 R-에서 설명한 혐오 자극은 당사자가 원치 않는 모든 것을 뜻한다. 초크체인, 프롱 칼라, 전기충격 목걸이와 같은 비인도적 도구, 꼬집거나 누르거나 때리는 등의 물리적 자극은 물론, 고함과 같은 정신적 고통, 욕구 억압, 감정 무시, 협박, 흘겨보기 등의 비물리적 자극을 포함하여 신체적, 정신적, 심리적, 정서적으로 당사자인 동물이 불쾌감 또는 혐오감을 느끼는 모든 것이 여기에 해당한다. 칭찬, 손길, 보상도 혐오하는 대상이 주는 것이라면 혐오 자극이 될 수 있다.

사분면의 예시

개에게 "앉아"를 가르치는 경우를 예로 들어 보겠다.

R+

앉는 행동은 지극히 자연스러운 행동이다. 개가 무의식적으로 또는 자발적으로 앉는 순간 "예스!"라고 말하면서 간식을 준다.

P-

개가 앉지 않으면 밥그릇을 들고 자리를 떠난다.

P+

개가 앉지 않으면 개에게 충격을 준다. 초크체인이나 줄을 잡아채는 것, 고함을 지르거나 인상을 쓰는 것, 개를 걷어차는 것, 개를 사람이 몸으로 밀어내는 것 등이 여기에 해당한다.

R-

한 손은 개의 목걸이를 위로 잡아당기면서 다른 손은 개의 엉덩이를 눌러 개가 앉을 때까지 압박을 가한다. 개가 앉으면 압박을 해제한다.

사분면을 설명했지만 모두 사용해도 된다는 뜻은 아니다. 사분면 중 **P+와 R-는 비인도적인 방법으로 절대로 사용하면 안 되고 사용할 필요도 없다. P-는 그레이존이다.** 이것은 선호도의 문제가 아니라 과학적으로 검증된 사실이다. P+와 R-는 동물에게 신체적, 심리적, 정신적, 정서적 고통과 두려움을 준다. 스트레스와 두려움은 자기방어를 위한 공격적 행동으로 이어질 수 있으며, 반려동물이 보이는 공격적 행동의 많은 부분이 이와 관련 있다. 부적절한 방법은 관계를 해치고 큰 역효과를 가져온다.

배우는 것이 즐거워서 함께 하는 동물과 두려워서 응하는 동물의 행동은 천지 차이다. "앉아"라는 같은 행동을 배운 개라고 해도 R+로 배운 개는 즐거워서 자발적으로 행동하겠지만, P+, R-, P-로 배운 개는 공포심에 수행할 것이다. 반려동물이 경직된 자세로 선택의 여지가 없어서 이를 악물고 행동하기를 원하나? 아니면 행복하고 즐거워서 곁에 머물기를 원하나?

기억하자. R+로 무엇이든 가르칠 수 있다. 반려동물과 보호자가 신뢰와 사랑으로 연결된 관계라면 무엇이든 할 수 있다. 더 효과적이고 즐거우며 인도적인 방법이 있는데 굳이 부적절한 방법을 선택해야 할 이유가 있을까?

P+, R-, P-의 결과

R+의 결과

P+와 R-는 비인도적, 비윤리적, 비효과적이다.

동물에게 신체적, 심리적, 정신적, 정서적 혐오감을 불러일으키는 방법은 모두 동물 학대에 준하는 부적절한 훈련에 해당한다. 마음에 드는 행동을 하면 사랑을 주지만 그렇지 않으면 벌을 준다는 논리는 더 끔찍한 결과를 낳는다. 폭력 후의 선물은 폭력 자체보다 더 혐오스럽다.

P+와 R-는 동물에게 두려움, 불안, 스트레스로 인한 행동 문제 및 공격적 행동을 유발한다는 사실이 장기간 진행된 다수의 연구를 통해 확인되었다. P+로 훈련받은 개들은 불안정하고 요청에 잘 응하지 않으며 행동적 문제를 보이는 비율이 높은 것으로 조사되었다. 또한 P+를 자주 사용하는 가정의 소형견들은 기본적으로 불안과 두려움이 높았고, 특히 불확실한 상황, 소음, 사람, 다른 개에 대한 두려움을 자주 보이는 것으로 분석되었다.

P+와 R-는 혐오 자극과 관련이 있다. 동물에게 신체적, 정신적, 정서적, 심리적 고통을 준다는 뜻이다. 따라서 비인도적이고 비윤리적이다. 예를 들어 줄을 당기며 걷는 개가 있다고 하자. P+ 훈련사는 개가 줄을 당기며 앞으로 나갈 때마다 "안돼"라고 하며 줄을 낚아채듯 당기거나 개를 밀치

거나 걸어찬다. R- 훈련사는 쇼크 칼라로 개의 목에 지속적인 전기 충격을 주다가 개가 훈련사 옆에 있는 순간에만 자극을 중단한다. 훈련사 옆에서 벗어나는 순간 전기 충격이 가해지므로, 개는 훈련사의 다리 옆에서 벗어나지 않기 위해 안간힘을 쓴다.

보호자와 나란히 걷는 반려견이라고 해도 R+로 교육받은 개와 R-로 교육받은 개의 태도는 극명하게 다르다. R+로 교육받은 개는 함께 걷는 즐거움을 배웠기 때문에 폴랑폴랑하며 보호자와 자주 눈을 마주치고 웃는다. R-로 교육받은 개는 끌려가는 죄인처럼 경직된 자세로 보호자의 발만 보며 걷는다.

P+와 R-는 바람직하지 않은 행동과 공격적 행동을 증가시킨다. 반려동물이 두려움과 고통을 느끼는 상황일 때 공격적 행동이 증가한다는 사실은 많은 연구에서 증명되었다. 생명에 위협을 느끼는 상황에서는 싸울 수밖에 없다. 동물 학대에 준하는 부적절한 훈련을 하는 훈련사들이 반려동물에게 공격받는 사례 중 다수가 여기에 해당한다. 반려견의 언어를 읽지 못해서 물러서야 할 타이밍을 모르는 것도 이유 중 하나다. 생존이 걸린 상황에서 자기방어로 공격하는 것은 정당한 행동일 수 있지만, 주체가 동물인 경우 그 책임이 고스란히 반려동물에게 돌아가는 것이 현실이다. 따라서 보호자는 반려동물이 스트레스 상황에 내몰리지 않도록 각별한 주의를 기울여야 한다.

P+와 R-는 비효과적이다. 수년간 진행된 많은 연구가 뒷받침하듯이 P+와 R-로는 행동을 효과적으로 변화하거나 지속할 수 없다. 불안이나 고통을 느끼는 상태에서는 뇌에서 학습이 일어나지 않는다. 순간적으로 또는 단기적으로 행동을 억제할 수는 있다. 그러나 그것은 진정한 의미의 행동 변화가 아니라 공포에 짓눌린 행동이다. 머리에 총을 겨누는 사람 앞에서

하고 싶은 말 다 할 사람이 누가 있을까? 죽니 숨죽이고 고분고분 따르는 것이 낫다고 판단하게 마련이다. 장기적인 행동 변화가 아니므로, 이런 훈련을 하는 훈련사들은 매일 같이 반려동물을 협박하는 역할을 보호자에게 맡길 것이다.

P+와 R-는 반려동물에게 바람직한 행동이 무엇인지 알려주지 않는다. 산책 중에 목이 졸리거나 전기 충격을 받았을 때 "아하, 같이 눈을 마주치며 나란히 걷자는 뜻이구나."라는 메시지로 받아들일 동물은 없다. 아이가 선생님에게 혼이 났다고 하자. 왜 혼이 났는지, 다음에 또 혼나지 않으려면 어떻게 행동해야 하는지 알지 못한다면 혼란스럽고 두려울 것이다.

P+와 R-는 부정적 감정을 키운다. 짖지 않도록 만들기 위해 개가 짖을 때마다 얼굴에 스프레이를 뿌린다고 하자. 처음에는 놀라고 불쾌해서 짖는 행동을 멈추겠지만 효과는 일시적이다. 반면, 스프레이를 뿌리는 당신에 대해 개가 느끼는 혐오감은 증가한다. 주변에 당신의 그림자만 보여도 '또 스프레이 뿌리는 거 아닌가?' 싶어서 불안과 불쾌감을 느낄 것이다. 연상 학습은 매초 매 순간 진행 중이므로 보호자, 스프레이, 또는 그 비슷한 것만 봐도 불안을 느끼며 공격 또는 회피 반응을 보이게 될 수 있다.

P+와 R-를 경험한 동물은 관련이 없는 상황에서도 그 경험을 일반화할 수 있다. 예를 들어 남자 훈련사에게 P+ 또는 R-로 훈련받았다면 비슷하게 생긴 사람 또는 남자만 보아도 불안해하거나 방어적 태도를 보일 수 있다. 소파에 뛰어 올라가다가 보호자가 밀쳐서 나뒹굴었던 개나 고양이는 어질리티에서 장애물에 뛰어오르는 것을 두려워할 수 있다. 또한 동물이 배우는 것 자체에 거부감을 느끼게 되므로 교육에 자발적으로 참여하지 않는다. 결국, 함께 할 수 있는 일상의 폭이 좁아진다.

P+와 R-는 관계를 훼손한다. 손상된 관계는 무엇으로도 회복하기 어렵다. 모든 생명은 본능적으로 위험한 상황과 거리를 둔다. 신체적·정신적 통증을 유발하는 혐오 자극을 경험한 동물은 혐오감을 유발한 대상과 거리를 두고 최대한 피하는 편을 선택한다. 부적절한 훈련에 노출된 개가 훈련사로부터 시선과 고개를 돌리고 경직된 자세로 바닥에 납작 엎드리거나 구석으로 자리를 피하는 모습을 흔히 볼 수 있다.

보호자가 비인도적 훈련에 동참 또는 동석하는 경우 문제는 더욱 심각하다. 보호자가 자신을 보호해주는 '가족'이 아니라 두려움과 고통을 용인하는 '학대 조력자'라는 사실이 동물에게 극도의 두려움과 공포를 유발한다. 보호자가 직접 가담하지 않아도 마찬가지다. 이때 보호자는 아이가 부모 중 한 사람에게 학대당할 때 그것을 묵인하는 다른 한편의 부모와 같다. 개가 당신을 더 이상 신뢰하지 못한다는 뜻이다. 신뢰하지 않는 사람과 함께 하는 시간은 행복할까? 천만에. 신뢰와 협력의 결여는 교육을 더욱 어렵게 만들 수 있다.

교육의 핵심은 바람직한 행동을 명확히 알려주는 것이다. 동물에게 두려움과 공격성을 유발하는 훈련은 비인도적이며 원하는 변화를 가져오지 않는다. 요컨대, 행동 변화 과정에서 반려동물의 안녕과 자율성을 최우선에 두어야 한다. 반복해서 말하지만, 원치 않는 행동에 초점을 맞추기보다는 원하는 행동을 구체화하고 그것을 실현하는 데 초점을 두는 시각을 갖는 것이 핵심이다.

간식을 사용한다는 사실만으로 인도적이라고 말할 수 없다.

　간식이나 장난감 같은 리워드를 사용한다고 모두 바람직하고 좋은 훈련은 아니다. 적용하는 사람이나 방법 등에 따라 반대로 작용할 수 있다.
　R+는 기본적으로 바람직하고 인도적인 방법으로 간주되지만, 간식을 사용한다는 사실만으로 R+ 또는 **인도적이고 바람직한 훈련이라고 단정 지을 수는 없다**. 가르치는 사람의 의도는 R+였을지 모르나, 지식과 기술이 부족하여 의도와 달리 동물에게 스트레스와 불안을 유발하는 경우를 흔히 볼 수 있다. 가르치는 사람이 반려동물의 언어나 정확한 타이밍을 읽는데 서툴면 반려동물의 바람직하지 않은 행동을 더 강화하는 결과를 낳기도 한다.
　'훈련 시 개에게 말을 걸거나 반응하는 것은 개에게 잘못된 신호를 주는 것이므로, 클리커를 클릭하거나 간식을 던지는 것 외에는 개와 눈을 마주치거나 반응하거나 말하면 안 된다.'라고 잘못 알고 있는 보호자들이 늘어나고 있다. 이것은 이론 및 스킬을 잘못 이해한 것이다. 이 행동은 결과적으로 반려동물에게 부정적 영향을 미친다. 다른 장에서 설명한 '개의 눈을 뚫어지게 쳐다보는 훈련, 무표정으로 나무처럼 앉아 있다가 클릭하고 간식을 던지는 훈련'도 마찬가지다. 클리커와 간식이 등장하니 이것을

R+ 훈련이라고 생각할지 모르겠지만, 굳이 사분면으로 설명하자면 이것은 R-에 해당한다. 정신적·심리적으로 불편한 상황에서 벗어나기 위해 반려동물이 행동을 수행하는 것이다.

<u>**P-는 그레이존이다.**</u> 개가 공을 던져달라고 짖는다면 개가 짖을 때는 공놀이를 하지 않는다. 공놀이라는 리워드를 얻을 수 없다면 개가 공을 던지라고 짖는 행동은 줄어들 것이다. 고양이가 문을 열며 문을 긁는다면 고양이가 긁는 행동을 멈출 때까지는 문을 열지 않는다. 문을 긁어도 소용이 없다면 문을 긁는 행동은 줄어들 것이다. 이 정도 선에서의 P-는 문제가 되지 않을 수 있다. 그러나 P- 는 방법 설계에 따라, 적용하는 사람의 스킬이나 지식수준에 따라 동물에게 스트레스, 분노, 불편함, 두려움 등 부정적인 감정을 유발할 가능성이 크다.

"개가 줄을 당기면 그 자리에 돌처럼 멈춰 서라. 개가 돌아오면 간식을 주고 다시 걸어라."라는 훈련사를 본 적이 있을 것이다. 이것은 간식을 사용하는 인도적 훈련처럼 보일지 모르지만 실제로는 개에게 혐오를 유발하는 부적절한 훈련이다. 효과도 없거니와 개에게 좌절감과 분노를 유발한다. 그런데도 반백 년이 넘도록 똑같은 내용이 복제되어 돌고 돈다.

줄을 잡고 함께 걷던 사람이 갑자기 멈춰 서면 줄이 당겨지면서 개에게 불쾌감과 고통을 유발한다. 개는 줄이 당겨지면서 몸에 가해지는 압박, 즉 혐오자극에서 벗어나기 위해 움직인다. 내면에서 스트레스와 분노를 경험하고 있는 개에게 간식을 주고 다시 산책을 시작하는 것은 개에게 분노를 학습시키고 장려하는 것과 같다.

돌처럼 멈춰서서 기다리는 훈련사의 행동은 "눈을 마주치면서 나란히 걷자."라는 메시지를 개에게 전달해주지 못한다. 훈련사가 원하는 바람직한 행동이 무엇인지 개는 이해할 수 없다. 개가 경험하는 것은 몇 걸음 걷고 나면 줄이 당겨진다는 사실 뿐이다. 아무 말도 없이 돌덩이처럼 서 있는 사람에게 돌아갔다 오기를 몇 차례 반복하고 나면 십중팔구 개들은 스트레스로 폭발한다. 심하게 몸을 털고 입술을 핥고 분노에 차서 훈련사를 노려보고 줄을 이리저리 당기며 짜증을 표출한다.[16]

컴퓨터 시뮬레이션이라면, 이 방법으로 모델 개가 줄을 더 이상 당기지 않게 만들 수 있다. 컴퓨터는 감정과 사고를 갖고 있지 않으므로 분노나 스트레스를 느끼지도 않는다. 그러나 반려동물은 살아있는 동물이고 스스로 생각할 수 있는 뇌와 느낄 수 있는 감정이 있다. 실제 살아있는 반려동물을 대상으로 할 때 이 방법은 비인도적이다.

P- 말고도 반려동물을 교육할 수 있는 대안적이고 효과적인 방법이 많다는 점을 분명히 알기 바란다.
어떤 방법을 사용하든 반려동물을 혼란스럽게 하거나 위협하는 행동은 바람직하지 않은 결과를 초래할 수 있다.

자신이 동물에게 하는 행동이 R+인지 여부를 확인하고 싶다면 반려동물 당사자의 이야기를 들어보면 된다. 반려동물이 행복한 상태라면 R+에 맞는 행동을 한 것이다. 만약 훈련 중에 또는 후에 반려동물이 스트레스를 표현한다면, 더 많이 짖는다면, 공격적인 태도 또는 회피하는 태도를 보인다면, 어떤 형태로든 부정적 반응을 보인다면 그것은 R+가 아니다.

리워드 사용 여부가 아니라 어떻게 적용하는지가 중요하다. 교육법을 선택할 때는 잠재적 리스크를 항상 염두에 두고 신중히 결정해야 한다. 어떤 기술이나 이론이든 인도적 방식으로 사용하기 위해서는 그만큼의 전문성이 필요하다. 개별 동물과 모든 요인을 고려하고, 매 순간 반려동물의 의사를 확인하면서 재점검하는 것이 언제나 최우선이다.

---

16 [폴랑폴랑] 반려견 산책 교육의 바람직하지 않은 사례 2016년 7월 13일 https://youtube.com/xomavELmYL4

타임아웃에 대한 오해와 진실

타임아웃$^{Time-Out}$이라는 스킬이 있다. 도그워커, 펫시터, 초보 훈련사들이 많이 사용하는 방법이다. 그러나 타임아웃은 P-에 해당하며 잘못 적용하면 비인도적인 행위가 될 수 있다. 더 효과적이고 바람직한 교육 방법이 많기 때문에 나는 이 방법을 추천하지 않는다. 그러나 타임아웃의 개념과 방법에 대해 잘못된 내용이 전파되고 있어 사실을 바로 잡기 위해 설명에 포함했다.

타임아웃$^{Time-Out}$은 주로 사회적 관계와 관련된 부적절한 행동을 멈추기 위해 사용된다. 관계, 관심, 즐거움과 같은 보상을 제거해서 바람직하지 않은 행동을 줄이는 것이다. 예를 들어 고양이가 싫다고 표현하는데도 개가 놀자는 의미로 발로 때리며 귀찮게 한다고 하자. 여기에서 개에게 리워드는 '놀이의 즐거움'이므로 P-에서는 이것을 제거한다. 개에게 줄을 채우거나 분리된 다른 공간에 들여보내서 놀이를 중단할 수 있다. 반려견의 입장에서 즐거움이 중단되었다는 사실만 명확하면 된다.

타임아웃 방법
1. 개가 고양이에게 발을 내미는 그 즉시 개의 행동을 중단시킨다.
   예시: 공간 분리, 줄 착용, 놀이 중단
2. 속으로 3초를 센 다음 개를 데리고 나온다. 또는 줄을 놓아준다.
3. 타임아웃이 끝난 즉시 원래 상황으로 돌려보낸다.
4. 개가 고양이에게 발을 올리지 않고 있는 동안 칭찬하며 상을 준다.

타임아웃을 실행할 때 주의할 사항이 있다.

첫째. 바람직하지 않은 행동이 일어난 즉시 타임아웃을 선언해야 한다.
시간이 지체되면 동물은 어떤 행동에 대한 타임아웃인지 그 맥락을 이해할 수 없다. 타임아웃을 선언한 동안은 보상이 주어지지 않아야 한다.

둘째. 타임아웃을 선언하는 시간은 3초다.
일반적으로 3초, 길어도 10초를 넘지 않는다.
극단적인 상황이라고 해도 최대 30초를 넘으면 안 된다. 그 이상 시간이 길어지면 타임아웃이 아니라 감금이고 학대다. 동물에게 부정적 연상을 일으키고 두려움을 학습시키는 일에 불과하다. 또한 타임아웃 시간이 길어지면 그동안 다른 행동이 시작되므로 반려동물이 맥락을 이해할 수 없고 타임아웃의 의미가 없다.

셋째. 시작했다면 일관성을 유지해야 한다.
보호자가 여럿인 경우 보호자마다 행동이 다르거나 일관성이 없으면 반려동물이 혼란을 겪는다. 하다 말기를 반복하는 경우도 마찬가지다. 일관되게 마무리할 수 없는 상황이라면 처음부터 시작하지 않는 것이 낫다.

넷째. 타임아웃을 한다며 시도 때도 없이 반려견을 방에 가두는 분들이 있다. 그것은 이미 타임아웃이 아니다. 타임아웃이 반복되고 있다면 제대로 적용하지 못하고 있다는 뜻이다. 이것은 동물의 웰빙에 부정적 영향을 미칠 수 있다. 장기간 지속된 행동인 경우에는 보호자가 원하는 행동을 반려동물이 이해하기까지 한 세션에서 타임아웃을 몇 차례 반복해야 할 수도 있다. 그러나 올바르게 적용한다면 그 시점에 해결된다. 제대로 적용한다면 3초 이내로 몇 차례만 반복해도 금방 반려동물이 의미를 이해한다. 만약 반려동물을 격리하는 횟수나 시간이 늘어나고 있다면 잘못된 방법이다. 즉각 중단할 것.

다섯째. 타임아웃은 그 자체로 반려동물에게 스트레스를 유발한다.

따라서 반려동물이 안전하다고 느끼는 상황이 아닐 때 또는 반려동물과 친밀하지 않은 사람은 타임아웃을 사용하면 안 된다. 마찬가지로 반려동물이 부정적인 감정을 느끼거나 조금이라도 스트레스를 받고 있다면 타임아웃을 사용하면 안 된다. 부적절한 방법으로 타임아웃을 사용할 경우 반려동물이 자기방어를 위해 공격적 행동을 할 수 있다.

여섯째. 절대로 반려동물을 끌고 가거나 신체적 압박을 가하지 않는다.

도망가는 반려동물을 잡아서도 안 된다. 이것은 타임아웃이 아니다. 반려동물에게 두려움과 공포를 유발할 뿐이다. 분리된 공간으로 이동시키지 않아도 줄을 채우거나 놀이를 중단하는 것으로 얼마든지 타임아웃을 선언할 수 있다.

일곱째. 크레이트를 타임아웃에 사용하지 않는다.

크레이트는 마음의 평화를 주는 기분 좋은 공간이어야 한다. 단 몇 초라고 해도 관심과 즐거움이 제거되는 공간으로 사용하지 않는다.

여덟째. 실행하는 사람이 부정적 감정일 때는 하지 않는다.

반려동물은 바디랭귀지 전문가이고 유능한 CSI 요원이다. 사람이 부정적 감정을 느끼는 순간 반려동물이 후각으로 감지할 수 있는 생리적 변화가 일어난다. 조금이라도 부정적 감정이 든다면 타임아웃을 시도하지 않는 것이 낫다.

타임아웃은 격리하는 과정이 아니다.

교육의 핵심은 부적절한 행동을 할 기회를 제공하지 않고, 올바른 선택을 했을 때 듬뿍 칭찬하며 행동을 강화하는 것이다. 원하는 기대 행동을 명확하게 제시하지 못하면 반려동물에게 오히려 혼란, 좌절감, 불안을 일으켜 행동을 악화시킬 수 있다.

타임아웃을 정확히 실행하는 사람은 드물다. 타임아웃을 시도하면서 자신이 반려동물을 '컨트롤'하고 있다고 여기거나 반려동물을 거칠게 다루는 사람들도 있다. 문제는 당사자가 대체로 그 사실을 인지하지 못한다는 것이다. 특히 초보자가 타임아웃을 적용하는 경우 비인도적 체벌로 변형되기 쉽다.

잘못 적용하여 문제를 증폭시키거나 또 다른 문제를 만드는 것보다 R+를 적용하는 것이 효과적이고 인도적이다. 같은 경우를 예로 들어보자. R+를 적용한다면 개가 고양이에게 발을 올리기 전에 "예스!"라고 말하고 칭찬하며 보상해주면 된다. "와우 잘했어."하고 진심으로 기뻐하며 치어리더가 되어라. 원하는 행동에 집중하고 그 행동에 계속 보상하면 된다. 몇 차례만 해도 반려동물이 의미를 이해할 것이다.

관찰, 모방, 모델링을 통해 배운다.

사회적 인지 학습

> **사회적 인지 학습**
>
> 보호자가 초인종을 누르고 들어가는 모습을 본 고양이가 현관 앞에서 초인종을 누르고 기다린다.
> 아픈 동물이 치료받고 나오는 것을 본 개가 동물병원에 찾아가 다친 다리를 보여준다.
> 엄마 개가 식사 전에 차분히 앉아서 기다리는 모습을 본 강아지들은 엄마 개의 행동을 그대로 따라 한다.
> 아프냐? 나도 아프디.

　관찰, 모방, 모델링을 통한 학습. 사회적 인지 학습이다.
　사회적 인지 학습은 다른 사람 또는 다른 동물의 행동, 태도, 정서적 반응 등을 관찰하고 모방하고 모델링하여 학습하는 것을 말한다. 나는 사회적 인지 학습을 반려동물 교육에 활용한다. 이 빙법은 일반적인 트레이닝 기술로는 개나 고양이에게 설명하기 어려운 행동을 가르칠 때 유용하다.

기존의 고전적 또는 조작적 조건화를 통한 학습보다 빠르고, 반려동물들도 배우는 과정을 재미있어한다.

사회적 인지 학습은 종의 구별 없이 동종 사이에서 또는 이종 사이에서 일어난다. 개가 다른 개의 행동을 보고 배우기도 하지만 집에 들어갈 때 초인종을 누르는 반려견, 도어 노커를 잡고 문을 노크하는 고양이처럼 사람의 행동을 관찰하고 모방하며 배우기도 한다. 피아노 연주를 즐기는 보호자의 반려동물은 피아노를 연주한다. 서퍼 보호자의 반려견은 서핑을 즐긴다. 아이들이 부모의 뒷모습을 보고 배우며 자라듯 반려동물도 사람의 행동을 보고 모방 학습한다. 반려동물 앞에서는 언행에 조심해야겠다.

모든 동물은 스스로 생각하고 선택하고 행동을 결정한다. 우리가 동물에 대해 무지하던 시절에는 인류가 도구를 사용할 줄 아는 지구상의 유일한 동물이라고 배웠다. 그러나 사실이 아니다. 영장류뿐만 아니라 포유류, 새, 물고기, 곤충에 이르기까지 동물들은 도구를 사용한다. 단순히 생존과 번식 목적의 유전적으로 프로그램된 행동이 아니다. 모든 동물이 주변 환경을 적극 활용하며 창의적으로 방법을 찾는다. 그들의 번뜩이는 아이디어는 놀랍다. 추상적 개념을 이해하고 사람과 비슷한 방식으로 학습하는 동물도 있다. 앵무새 알렉스[Alex]는 덧셈과 뺄셈을 할 수 있고, 색깔이나 도형의 모양을 구별해서 그룹을 나눌 수 있고, 도형의 모서리가 몇 개인지 답할 수 있다.

호주에는 원추형 해면을 이용해서 사냥하는 돌고래 그룹이 있다. 호주 뉴 사우스 웨일스 대학교 연구자 마이클 크뤼츤[Michael Krützen]에 따르면 이 행동은 유전적 행동이 아니라 엄마 돌고래가 자녀들에게 노하우를 전수하면서 문화적으로 전파되는 사회적 인지 학습이다. 저명한 학자 베른 하인뤼크[Bernd Heinrich]도 연구에서 주행하는 자동차 바퀴 앞에 열매를 던져서 껍질을 벗기는 새, 개와 탁구를 하는 까마귀에 대해 언급했다. 까마귀들이 놀이를 개발하고 함께 즐기는 모습도 관찰된다. 지붕에서 스키타는 까마귀도 유명하다. 나의 반려견 체리코크는 언덕에서 낙엽을 타고 내려오는 낙엽 스키를 개발했다. 가을이면 낙엽 스키 타러 갈 날을 손꼽아 기다렸고, 언제나 기발한 아이디어로 놀라움을 주었다.

곤충부터 사람에 이르기까지 거의 모든 동물이 관찰과 모방을 통해 행동을 학습한다. 2014년 발표된 연구를 통해 파충류도 사회적 학습이 가능하며, 모방을 통해 새로운 기술을 배울 수 있다는 사실이 확인되었다. 연구진은 11초의 짧은 영상을 두 가지 버전으로 준비했다. 하나는 턱수염도마뱀$^{Bearded\ Dragon}$이 슬라이드 문을 오른쪽으로 밀어서 여는 영상이고, 다른 하나는 왼쪽으로 밀어서 여는 영상이다. 슬라이드 문을 한 번도 열어본 적이 없는 턱수염도마뱀에게 두 가지 영상 중 하나를 보여주고, 도마뱀이 어떻게 행동하는지 관찰했다. 그러자 영상을 본 모든 도마뱀이 문을 여는 데 성공했는데, 주목해야 할 점은 도마뱀들이 관찰한 영상과 똑같은 방향으로 문을 열었다는 사실이다. 오른쪽으로 미는 영상을 본 도마뱀은 오른쪽으로, 왼쪽으로 미는 영상을 본 도마뱀은 왼쪽으로 문을 열었다. 도마뱀이 영상으로 관찰한 행동을 모방해서 문제를 해결했다는 것을 알 수 있다.

아프리카의 한 사자 무리가 뜨거운 낮에 다 같이 연못에 들어가 앉아 더위를 식히는 모습이 관찰되었다. 시작은 무리의 암사자 한 마리였다. 암사자의 냉욕 사랑은 곧 사자들 사이에 입소문을 타고 번졌다. 연못을 찾는 사자가 하나둘 늘어나더니, 어린 아기 사자들까지 모두 동참하는 패밀리 워터 파크가 되었다. 대낮의 냉욕이 더위를 식히는 좋은 방법이라는 것을 구성원 모두가 알게 된 것이다. 사자는 원래 물을 좋아하는 동물이 아니고, 다른 사자 무리에서는 이와 같은 모임이 관찰된 적이 없다. 같은 사회적 그룹에 속한 다른 동물의 행동과 행동의 결과를 관찰하고 모방한 다음, 사회적 반응에 따라 행동을 변화할 수 있다는 것은 동물들이 상대방의 감정과 생각을 공유할 수 있는 능력을 갖고 있다는 의미다.

동심원 행동

나는 나의 반려견들이 원탁 회의하는 모습을 여러 차례 목격했다. 아이들은 원탁에 둘러앉는 것처럼 서로 마주 보고 원을 그리고 엎드렸다. 아무 소리도 들리지 않았다. 그러나 표정 변화와 서로 오가는 시선을 따라가 보면, 사람에게는 들리지 않는 대화가 그들 사이에 오가고 있는 것이 분명했다. 그렇게 회의가 있고 나면 모두의 행동이 일제히 바뀌었는데 내가 가르친 행동이 아니었다.

강아지들이 태어났을 때는 내가 가르친 적이 없음에도 강아지들이 걸음마를 시작하던 시점에 이미 기본적인 단어와 매너를 이해했다. 강아지들은 이유식을 시작하면서부터 식사 시간이 되면 내가 모두의 식사 준비를 마칠 때까지 자기 자리에 앉아서 차분히 기다렸다. 화장실 교육도 별도로 할 필요가 없었다. 엄마 아빠의 행동을 보고 배운 것이다. 함께 사는 가족 구성원이 상황에 따라 하는 행동과 반응을 관찰하고 행동 패턴을 배운다. 수면에 돌을 던지면 동그라미를 그리며 물무늬가 번져나가듯이, 누군가의 행동이 다른 구성원들에게 번져나간다는 의미에서 **나는 이것을 '동심원 행동'이라고 부른다.**

보호자도 구성원 중 하나다. 내가 취침할 준비를 시작하면 나의 반려견들도 각자 잘 준비를 마치고 자신의 침대로 올라간다. 보호자인 내가 할 일은 그 행동에 단어를 붙이는 것뿐이다. 가족 구성원인 보호자가 좋은 습관과 태도를 유지하면, 별도로 교육하지 않아도 반려동물들 역시 좋은 습관과 태도를 갖게 된다.

동심원 행동은 아주 초기부터 시작된다. 강아지 고양이가 태어나는 시점에 이미 학습은 진행 중이다. 따라서 반려동물을 입양할 때 입양처를 신중히 선택해야 한다. 동물의 행동을 잘 이해하는 보호자가 아니라면 이 시기에 동물들에게 부정적인 영향을 미칠 수 있다.

정서적 반응도 모방 학습된다.

세상에 태어나서 벌레를 처음 본 아기가 있다고 하자. 갓난아기가 생애 처음으로 참조하는 대상은 대체로 엄마다. 아기가 난생처음 벌레를 본 순간, 벌레를 보고 두려움과 혐오 반응을 보이는 엄마의 모습을 봤다면 아기도 벌레를 두려운 대상으로 학습할 가능성이 높다. 가치관이 정립되지 않은 어린 나이에 부모가 분노로 대응하는 상황을 관찰하는 경우, 비슷한 상황에 놓였을 때 아이도 분노로 대응하기 쉽다. 반려동물을 입양할 때 그 동물의 엄마, 아빠, 보호자 가족, 가정 환경을 반드시 확인해야 한다고 내가 강조해서 가르치는 이유 중 하나다. 입양할 반려동물이 가족의 행동과 정서를 모방 학습했을 가능성이 높기 때문이다. 불안한 환경에서 출산한 부모견, 두려움이 많은 부모견을 둔 강아지들은 비슷한 성향을 보일 확률이 높다. 보호자의 행동 패턴과 보호자가 제공하는 가정 환경도 마찬가지로 부모 동물과 아가들에게 큰 영향을 미친다.

대리 학습된다.

연상을 통해 배우는 CC와 결과를 통해 배우는 OC는 모두 외부 환경과 관련이 있다. 외부적으로 일어난 어떤 사건이나 자극과 연결되어 학습이 일어나고 행동이 바뀐다. 그래서 연결 학습에 해당한다고 설명했다. 그러나 사회적 인지 학습은 다르다. 나와 관련된 사건, 자극, 경험이 없어도 학습이 일어난다. 직접 해보지 않고도 타인의 행동과 그 결과를 관찰한 것만으로 행동이 증가하거나 감소하는 것, 이것을 대리 강화$^{Vicarious\ Reinforcement}$ 또는 대리 약화$^{Vicarious\ Punishment}$ [17]라고 한다. 이 점은 사회적 인지 학습과 기존 조건화의 중요한 차이점 중 하나다. 행동을 습득하더라도 그 행동이 부정적인 결과를 초래하겠다고 생각하는 경우에는 수행하지 않는다. 행동을 바꿔야 할 이유, 즉 동기가 없다면 바꿀 이유가 없다. 따라서,

---

[17] '대리 처벌'로 번역되고 있으나 Punishment는 처벌의 의미가 아니다.

사회적 인지 학습에서는 학습이 일어나더라도 행동은 바뀌지 않을 수 있다. 타고난 본성이나 유전적 성향 등 개인의 판단과 선택에 따라서 행동 수행 여부는 달라질 수 있다.

　사회적 인지 학습에는 보상이 따르지 않는다. 이득이나 손해가 따르는 것이 아님에도 학습이 일어난다. 그 이유는 무엇일까? 학자들은 모방 학습이 타고나는 자연적 행동일 것으로 보고 있다. 득이 되는 행동은 모방하고, 실이 될 행동은 삼가는 것이 생존 가능성을 높여주기 때문이다. 판단이 잘 서지 않을 때는 답을 아는 듯한 누군가를 따라 하는 것이 제일 낫다. 생전 처음 절을 방문한 외국인은 주변 사람의 행동을 참조하고 따라 한다. 레스토랑에서 어느 나이프를 사용해야 할지 잘 모르면 주변 사람을 따라 하면 된다. 관찰하고 모방하고 주변의 반응을 살피면서 상황에 맞는 사회적 매너를 학습한다. 한마디로 모방은 생존과 적응에 도움이 된다.

마음의 연금술사

사람 중에 배려심도 많고 유독 상대방의 마음을 쉽게 여는 사람들이 있는데, 반려동물 중에도 그런 아이들이 있다. 심신이 건강하고 사회성이 좋으며, 인내심과 배려심이 강하고, 상대방의 마음을 잘 여는 귀재. 나는 그들을 '마음의 연금술사'라고 부른다.

태어난 순간부터 구출되던 순간까지 수년간 개 농장의 철창 밖으로 나와본 적이 없는 개를 교육할 때 나는 사회적 인지 학습을 활용했다. 2015년 출간했던 『당신은 반려견과 대화하고 있나요?』라는 책에서 소개했던 사례다. 임시보호자의 말에 따르면, 구조된 아이는 철창 밖으로 발을 디디는 것조차 두려워하며 웅크린 채 며칠 동안 꼼짝도 하지 않았다. 좁은 철창에 갇혀서 평생 살았기에 걷는 것이 무엇인지도 알지 못했다. 마음의 연금술사가 필요한 순간이다.

마음의 연금술사로 초대된 개는 구조된 개와 거리를 유지한 상태로 편안한 모습으로 인내심을 갖고 기다렸다. 구조된 개가 놀라서 움츠러들거나 마음을 닫지 않도록 배려하는 것이다. 구조된 개가 조금씩 마음을 열고 관심을 보이기 시작하지, 연금술사는 멀찌감치 떨어진 상태에서 살포시 놀이 시그널을 몇 가지 선보였다. 한동안 웅크린 채 바라보기만 하던 개가 얼마 뒤 온몸을 부들부들 떨면서 한 걸음을 내딛는 기적을 선보였다. 걷는 데 필요한 근육도 자리를 잡지 않은 몸으로 큰 용기를 낸 것이다.

그러자 연금술사가 온몸을 씰룩이며 개에게 다가가 살짝 볼 키스를 하고는 다시 또 거리를 두고 서서 응원을 보내기 시작했다. "그래, 잘하고 있어. 친구야. 힘내." 하는 응원의 목소리가 그 바디랭귀지에서 전해져왔다. 그러자 또 한 걸음, 물러섰다가 또 한 걸음. 한 걸음 전진, 두 걸음 후퇴. 연금술사가 개에게 걷는 방법을 알려주려는 듯이 그 개에게 다가가 걸어 나가는 동작을 반복해서 시연했다. 둘 사이에 오가는 대화가 느껴졌다. 그렇게 친구의 격려를 받으며 전진과 후퇴를 반복하던 아이는 30여 분 후 드디어 세상에 나왔다.

둘이 나란히 서서 하늘을 바라보던 모습이 지금도 기억에 생생하다. 그 개에게는 바람도, 풀밭도, 햇빛도, 걸음마도 모두 처음이었을 거다. 혼자라면 어려웠을지 모른다. 그러나 마음의 연금술사가 보여주는 행동을 관찰하고 모방하고 수용하면서 해낸 것이다. 우리가 사회적 지지를 받으며 어려움을 이겨내는 것과 같은 원리다.

간혹 '헬퍼독'이라며 개를 데리고 다니는 훈련사들을 볼 수 있다. 만약 그 개가 심신이 건강하고 주변을 편안하게 해주는 반려견이라면, 앞서 말했던 연금술사의 경우처럼 다른 개에게 도움을 줄 수 있다. 그러나 불안정하고 긴장된 개, 잘못된 훈련으로 좀비처럼 자기감정을 표현하지 못하는 개는 그 역할을 할 수 없다.

개의 언어를 모르는 사람들은 개가 앉거나 엎드려서 동상처럼 움직이지 않으면 훈련이 잘된 개라고 감탄한다. 그러나 개의 언어를 안다면 그 행동의 의미를 금방 구분할 수 있다. 심신이 건강하고 좋은 교육을 받은 개는 근육이 이완되고 편안하다. 차분히 자리에 앉아있으면서도 주변 사람들, 주변 반려견들과 눈인사를 하고, 공기에 실려 오는 냄새도 맡고, 감정을 표현하고 반응한다. 이것이 정상적이고 편안한 개의 행동이다. 감정 표현도 없고 주변과 소통하지도 않는 상태로 미동도 없이 앉아있다면 부적절한 훈련을 받았거나, 어떤 이유에서든 마음을 닫고 소통하지 않는 상태라는 것을 의미한다. 건강하지 못한 마음으로 다른 동물을 도울 수는 없다. 상대방에게 그 불안과 공포를 전달할 뿐이기 때문에 자신과 다른 개 모두에게 트라우마를 남길 수 있다. 반려견이 훈련사의 헬퍼독에게 공격당했다는 사례가 증가하고 있는 점 또한 우려스럽다.

모방은 바람직할 수도 있고 반사회적일 수도 있다.

사회적인 동물은 주변 환경에 민감하다. 혼자 하면 고된 일도 같이하면 효율이 올라간다. 잘 안되던 것도 무대에서 관객의 호응을 받으면 멋지게 해낸다. 방송에서 웃음소리를 삽입하거나 출연자들이 과장되게 웃는 것도 같은 맥락이다. 웃는 모습을 보면 시청자도 따라 웃는다. 옆에서 라면을 먹기 시작하면 "한 젓가락만 줄래?"로 시작해서 한 사발로 마무리한다. 반려동물도 마찬가지다. 다른 개가 짖으면 나도 짖고, 울면 같이 울고, 밥을 먹으면 경쟁적으로 더 빨리 먹는다. 사회적 동물이기 때문에 다른 동물의 행동에 동기 부여가 되거나 행동의 강도가 올라갈 수 있다.

혼자 남겨지면 반려견이 운다는 이유로 반려견을 한 마리 더 입양하려는 보호자들이 많다. 조용하고 차분한 아이의 행동을 울부짖는 아이가 따라 해 주면 좋으련만, 대부분의 경우 상황은 반대로 움직인다. 생각해 보면 일면 당연하다. 불안해하거나 고통스러워하는 누군가와 한 공간에 있으면서 마음의 평화를 느낀다면 이상한 것이다. 항상 말하지만, 한 마리 추가 입양은 두 배가 아니다. 이 공식을 반드시 기억하기를 바란다.

해결되지 못한 문제를 안은 반려동물 + 추가 입양 =
해결되지 못한 문제 X 2^n (2의 n승)

관찰을 통한 모방 학습은 주변을 통해 간접 경험한 것을 모방하는 것이기 때문에, 그 학습 내용이 바람직할 수도 있지만 반사회적일 수도 있다. 한동안 산책로의 실개천 주변에서 날카로운 작대로 물고기를 찔러대며 즐거워하는 청소년들이 자주 눈에 띄었다. 팔다리로 반려견을 밀치거나 막아서는 사람들이 지난 수년간 급증했다. 모두 모방 학습에 해당한다. 미국 가정의학 재단 AAFP는 미디어 폭력이 공격성과 폭력의 중요한 원인 요소라는 성명문을 발표했다. 미국 연방 통신 위원회 FCC도 2007년 TV 폭력 프로그램에 대한 보고서에서 미디어를 통해 폭력에 노출되면 아동의 공격적 행동이 증가할 수 있다는 '강력한 증거'가 있다고 언급했다.

반려견 스포츠를 가르칠 때 다른 개가 경기하는 모습을 지켜보게 하면 경쟁심을 유발해서 훈련이 쉬워진다고 말하며 개를 운동장 한가운데 묶어두는 훈련사들이 있다. 이것은 개에게 좌절, 분노, 공격성 등 부정적 행동을 유발할 수 있어 잠재적으로 위험하고 해롭다. 실력을 테스트해보고 싶은 준비된 운동선수에게는 대회가 집중력을 높이고 경기력을 향상하는 데 도움이 된다. 그러나 남에게 밀리고 싶지 않다는 스트레스와 불안을 안고 출전하는 대회는 반대로 작용한다. 동물도 마찬가지다. 스포츠가 즐거운 활동이라는 것을 배운 반려견은 자발적으로 더 좋은 성과를 내기 위해 노력한다. 이것은 건강한 경쟁심이다. 더 각성하고 집중해서 좋은 퍼포먼스를 낼 수 있다. 그러나 개가 프리스비를 하도록 만들기 위해 짜증과 분노를 유발하는 환경에 밀어 넣는 것은 전혀 다른 이야기다. 부정적인 감정 상태로 몰아넣어 만든 퍼포먼스는 과도한 스트레스를 유발하고 궁극적으로 불필요한 문제를 낳을 수 있다.

매 순간 배움은 진행 중이다. 잠재 학습 Latent Learning

심리학자 톨먼^{Edward C. Tolman}은 재미있는 실험을 했다. 그는 복잡한 미로를 만든 다음 쥐를 세 그룹으로 나누어 미로에 넣었다. 첫 번째 그룹의 쥐들은 출구를 찾아내는 즉시 매번 보상을 받았다. 두 번째 그룹의 쥐들은 10일간 아무 보상도 받지 못하다가 11일째부터 보상을 받았다. 세 번째 그룹의 쥐들은 17일간 아무 보상도 받지 못했다. 다음 문단을 보기 전에 잠시 책을 덮고 생각해보기를 바란다. 어느 그룹의 쥐들이 가장 빨리 출구를 찾았을까?

두 번째 그룹이었다. 보상받지 못하던 처음 10일간 두 번째 그룹 쥐들은 출구를 향해 달려가는 열의를 보이지 않았다. 그러나 11일 차에 보상이 주어지기 시작하자 누구보다 먼저 출구로 달려갔다. 과거에 행동주의자들은 실제 관찰할 수 있는 행동이 없다면 학습이 일어나지 않은 것으로 보았고, 학습에서 보상이 중요하다고 생각했다. 그렇다면 두 번째 그룹의 쥐들은 10일간 학습하지 못했다는 뜻이고, 매번 보상받은 첫 번째 그룹의 쥐들보다 학습 성과가 뒤처져야 맞다. 그러나 그렇지 않았다.

실제로 보상이 주어지지 않던 10일간 학습 성과가 확인되지 않았던 것은 사실이다. 그러나 두 번째 그룹의 쥐들이 출구로 나갈 방법을 몰랐던 것이 아니라 출구로 달려가야 할 이유가 없었던 것뿐이다. 11일 차부터 보상, 즉 행동의 동기가 생기자 그들은 다른 그룹보다 먼저 목표 지점에 도착했다. 이렇게 정리할 수 있다.

보상이 주어지지 않아도 학습은 진행된다. 잠재 학습$^{Latent\ Learning}$이다. 명백한 보상이나 강화 없이도 학습은 일어난다. 학습은 보상에 의해 좌우되는 수동적인 과정이 아니라 능동적인 인지 과정이다. 동물의 행동에 분명히 나타나지 않아도 적절한 동기와 상황이 주어지면 학습 결과가 드러난다.

우리는 일상에서 의식적 또는 무의식적으로 정보를 습득하고 저장한다. '오, 여기 베이커리가 있군. 맛있어 보이는걸.' 그렇지만 당장 베이커리에 들어가지는 않는다. 지금은 필요하지 않기 때문이다. 대신 머릿속에 정보를 저장해 둔다. 이렇게 우리가 저장해 둔 정보들을 인지 지도$^{Cognitive\ Map}$라고 한다. 경험과 환경에서 얻은 정보들을 저장한 머릿속 내비게이션이다. 동물들도 매 순간 인지 지도를 머릿속에 그리고 있다.

내 반려견들과 공원에 가던 길이었다. 길목 저 너머로 동네 난봉꾼 개가 보였다. 그 개의 존재를 확인한 내 반려견들이 잠시 멈칫하더니 옆길로 방향을 바꾸며 나에게 따라오라고 했다. 나는 한 번도 가본 적이 없는 샛길이었지만, 내 반려견들의 안내 덕분에 무사히 공원에 도착할 수 있었다. 낯선 그 길을 내 반려견들은 어떻게 알고 있었을까? 인지 지도다. 평소에 아무 생각 없이 보호자인 나를 따라 걸은 것이 아니라, 머릿속으로 지형과 지물을 확인하며 인지 지도를 그려왔다는 뜻이다. 이처럼 동물의 뇌는 끊임없이 움직이며 정보를 습득하고 정리하다가 필요한 타이밍이 오면 인출해서 사용한다.

나는 내 반려견들과 낯선 곳에 머물게 되면, 우선 반려견들에게 숙소를 구석구석 탐색할 시간을 준다. 그러면 아이들은 머릿속에 인지 지도를 그린다. 산책을 마치고 집에 돌아오면 내 반려견들은 발을 씻기 위해 욕실로 직행하는 습관을 갖고 있다. 숙소가 바뀌어도 내 반려견들은 산책을 끝내고 돌아오면 욕실로 곧장 들어간다. 숙소의 구조를 익혔기 때문이다.

매 순간 매초 배움은 진행 중이다. 사람도 동물도 마찬가지다. 지금 당장 행동을 시연하지 않는다고 해서 아무것도 배우지 않은 백지상태라고 말할 수 없다. 동물은 본능만을 따른다거나 보상이 주어져야 학습할 수 있다는 생각은 매우 구시대적이다. 동물은 사람이 주입하는 대로 따라오는 수동적 존재가 아니다. 그들은 능동적으로 학습하고 자율적, 창의적으로 행동한다. 당신은 아무것도 가르치지 않았다고 생각하겠지만 지금 이 순간에도 학습은 일어나고 있다.

아이들은 부모의 등을 보며 배우고 자란다는 말이 있다. 관찰자 시각에서 보면 행동하는 당사자가 미처 의식하지 못했던 디테일이 보인다. 더구나 같은 공간에서 호흡하고 생활하고 있다면 더욱 그럴 것이다. 부모가 하는 세세한 언행들을 아이들은 매분 매초 의식적으로 그리고 무의식적으로 습득하고 모방한다. 반려동물도 마찬가지다. 당장 명확히 드러나는 학습 결과가 없어도 반려동물의 뇌에서 의식적 또는 무의식적으로 학습은 진행형이다. 바람직한 것을 배울 수도 있지만 그렇지 않을 수도 있다.

반려동물의 행동은 어느 시점엔가 당신이 의도적으로 또는 의도치 않게 반려동물에게 가르쳐준 행동일 수 있다. 내 반려견들은 우는 사람을 보면 티슈를 뽑아서 무릎에 올려놓으며 두 팔로 안아주었는데, 그 행동은 내가 의도적으로 가르친 행동이 아니었다. 나와 내 반려견들에게는 산책 중에 공놀이를 즐기는 우리만의 아지트가 있었다. 먼 곳으로 이사한 후 수년간 가보지 못한 곳을 오랜만에 찾았을 때, 나의 반려견들은 쏜살처럼 달려가 덤불 속에 숨겨놓은 배구공을 꺼내와 온몸으로 춤을 추며 내 발 앞에 던졌다. "이거 봐, 아직 여기 있었어. 신난다. 그렇지?"라고 말이다. 공을 꺼내거나 덤불 속에 숨기는 것은 언제나 내 역할이었다. 그러나 아이들은 나의 행동을 관찰하고 저장해 두었다가 필요할 때 인출해서 행동을 실행했다.

반려동물 교육에서 잠재 학습을 효과적으로 활용하려면 어떻게 하면 될까? 반려동물이 좋은 경험을 통해 새로운 것을 배우고 탐색할 기회를 제공하면 된다. 다양한 경험과 배움의 기회를 제공하자. 단 한 번의 경험이 삶의 방향을 바꿀 수 있다. 경험의 횟수나 길이가 아니라, 하나하나 긍정적이고 건강한 경험을 쌓아가도록 도와야 한다.

나는 물을 두려워하는 반려견을 교육할 때 잠재 학습을 활용했다. 억지로 유도하면 부정적 영향을 줄 수 있다. 그래서 반려견에게는 수영의 '수' 자도 꺼내지 않았다. 대신 호수 근처에서 반려견 가족과 피크닉을 했다. 반려견은 신이 나서 소풍을 즐기면서 이따금 다른 개와 사람이 수영을 즐기는 모습을 관찰했다. 조금 지나자 호기심이 일어난 반려견은 물 가까이 다가가 냄새만 맡고는 깡충거리며 돌아왔다가, 다시 다가가 발을 살짝 담가보고 보호자에게 뛰어왔다. 나는 보호자에게 치어리더가 되어달라고 요청했다. 보호자는 "와, 멋지다. 발 담가보니까 어때? 재미있어?"라며 명랑한 목소리로 반려견의 시도를 응원해 주었다.

일주일 후 다시 방문하자 반려견은 마음의 준비가 되었는지 다른 개들과 합류하여 수영을 시작했다. 마치 이전에 해본 적이 있었던 것처럼 능숙하게. 수영을 해본 적이 없는 반려견이 어떻게 단번에 그럴 수 있었을까? 잠재 학습이다. 다른 개의 행동을 관찰하며 머릿속에 수영법을 저장해 두었기 때문에 가능하다.

반려동물에게 내적 동기가 될 수 있는 것이 무엇인지 관심 있게 바라보자. 그리고 언제나 강조하지만 긍정적이고 건강한 환경을 만들어주어야 한다. 좋은 보호자, 좋은 친구도 그 경험 중 하나다. 보호자는 반려동물이 다양한 경험에 노출되고 성취를 경험하도록 도와야 한다. 그 경험에서 얻은 정보가 상호 연결되어 반려동물의 사고와 행동의 폭을 넓힌다. 반려동물을 천재로 만드는 지름길이다.

강아지든 고양이든 사람이든
배움을 위해서는
변화를 만들기 위해서는

애정 어린 마음과 마인풀한 시선
두 가지 양념이 꼭 필요하다.

가족이 소중한 이유 중 하나는
그 두 가지 양념이 있는 곳이라는 사실.

CHAPTER 6.
당신의 스킬을 한층 끌어올릴 폴랑폴랑 메소드

요란한 바디랭귀지

반려동물에게 "앉아"라는 동작을 가르쳤는지 물으면 99.9%의 보호자가 그렇다고 답한다. 그런데 반려동물은 보호자의 말에 그다지 동의하지 않는 것 같다. 보호자에게 시연을 부탁했을 때 반려동물이 행동을 수행하는 비율이 높지 않은 것을 보면 말이다. 그나마도 보호자의 손에 간식이 없으면 반려동물이 앉지 않는다. 앉았다가도 자세를 유지하지 않고 스프링처럼 곧장 튀어 올라온다. "앉아"라는 동작을 이해하고 수행하는 것이 아니라, 간식을 좇아 움직이도록 조건화된 결과다.

내 교육에 참석했던 한 훈련사는 반려견에게 "앉아"를 가르쳤고 훈련이 완벽하다고 말했다. 나는 그에게 어떤 시그널을 사용하는지 질문했다. 그는 "앉아"라는 음성 시그널과 주먹을 쥐어서 가슴에 올리는 동작 시그널을 사용한다고 했다. 나는 그에게 음성 시그널만 사용해서 반려견에게 "앉아"를 요청하는 시연을 부탁했다. 훈련사는 "이렇게 기초적인 훈련 말고 난도가 있는 것을 배우고 싶은데요."라며 못마땅해했다. "워밍업이니까요. 간단하게 하고 넘어갈게요."

그는 반려견에게 "앉아"라고 음성으로 요청했다. 그러나 그의 반려견은 그의 말에 응하지 않았다. 그는 "앉아"라는 말을 반복했지만, 결과는 마찬가지였다. 나는 "이번에는 동작 시그널만 사용해볼까요?"하고 다시 부탁했다. 결과는 마찬가지였다. 그의 반려견은 앉지 않았다. 나는 "이번에는 음성과 동작 시그널 두 가지를 모두 사용해볼까요?"하고 요청했다. 그러나 이번에도 결과는 마찬가지였다. 몇 차례의 시도 끝에 드디어 그의 반려견은 앉았지만, 스프링처럼 튀어 오르며 일어났다.

나는 그에게 "반려견이 이해하고 있는 시그널이 무엇인지 느끼셨나요?"라고 물었다. 그는 어리둥절하다는 표정을 지었다. "그러면 제가 말하는 대로 한번 해보시겠어요? 반려견에게 앉으라고 말할 때 허리와 어깨는 구부정하게, 무릎을 굽히고, 동시에 손을 움켜쥐고 가슴 근처에서 몇 차례 흔들어보세요. 미간에는 주름을 잡고 입가에 힘을 주고 소리를 내면서요." 그가 반신반의하면서 내 설명대로 제스처를 취하자 그의 반려견은 자리에 앉았다. 즉, 그가 의도한 시그널과 그가 실제로 반려견에게 전달한 시그널이 다르다는 뜻이다. 나는 이것을 '요란한 바디랭귀지'라고 부른다. 여기에 해당하지 않는 사람이 드물다고 말할 수 있을 만큼 만연한 모습이다.

"지금 하신 모든 행동이 반려견에게는 앉으라는 시그널이에요. 반려견이 앉았다가 스프링처럼 벌떡 일어나는 것도 명확하게 이해하고 하는 행동이 아니라 간식을 좇아서, 번잡한 시그널을 보고 추정하면서 앉기 때문이에요. 난도 있는 훈련을 다루기 전에 요란한 바디랭귀지부터 정리하고 갑시다."

가르치는 사람의 바디랭귀지가 요란하면, 물건이 가득 들어찬 창고에서 반지를 찾아내는 것만큼 배우는 반려동물은 괴롭다. 바디랭귀지가 요란한 사람에게 배울 때 반려동물의 신체적, 정신적 에너지는 금세 고갈되고 짜증과 분노가 상승한다.

나는 교육을 할 때마다 "여러분의 바디랭귀지를 간결하고 명료하게 다 듬어가야 합니다. 번잡한 가지를 쳐내고 하나의 메시지만 남기세요."라고 요청한다. 실력이 높은 트레이너일수록 행동은 단순하고 명확하며 군더더기가 없다. 반려동물이 이해하기 쉬운 만큼 행동 성과도 더 빠르고 정확하게 나온다. 반려동물을 가르치기 전에 반드시 갖춰야 하는 세 가지 요소인 올바른 타이밍, 명확성, 일관성을 향상하기 위해서도 바디랭귀지를 다듬어내는 작업은 중요하다.

말 못 하는 동물? 천만에.
사람이 말을 못 알아듣는 동물일 뿐.

반려동물 교육에서 항상 명심해야 하는 것

> *"방법은 백만 가지가 넘는다. 그러나 원리는 몇 가지에 불과하다.*
> *원리를 내 것으로 만든 사람은 성공적으로 자신만의 방법을 선택할 수 있다.*
> *원리는 무시하고 방법만 찾으려는 사람은 문제에 봉착할 수밖에 없다."*
>
> 해링턴 에머슨^{Harrington Emerson}

나는 마인풀한 교육을 강조한다. 반려동물 훈련 또는 교육에서 항상 명심해야 하는 것이 있다.

첫째. 반려동물과 항상 연결되어 있어야 한다.

나는 "교육 중에 다른 생각을 할 시간은 없습니다. 반려동물에게 온전히 집중하세요."라고 말한다. <u>반려동물과 함께일 때는 항상 반려동물의 생각과 감정에 주파수를 맞추고 있어야 한다. 이것이 내가 말하는 '연결'이다.</u> 반려동물이 긍정적이고 즐거운 자세로 함께 하고 있는지 지속해서 체크해야 한다. 언제든 반려동물이 불편함이나 스트레스를 표현한다면, 또는 좌절감을 느끼거나 흥미를 잃는 모습이 보이면 지체 없이 중단한다.

둘째, 숨을 쉬어야 한다. 자신과 반려동물의 호흡을 계속 체크해라.

심호흡하라는 뜻이 아니다. 심호흡은 역효과를 불러온다. 말 그대로 멈춘 호흡을 재개하라는 뜻이다. 내가 "숨 쉬세요."라고 말하면 보호자는 그제야 자신이 숨을 참고 있다는 사실을 깨닫고 놀란다. 사람과 반려동물 모두 긴장하면 무의식적으로 호흡을 참거나 얕게 호흡한다. 이때 스트레스 호르몬도 증가한다. 반려동물은 우리의 미세한 호르몬 변화, 호흡과 체온, 심장 박동 같은 바이털 변화, 아주 작은 바디랭귀지의 변화까지 읽어내는 CSI 요원이다. 보호자가 긴장하거나 스트레스를 받으면 반려동물도 긴장하고 위축된다. 스트레스 상황에서는 학습이 어렵다. 보호자는 자신과 반려동물의 호흡이 편안하고 이완된 상태인지 지속해서 '마인풀하게' 체크해야 한다.

셋째. 교육은 언제나 즐거워야 한다.

배우는 반려동물이나 가르치는 사람 모두 즐거운 상태를 유지해야 한다. 훈련은 5분 단위로 해야 한다고 말하는 사람들이 있다고 하는데 그렇지 않다. 행동의 한 단락을 완성하는 데는 일반적으로 몇 분 걸리지 않는다. 5분도 길다. 그 이상 지연되면 반려동물이나 가르치는 사람이나 집중하기 어렵고, 상호 소통이 잘되지 않고 있다는 의미일 수 있다. 단 10초라고 해도 반려동물이 관심을 잃거나 피곤함을 느끼는 시점까지 지속하지 않는다. 가정에서는 일과 중 수시로 반려동물을 가르칠 수 있기 때문에, 수분 이내의 작은 단위로 쪼개서 여러 차례 가르치는 것이 효과적이다. 공식적 교육은 일반적으로 50분 내외로 진행한다. 동작 하나만 배우고 끝나는 수업은 없고, 작은 단위의 여러 행동이 나열된 것이기 때문에 반려동물이 배우는 것을 즐거워하는 한 무리가 없다. 만약 교육 중 반려동물이나 보호자가 피로를 느낀다면 교육자에게 알리고 휴식을 갖도록 한다.

넷째. 성공으로 마무리한다.

많은 보호자가 마음처럼 잘 안되거나 스트레스를 받을 때, 즉 자신이 그만하고 싶을 때 반려동물과 하던 것을 중단한다. 그러나 반려동물 교육은 반려동물이 잘 해냈을 때 마무리하는 것이 좋다. 반려동물이 '잘 모르겠어, 못하겠어.'라는 좌절감이나 혼란을 느끼는 상태에서 종료하지 않는다. 생각처럼 진행이 되지 않거나 지나치게 시간이 길어지는 경우에는 반려동물이 잘 해내는 수준으로 단계를 내려서 성공하도록 만들어 즐겁고 낙관적인 분위기에서 마무리하는 것이 좋다.

다섯째. 반려동물에게 실수할 기회를 주지 않는다.

즉, 반려동물이 성공할 수밖에 없도록 세팅한다. 반려동물이 절대 실수하지 않을 만한 크기의 작은 단위로 나누어서 가르친다. 그리고 언제든 보상할 타이밍을 놓치지 않는 것이 성공의 비결이다. 만약 실수했다면 이전 단계로 돌아가서 반려동물이 혼란을 느끼지 않도록 충분히 시간을 가지도록 하고, 다시 시도할 때는 단계를 더 작게 나눈다.

여섯째. 반려동물이 도중에 자리를 이탈하면 의사를 존중한다.

보호자나 훈련사의 메시지가 불분명하면 영리한 아이들은 "네 머릿속부터 정리하고 다시 와."라면서 자리를 털고 일어난다. 반려동물 말이 옳다. 만약 중간에 반려동물이 자리에서 일어나거나 관심을 돌린다면 쉬도록 한다. 보호자가 어떤 행동을 원하는지 이해하지 못한 것일 수도 있고, 보호자가 성급하게 단계를 올리려고 했을 가능성도 있다. 잠시 쉬면서 전열을 가다듬고, 반려동물이 다시 관심을 보이면 성공했던 단계부터 다시 시작한다. 보호자가 단계 조절에 서툴다면 단계를 좀 더 세분화하는 것이 도움이 될 수 있다.

자리를 이탈하는 이유가 반려동물이 나름대로 다른 방법을 찾는 중일 때도 있다. 보호자들은 흔히 이 행동을 "딴청 부린다."라고 표현하지만, 사실은 딴청이 아니라 생각하는 과정이다. 이때 학습이 일어난다. 이럴 때는 반려동물이 충분히 고민하고 답을 찾도록 기다려주어야 한다.

일곱째. "아, 안돼, 노, 쯧, 츳" 과 같은 말은 사용하지 않고 할 필요도 없다.

부정적인 말 또는 부정적인 제스처는 반려동물이 시도하는 자제를 두려워하게 만든다. 계속 말하지만, 반려동물은 CSI 요원이다. 당신이 아무 말을 하지 않아도 바디랭귀지와 바이털 변화로 반려동물은 이미 분위기를 감지하고 위축된다. 거기에 더해 부정적인 말, 인상, 제스처를 취한다면 반려동물은 스스로 생각하거나 행동하지 않는다. 혼나지 않으려고 또는 간식만을 위해 움직이는 동물을 원한다면 상관없다. 그러나 반려동물과 배우는 즐거움을 누리고 싶다면 이것은 절대 금물이다.

내가 하는 모든 교육은 반려동물이 스스로 생각하고 시도하고 답을 찾도록 돕는 것을 목표로 한다. **나는 반려동물이 모든 아이디어를 총동원해서 다양한 방법을 시도하고 그 과정을 즐거워하기를 바란다.** 그것이 가장 효과적이고 빠르며 즐거운 교육 방법이기 때문이다. 반려동물이 능동적으로 참여하고 시도하도록 하려면, "내가 생각한 답이 아니어도 괜찮아, 마음껏 시도해 봐."라고 격려해야 한다.

여덟째. 공복에는 배울 수 없다.

간식에 집중하도록 만들기 위해 일부러 훈련 전에는 반려동물에게 식사를 주지 않는다는 사람들이 있다. 이것은 잘못된 생각이다. 미국과 프랑스의 두 학자가 공복 상태인 개와 아침 식사를 한 개 중에 어느 쪽이 더 숨겨둔 음식을 잘 찾아내는지 실험했다. 그 결과 아침 식사 후 30분이 지난 개가 공복 상태인 개들보다 훨씬 더 정확하게 음식을 찾아냈다. 두뇌를 활성화하기 위해서는 에너지가 필요하고, 식사해야 뇌에 에너지가 공급되어 학습을 도와준다. 개는 약 12시간 간격으로 매일 적어도 두 끼 이상 식사를 해야 한다. 훈련 또는 교육은 간식으로 반려동물을 유인하는 것이 아니다. 간식을 갈망하도록 만들어서 훈련 성과를 높일 것이 아니라, 그 시간에 자신의 트레이닝 스킬을 다듬는 편이 효과적이다.

반려동물 교육의 3요소

반려동물 교육에서 반드시 필요한 세 가지 요소가 있다.

명확성

메시지는 명확해야 한다. 나는 **시그널 1 = 행동 1**이라고 가르친다.

반려동물은 바디랭귀지를 보고 보호자의 의사를 이해한다. 가르치는 사람의 '요란한 바디랭귀지'는 반려동물 입장에서 "우회전, 아 아니, 좌회전, 아니다. 유턴이던가?"라고 말을 바꾸는 내비게이션이나 마찬가지다. 메시지가 불분명하면 반려동물이 혼란을 느끼고 흥미를 잃을 수 있다. 반려동물에게 시도하기 전에 반드시 자신의 동작부터 간결하고 명확해야 정리해야 한다는 사실을 기억하자.

타이밍

훈련에 더 효과적인 간식을 찾아 헤매는 분들이 많다. 그러나 보상보다 훨씬 더 중요한 것이 타이밍이다. 교육의 99%는 타이밍이 좌우한다.

타이밍 스킬이 부족한 사람에게 배우는 반려동물의 심정은 뭐랄까… 그 순간에는 반응이 없다가 30초 후에 웃는 관객 앞에서 스탠딩 코미디를 하는 기분과 비슷할 거다.

가르치는 사람이 반려동물의 바디랭귀지에 서툴거나, 단계를 올리거나 내리는 판단력 등 타이밍 스킬이 서툴면 교육 성과가 떨어지거나 동작이 부정확해지기 쉽고, 반려동물의 성취 및 학습 의욕이 저하될 수 있다.

일관성

언제나 일관성을 유지해야 한다. 기분에 따라 달라지는 보호자의 일관성 없는 태도는 반려동물의 부적절한 행동을 강화하는 데 효과적이며 어떤 의미에서 체벌보다 나쁘다.

내 반려견들과 하이킹을 하던 중에 있었던 일이다. 길목에서 쉬고 있던 분들이 내 반려견들에게 피자와 고기를 내밀었다. 그런데 전혀 관심을 주지 않자 "어떻게 개들이 음식에 관심을 안 보일 수가 있어요?"라고 물었다. 간단하다. 그런 행동을 해본 적이 없기 때문이다. 모든 상황에서 아이들이 지켜야 할 가율을 신중하게 선택하고 일관성 있게 유지해야 한다.

실력을 빠르게 향상하는 가장 효과적인 방법은 전문가에게 반복해서 행동을 수정받는 것이다. 반려동물 교육법을 배울 때는 우선 사람을 대상으로 연습하면서 타이밍, 명확성, 일관성을 다듬고 피드백을 받는 것이 좋다. 준비되면 우선 자신의 반려동물에게 '트릭' 즉 간단하고 재미있는 동작을 가르치는 간단한 훈련부터 시작한다. 잘 되면 기본적인 명령어, 그다음에 조금 더 난도가 있는 동작을 가르쳐본다. 충분히 준비가 되면 가까운 지인의 반려동물들에게 트릭을 가르치는 단계로 넘어간다. 내 반려동물을 가르칠 때와는 전혀 다를 것이다.

이론과 스킬을 충분히 숙지하기 전에는 동물을 대상으로 훈련하지 않는다. 더더구나 배우는 단계에서 다른 사람의 개나 고양이에게 실습하는 일은 절대 있을 수 없다. 그것은 무면허 운전과 마찬가지이며 비윤리적인 행동이다. 반려동물은 당신의 연습용 인형이 아니다. 동물보호소의 동물을 대상으로 훈련 연습을 하는 사람들이 있는데, **보호자가 없는 아이들이라고 해서 함부로 연습의 대상으로 삼으면 안 된다.**

새로운 행동 학습을 위한 필수 요건

새로운 행동 습득에 반드시 필요한 요건으로 나는 다섯 가지를 꼽는다. 줄여서 '모스트캐퍼빌리티 MOSTCAPABILITY'라고 한다.

Motivation 동기 부여
Stimulus 행동을 유발하는 자극
Timing 타이밍
Criteria 기준
Capability 능력

Motivation 동기 부여
새로운 행동을 배우거나 행동을 변화하려면 그만한 동기가 있어야 한다. 행동은 반려동물의 감정과 욕구에 부합하는 것이어야 하고 동물이 참여하고자 하는 의지 여부가 학습에서 중요하다. 보호자와 나란히 걷는 행동을 배운다고 해보자. 나란히 걷지 않으면 불쾌한 일이 일어나기 때문에 마지못해 걷는다면 그 행동은 자발적으로 지속되기 어렵다. 그러나 보호자와 눈을 맞추며 나란히 걷는 일이 반려동물에게 즐겁고 재미있는 일이라면 반려동물은 자발적으로 그 행동을 지속할 것이다.

Stimulus 행동을 유발하는 자극

말 그대로 행동을 유발하는 자극이 있어야 한다. 냄새나 풍경, 산책할 때 느끼는 해방감 등 감각적 경험도 행동을 유발하는 자극에 포함된다. 행동을 유발하는 자극은 동물마다 다를 수 있다.

Timing 타이밍

교육에는 타이밍이 있다. 동기 부여가 일어나는 최적의 타이밍은 동물마다, 케이스마다 다르다. 반려동물 교육에서 타이밍은 절대적이다. 반려동물이 행동을 수행하면 즉시 그 행동을 강화하거나 결과를 알려주어야 한다. 반려동물과 사람은 바디랭귀지로 대화하고 있다는 사실을 기억해야 한다. 타이밍이 늦거나 빠른 경우, 또는 오락가락하는 경우에는 반려동물이 보호자가 원하는 것을 정확히 이해하기 어렵기 때문에 배우는 데 시간이 더 오래 걸리거나 동작이 부정확해질 수 있다.

Criteria 기준

명확한 행동의 기준을 정하고 반려동물이 이해할 수 있게 전달해야 한다. 반려동물에게 행동을 요구할 때는 각자에게 최적화된 기준을 요구해야 한다. 일반적으로 기준의 80%가 달성되면 반려동물의 상태를 확인하면서 다음 단계로 올라간다. 그리고 반려동물이 습득해 가는 속도에 맞추어 적절하게 조정하면서 기준을 높이거나 내린다.

Capability 능력

행동을 수행할 수 있는 신체적, 인지적 능력이 있어야 한다. 개에게 두 발로 서서 뒷짐 지고 걸으라고 요구할 수 없다. 시니어견에게 보호자를 따라 달리라고 요구할 수 없다. 반려동물에게 행동을 요청할 때는 해당 동물이 신체적, 인지적으로 가능한 범위에서 요구해야 한다.

모스트캐퍼빌리티는 동물마다 다르다. 정확한 타이밍에 정확한 솔루션으로 행동을 조각하고 싶다면, 각각의 동물을 마인풀한 시선으로 바라보는 습관을 가져야 한다.

일상의 보상

보상에 등급이 있다고 말하는 분들이 있다. 교육 참석자 중에 건사료 알갱이와 잘게 자른 육포를 보상으로 사용하는 훈련사들이 있었다. 이유를 물으니 간단한 행동을 가르칠 때는 등급이 낮은 강화물을 사용해야 하기 때문이라고 했다. 한우가 닭고기보다 비싸니까 더 강력한 강화물이라고도 했다. 모두 근거 없는 주장이다. 입안에 밥 한 숟가락 넣어준다고 그것을 칭찬으로 여길 사람은 없다. 따라서 건사료 알갱이는 보상이 아니며 교육에 사용하지 않는다. 훈련이나 교육에서는 반려동물이 동작하면서 음식을 삼킨다. 따라서 잘게 자른 육포나 건사료는 기도에 걸릴 수 있어 위험하다. 한우와 닭고기 중 어느 쪽이 더 가격이 높은지는 개나 고양이가 알 바 아니다.

훈련, 즉 반려동물에게 동작을 가르칠 때는 반려동물이 가장 좋아하는 것을 보상으로 사용하는 것이 기본이다. 먹는 것을 좋아하는 아이라면 좋아하는 간식을 준비하면 된다. 맛있는 음식은 동물 대부분에게 좋은 보상이 된다. 훈련할 때 사용하는 간식은 입에 넣으면 사르르 녹아서 꿀떡 넘어가는 깃이어야 한다. 먹는 일에 집중하는 시간이 아니기 때문에 씹어먹어야 하는 음식은 사용하지 않는다. 무염으로 삶은 닭고기나 간, 삶은 당근, 치즈 등을 깍두기 모양으로 썰어서 사용하면 먹는 아이와 사용하는 보호자 모두 편하다. 바나나 같은 과일 또는 반려동물이 좋아하는 야채를 사용해도 된다. 천연 땅콩버터를 튜브에 담아서 사용해도 좋다. 책에서 설명할 때는 기본적으로 먹는 것으로 설명하겠지만, 먹는 것에 별로 관심이 없는 아이라면 그 아이가 좋아하는 것으로 사용하면 된다. 장난감을 좋아하는 아이에게는 장난감으로, 나뭇가지를 좋아하면 나뭇가지로, 무엇이든 배우는 동물이 좋아하는 것으로 칭찬하면 된다.

폴랑폴랑에서는 교육에서 사용하는 음식을 '냠냠'이라고 부른다. 그러나 이 책에서는 '간식' 또는 '냠냠'으로 적었다.

일상의 보상

사람을 포함하여 모든 동물에게 보상받는 것은 기분 좋은 일이고 보상받은 일은 지속하려는 경향이 있다. 당신은 평소에 자신에게 무엇으로 보상을 주나? 어떤 것이 효과적인 보상인지는 같은 보상이라고 해도 교육 대상에 따라, 상황에 따라 다르다. **보상은 '받아들이는 쪽에서 보상으로 받아들일 때' 보상의 의미가 있다.**

예를 들어 온종일 달콤한 케이크를 여러 조각 먹으며 지내다 집에 돌아온 나에게 수고했다며 케이크를 한 조각 내민다면 그 케이크는 나에게 보상이 되지 않는다. 아무리 케이크가 좋아도 오늘은 더는 무리인걸. 명품 핸드백이 기저귀 가방으로 보이는 나에게 그것을 선물로 준다면 그것은 나에게 보상이 되지 않는다. 기분이 좋지도 않다. 넣어둘 기저귀도 없는걸. 좋아하고 존경하는 누군가가 나를 칭찬해 주고 격려해 준다면 큰 보상이지만, 달갑지 않은 누군가의 칭찬이나 관심은 의미가 없다. 오히려 불쾌할 수 있다.

우리 강아지와 고양이는 먹을 것만 있으면 무엇이든지 하는 기계도 바보도 아니다. 아무리 먹을 것을 좋아한다고 해도 간식이 언제나 반려동물의 행동에 보상으로 작용하지는 않는다. 예를 들어, 좋아하지 않는 사람이 다가와 쓰다듬거나 칭찬해 주는 것은 보상이 아니라 불쾌한 일이다. 보호자라고 해도 마찬가지이다. 관계가 좋지 않은 경우에는 반려동물에게 당신의 칭찬이나 손길이 보상으로 느껴지지 않는다.

강아지나 고양이의 행동을 바꿀 때 가장 크고 의미 있는 보상, 장기간 지속되는 보상은 '일상의 보상'이다. '일상의 보상'은 내가 만든 용어다. 영어권에서는 라이프 리워드$^{Life\ Reward}$라는 용어가 비슷한 개념이다. 일상의 보상은 아이에 따라, 그때그때의 상황에 따라 다르게 적용된다. 그래서 정확히 이해하고 적용하려면 우선 동물 행동을 이해해야 한다.

보호소에서 구조된 아이로 태어나서 한 번도 교육받아본 적이 없는 반려견 교육 사례를 예로 들겠다.[18] 이 반려견은 '앉아'라는 단어도 배운 적이 없다. 산책을 한번 나가려면 보호자가 체력적으로 감당하기 힘든 상황이었기 때문에, 이날의 교육 목표는 반려견이 차분하게 하네스를 착용하고 우아하게 산책을 나설 수 있게 가르치는 것이었다. 실제 반려견 교육 시간은 총 2분 정도가 걸렸다. 이 교육에서 반려견에게 '앉아'와 같은 명령어는 가르치지도 사용하지도 않았다. 그러나 보호자가 문을 나설 때까지 반려견은 문 앞에 차분하게 앉아서 보호자를 바라보며 기다렸다. 이 상황에서 반려견에게 가장 큰 보상은 무엇일까? 산책하러 나가는 것이다. 이것이 일상의 보상이다.

산책이 절실한 아이의 입에 간식을 들이붓고 쓰다듬고 칭찬해도, 그것은 그 아이에게 전혀 보상이 되지 않는다. 오히려 그런 행동들이 반려동물을 짜증 많은 아이로 만든다.

---

18 [폴랑폴랑] 강아지 산책 매너 가르치기 2014년 12월 14일 https://www.youtube.com/watch?v=8IQJd_axOx4

워터파크 들어갈 생각에 신이 난 아이를 붙들고 밥을 먹이는 것과 같다. 어떤 보상이 내 반려동물에게 일상의 보상이 될지 알고 싶다면 동물의 이야기에 귀 기울여야 한다. 그것이 내가 강조하는 마인풀한 교육이다.

'훈련'이라는 이름으로 간식을 이리저리 휘두르는 교실에서 참석한 반려견들의 스트레스와 울분이 고조되는 모습을 목격하곤 한다. 그 모습을 반려견이 신이 난 모습이라고 오해하는 경우도 자주 본다. 그렇게 훈련받은 반려견들은 매너 없고 산만한 이웃, 같이 살기 힘든 동물이 된다. 동일하게 간식이라는 보상을 사용해도 동물의 언어를 알고 했을 때와 그렇지 않을 때의 결과는 전혀 다르다. 사소해 보이는 차이가 전혀 다른 결과, 다른 의미를 가져온다.

그보다 더 중요한 것이 있다. 동물들은 오로지 보상에 따라 움직이는 생명이 아니라는 사실이다. 영국, 오스트리아, 독일 연구진은 고핀 앵무새[Goffin's Cockatoo 19]를 대상으로 퍼즐 박스 연구를 진행했다. 퍼즐 박스는 다섯 단계의 자물쇠를 풀어야 열 수 있도록 설계되었다. 퍼즐 박스 안에 들어있는 견과류를 먹으려면 앵무는 자물쇠의 핀 제거하기, 나사 풀기, 볼트 풀기, 자물쇠 90도 회전시키기, 걸쇠 당겨 빼내기라는 다섯 단계의 과제를 모두 완수해야 한다. 동물은 보상에 따라 행동하는 존재라는 명제가 사실이라면 앵무새는 자물쇠 하나를 풀 때마다 보상받았어야 한다. 동물이 답을 알려주어야 학습할 수 있는 존재라면 앵무새가 자물쇠를 열 수 있도록 단계적으로 행동을 만들었어야 한다. 그러나 그렇지 않았다.

당신은 아무 보상도 주어지지 않는 일에 두 시간 동안 몰두해 본 경험이 있나? 놀랍게도 실험에 참여한 앵무 중 한 마리는 누구의 도움도 받지 않고 리허설이나 사전 훈련도 없이 두 시간 만에 이 퍼즐을 풀었다. 나머지 앵무도 성공했다. 다른 앵무새들이 퍼즐을 푸는 과정을 본 후에 성공

---

19 조류학자 Émile Goffin의 이름에서 명명. '흰 이마 유황 앵무'로 번역되고 있다.

한 앵무새도 있었고, 몇 차례의 시행착오를 거쳐 성공한 앵무새도 있었다. 퍼즐을 좀 더 쉽게 풀기 위해 도구를 만들어오는 앵무새도 있었다. 퍼즐의 순서를 바꿔도 문제를 해결했다. 한번 방법을 알고 나면 완벽히 터득했고, 경험을 통해 터득한 방법을 다른 조건에서도 응용하여 사용했다. 이것은 고핀 앵무새가 각 단계의 연관성과 최종 목표를 정확히 이해하고 있다는 것을 의미한다. 앵무새는 보상이 주어지지 않는 상황에도 호기심과 탐구심으로 문제 해결에 도전했다. 문제를 해결하는 과정에서 서로의 행동을 보며 상호 학습하고 도움을 주고받았다. 고핀 앵무새는 유연한 사고와 뛰어난 문제 해결 능력을 증명했다.

잭팟은 없다.

도박이나 복권으로 대박을 터뜨리는 순간을 잭팟[Jackpot 20]이라고 한다. 반려동물 훈련에서 잭팟은 한 개인이 주장하기 시작한 것으로 잭팟, 잭팟 타임, 간식 파티 등으로 불린다. 반려동물이 쉽게 하지 않는 행동을 처음 수행했을 때 한 번에 우발적으로 많은 간식을 주면 강력하게 행동을 강화할 수 있다는 주장이다.

이것은 과학적 이론이나 증거를 근거로 한 주장이 아니었다. 그러나 너무나 많은 사람이 이것을 복제해서 전파했기 때문에 사실을 검증하기 위한 연구가 다수 진행되었다. 그 결과, 잭팟은 효과가 없으며 그 주장의 근거를 확인할 수 없다는 공통의 결론에 이르렀다. 문제를 제기하는 사람들이 늘어나자 처음 잭팟을 주장했던 곳에서 이 개념에 대해 추가적인 설명을 내놓기도 했지만, 오히려 개념이 모호하고 일관성이 없어 혼란만 가중했다고 평가된다. 여러 전문 훈련사들은 잭팟을 훈련에 적용해 본 결과, 시간 손실이 크고 반려동물의 반응이 저하되는 반면 훈련 효과는 의문이리고 언급했다.

---

20 규범 표기는 '잭폿'이다.

오염된 단어[21]

나는 보호자들에게 "오염된 단어를 사용하지 마라." 또는 "단어를 오염시키지 마라."는 이야기를 자주 한다. '오염된 단어'란 한마디로 부모님의 잔소리 같은 것이다. 아무리 열심히 외쳐도 상대방에게 전달되지 않는 단어들을 나는 오염된 단어라고 부른다. 잘못된 의미 또는 잘못된 방법으로 사용되어서 더 이상 사용할 수 없게 된 단어들도 오염된 단어에 해당한다. 흔한 예를 몇 가지 들어보자.

1. 습관적으로 반복해서 부르는 이름

보호소에 있는 동안 개와 고양이는 수시로 이름을 불린다. 정확한 의사소통 없이 불특정 다수가 오가며 그들의 이름을 부르기 때문에, 이름이 불려도 그 이름의 주인공인 개나 고양이가 자신의 이름에 주의를 기울이지 않는다. 따라서 그 이름은 아무 의미가 없고 더 이상 사용할 수 없는 오염된 단어가 된다. 그래서 나는 보호소에서 반려동물을 입양하는 보호자에게 입양 후 이름을 바꾸라고 권한다.

보호자 중에도 습관적으로 반려동물의 이름을 반복해서 부르는 분들이

---

21 [폴랑폴랑] 오염된 단어, 일상의 보상 2016년 3월 26일 https://blog.naver.com/animalmind/220665982861

적지 않다. 특히 명령어 앞에 끊임없이 이름을 반복해서 붙이는 분들이 많다. "토토야 앉아, 토토 앉아, 토토야 토토 앉으라고."

반려동물은 그 이름이 얼마나 듣기 싫을까? 만약 이름이 불려도 반려동물이 반응이 없고 무관심하다면, 내가 습관적으로 이름을 부르고 있지는 않은지 돌아보는 것이 좋다. 애초에 커뮤니케이션하기 위해 이름을 부르는 것 아닌가? '내가 너의 이름을 불렀을 때 너는 꽃이 되는 것' 그렇게 특별한 것이 이름이다. 이름을 불렀을 때는 분명한 이유가 있어야 한다.

2. 습관적으로 반복하는 "안돼, 앉아, 엎드려, 이리 와……"

아무리 좋은 말이라도 반복해서 들으면 지긋지긋하기 마련이다. 고장난 테이프처럼 시도 때도 없이 반복되던 잔소리가 얼마나 지긋지긋했는지 기억하나? 우리의 강아지와 고양이도 마찬가지다. 아무리 유용한 단어, 아무리 좋은 말이라고 해도 반복적으로 말하면 그 말을 듣지 않고 흘려버린다. 그 순간부터 그 말은 해도 소용없는 말, 즉 오염된 단어가 되고 만다. 따라서 더 이상 그 단어는 사용할 수 없다.

요청해도 듣지 않으니까 반복해서 말하는 것이라고 항변하고 싶겠지만 그렇지 않다. "앉아, 앉아, 앉아×100" 하니까 듣지 않는다고 말하는 편이 더 정확하다. 생각하고 반응할 시간도 주지 않고 계속 단어를 반복하는 것은 "내 말에 귀 기울이지 않아도 좋다."라고 가르치는 것과 마찬가지다. 반려동물이 당신의 말을 듣고 생각하고 반응할 시간을 주어라.

3. 잘못된 의미로 사용된 단어

단어나 행동을 가르치는 목적을 정확히 이해하지 못하고 부정확한 방법으로 훈련에 사용한 경우다. 예를 들면 내가 하는 릴랙스 교육의 원래 명칭은 매트 교육이었다. 이 교육은 일정 공간 인에서 반려동물이 안전히 릴랙스 상태로 평온하게 지내도록 가르치는 교육이다. 그런데 어느 순간부터 여러 곳에서 매트 교육이 전혀 다른 훈련으로 변질하였다. 이리저리 간식을 던지며 매트 위에 올라가게 하는 훈련을 받은 후 단 몇 분도 차분히 있지 못하고 불안해하는 반려견들이 적지 않다. 이처럼 잘못된 의미로 훈련한 보호자와 반려동물에게는 더 이상 "매트"라는 단어를 사용할 수 없다. 오염된 단어이기 때문이다.

크레이트 트레이닝, 바디 블로킹, 아이컨택 등도 마찬가지다. 크레이트를 들락날락거리는 괴상한 훈련을 받은 반려견에게 크레이트는 더 이상 본래의 역할을 하지 못한다. 개의 몸을 밀치는 비인도적 행동을 하면서 그것에 바디 블로킹이라는 용어를 붙이는 사람들도 있다. 모두 오염된 단어다. 오염된 단어로는 커뮤니케이션할 수 없다.

이처럼 자료를 도용하거나 오염시키는 사례가 늘어나면서 나는 자료 공개를 중단했다. 출처를 정확히 밝히고 올바르게 자료를 공유한다면 얼마든지 정보를 나누고 도움이 되고 싶다. 그러나 무단 도용과 복제가 반복되면 오염된 단어와 잘못된 지식을 늘리는 일에 불과하므로 그런 노력이 모두 물거품이 된다.

내용을 완벽히 아는 사람은 저작자이고, 전달 과정에서는 항상 누수와 왜곡이 일어난다. 오염된 단어와 잘못된 지식이 확산하는 일을 예방하려면 저작자를 명시해야 한다. 그래야 필요한 경우 저작자에게 정확한 내용을 확인할 수 있다. 잘못된 반려동물 정보가 난무하는 시점에 지식의 출처를 정확히 알리고 올바른 내용을 공유하여 반려동물뿐 아니라 모든 면에서 성숙한 반려인의 모습을 보여주기 바란다. 그것이 반려동물 문화를 선진화시키고 올바른 정보로 반려동물을 돕는 길이다.

"기다려"라는 말이 왜 필요하지?

"앉아"라는 요청을 받으면 반려동물은 자리에 앉아서 다음 이야기를 기다리거나 상황에 맞는 행동을 한다. 따라서 "앉아" 또는 "엎드려"처럼 지속성 있는 행동을 가르칠 때는 그 행동을 해제하는 단어가 존재하는 것이 정상이다. 그런데 내가 교육 참석자들에게 "동작을 해제할 때 어떤 단어를 사용하세요? 반려견에게 앉으라고 한 다음에 그만해도 된다고 말할 때 어떻게 말하나요?"라고 질문하면 모두 어리둥절해한다.

동작을 해제하는 단어의 필요성을 느끼지 못했다면 그것은 반려동물이 자세를 유지하도록 가르쳐보지 못했다는 뜻이다. 정확히 가르친다면 기다리라는 말은 필요하지 않다. 수업 종료 벨과 같은 동작 해제 단어가 필요할 뿐이다.

"앉아"라는 단순한 동작 하나를 요청할 때도 언제나 간식이 필요하다면, 반려동물이 앉았다가 간식만 먹고 바로 일어난다면, 반려동물이 앉았다가 금세 스프링처럼 튀어 오른다면, 기다리라는 말을 반복하지 않고는 자세를 유지할 수 없다면 이유는 하나다. 잘못 가르친 것이다. 간식을 뇌물로 사용했거나, 타이밍이 늦어서 반려동물이 앉았다가 일어나는 순간 칭찬했거나, 바디랭귀지를 잘못 읽어서 반려동물이 흐트러진 자세로 앉았을 때 칭찬했거나, 간식을 주는 타이밍이 부정확했거나, 간식을 주는 위치가 잘못된 경우 등을 생각해 볼 수 있다. 훈련 방법 자체가 잘못된 경우도 많다. 반려동물에게 "앉아"를 가르치면서 보상으로 간식을 바닥에 놓거나 던지는 분들이 있다. 이것은 잘못된 훈련 방법이다. 이렇게 가르치면 앉았다가 벌떡 일어나는 행동이 강화되거나, 반려견이 "앉아"라는 명령어를 지면에 엉덩이를 붙였다가 일어나는 행동으로 이해하기 쉽다.

보호자 중에는 일단 반려동물의 엉덩이가 바닥에 닿으면 "앉아"를 가르쳤다고 생각하는 보호자들이 많다. 간식만 먹고 벌떡 일어나는데 말이다. "엎드려"도 마찬가지다. 많은 보호자가 반려동물의 배가 땅에 닿았다가 벌떡 일어나는 행동을 "엎드려"라고 말한다. 그러고는 반려동물에게 손바닥을 내밀며 "기다려"라는 말을 수도 없이 반복한다.

"앉아"와 "앉아 기다려" 또는 "엎드려"와 "엎드려 기다려"로 나누어 가르쳐야 한다고 잘못 알고 있는 분들도 있다. 그러나 "앉아"를 정확히 가르쳤다면 "앉아 기다려"라는 명령이 왜 필요할까? 어차피 반려견은 앉아있을 텐데 말이다. 학교에서 선생님이 자리에 앉으라고 했을 때 학생이 의자에 앉았다가 벌떡 일어나서 돌아다닌다면 그것이 맞는 행동일까? 아니다. 반려동물이 바닥에 앉았다가 스프링처럼 일어난다면 그것은 "앉아"가 아니라 '힙 터치'라고 할 수 있다.

동작 하나를 가르쳐도 제대로 가르치자. 가르치는 사람도 배우는 동물도 그 습관을 익혀야 한다. 그렇게 해야 더 복잡하고 어려운 행동을 가르킬 수 있다. 훈련에서는 항상 3D를 기억해야 한다. 3D란 '지속 시간 Duration, 거리 Distance, 방해 요인 Distraction'을 말한다. 이 세 가지 변수를 통제할 수 있을 때 비로소 동작이 완성되었다고 말할 수 있다. "앉아"를 예로 들어보겠다.

지속 시간: 그만해도 좋다고 말할 때까지 잘 앉아있나?

지속 시간이란 당연히 상식적인 선을 말한다. 벌을 주거나 인내심을 테스트하는 의미가 아니다. 동작을 해제하는 단어를 들을 때까지 반려동물이 앉은 자세를 유지하도록 가르치는 것이 올바른 훈련이다. 시간을 급하게 늘리지 않도록 주의해야 한다. "앉아"라고 요청하고 잘하면 칭찬하며 상을 준 다음, 1초 후 동작을 해제한다. 나는 "프리"라는 단어를 사용한다. 반려동물의 의사 표현을 확인하면서 조금씩 행동을 빌드업한다.

거리: 멀리 떨어져 있을 때도 잘 앉아서 기다리나?

보호자가 바로 앞에 있을 때나 멀리 떨어져 있을 때 반려동물이 자세를 유지하도록 가르친다. 지속 시간을 늘리는 것과 마찬가지로 단계적으로 거리를 늘려나가는 연습을 한다. 이렇게 설명하면 오래 걸리는 어려운 작업 아니냐고 물을지 모른다. 그렇지 않다. 한 보호자가 전혀 훈련받은 적이 없는 반려견과 교육에 참석했던 적이 있다. 반려견은 나와 교육한 지 10분도 안 되어서 최종 단계를 완성했다. 나는 반려견에게 앉아달라고 요청하고 방을 나가서 문을 닫았다. 반려견은 내가 문을 열고 다시 방에 들어올 때까지 자세를 그대로 유지했다.

한 가지 주의할 점이 있다. 아무리 반려견이 먼 곳에 앉아서 잘 기다리고 있다고 해도 반려견이 기다리고 있다는 사실을 잊으면 안 된다. 반드시 돌아가서 반려견의 자세를 해제해주어야 한다는 사실을 잊지 말자. 반려견이 망부석이 되도록 둘 수는 없으니까.

방해 요인: 실내에서도, 야외에서도, 다람쥐가 뛰어갈 때도.

조용한 방 안에서 보호자가 손에 간식을 들고 있을 때만 반려동물이 앉는다면 미완성이다. 산책 중에 옆으로 다람쥐가 바람을 날리며 뛰어갈 때도, 다른 개가 놀자고 부를 때도, 공원에서도 편안한 마음으로 앉아있을 수 있도록 가르쳐야 완성이다.

나의 반려견들은 내가 장을 보는 동안 슈퍼마켓 앞에 앉아서 나를 기다리곤 했다. 보호자가 돌아올 때까지, 주변에 어떤 방해 요인이 있든지 반려견들이 차분히 앉아있도록 가르치면 누구나 할 수 있다. 무엇을 가르치든 처음에는 가장 집중하기 좋은 상황부터 시작해서 단계를 높여가야 한다. 처음 배우는 행동은 반려동물에게 가장 편안하고 조용한 환경에서 시작하는 것이 좋다. 집중하기 좋은 방을 선택해서 공간을 정돈하고 시작한다. 그 공간에서 성공적으로 잘 수행한다면 조금씩 주의 집중에 방해가 될만한 요소를 추가한다. 반려동물의 학습 속도에 맞추어 상황을 다양하게 발전시키면서 행동을 강화해 나간다.

강아지가 왜 내 말을 듣지 않죠?

2016년 Q&A 중 발췌

질문 1.

지금까지 많은 반려견을 키워왔는데 개들과의 교감을 위해서 나는 눈을 보면서 말을 많이 하는 편이다. 개와 남들보다 더 빨리, 순식간에 반려견과 친해지는 비결을 공유해 달라.

답변 1.

사람 만나본 적 있으세요? 사람과 친해지는 방법이나 개와 친해지는 방법이나 같은 맥락이에요.

첫눈에 반했다고 해서 그 자리에서 나와 결혼하라고 강요하지는 않으셨겠죠. 인사를 나누고, 차를 마시고, 같이 식사하고, 이야기를 나누고, 같은 공통 관심사나 공통점도 찾아보고... 그러면서 조금씩 친해져 가는 것 아닌가요? 쥐도, 강아지도, 고양이도... 모든 동물이 마찬가지예요.

그보다 관계를 유지하기 위해서 더 중요한 것이 있죠. 가장 주의를 기울여야 하는 건 뭘까요? 상대방이 싫어하는 것을 하지 않는 것 아닐까요? 상내방이 원하는 것을 해주는 것보다 상대방이 정말 싫다고 하는 것은 하지 않는 것이 더 중요하지 않을까요? 그게 상대방에 대한 존중이고 매너

잖아요. 반대로 싫다는데도 계속 같은 행동을 반복하면서 주의를 기울이지 않는다면, 그건 상대방을 존중하지 않는다는 의미가 아닐까요?

　동물과도 마찬가지입니다. 요즘 바이럴 되었던 동물 보호소에서 올린 소셜미디어의 영상이 있었죠. 동물 보호소에 들어온 이후 식사도 하지 못할 정도로 심각한 불안에 떨던 보호견 영상인데요. 담당자가 견사 안으로 들어가 함께 식사하는 영상이었는데 보셨죠? 담당자가 왜 그런 행동을 했다고 생각하세요? 친해지는 단계가 있는 거예요. 동물이라고 해서 우리가 다가가고 신체 접촉을 하는 것을 그냥 감수해야 한다는 법은 없어요. 단지 동물이라고 해서 그런 무례함을 견뎌야 할 하등의 이유가 없어요.

　우리는 동물이 마음을 허락하는 만큼씩만 다가갈 수 있는 거예요.

　보호소 담당자가 했던 게 그런 겁니다. 지금 이 아이가 "나는 낯선 사람이 가까이 다가오거나 나를 만지는 것이 너무 두려워. 싫어. 불편해."라고 말하고 있는 거잖아요. 그때 "그렇구나. 네가 불편하다면 하지 않을게." 하고 물러나 주는 것, 이것이 존중입니다. "내가 너의 의사를 이해했고 그 의사를 존중한다."는 의미예요. 이 순간에 개는 고마움을 느끼겠죠. 이것이 관계를 만드는 첫 연결고리가 되어줍니다.

　"내가 너와 조금 떨어진 곳에 앉아서 밥을 먹어도 괜찮을까? 어때? 괜찮겠니?"라고 물어보고, "그 정도는 괜찮아."라고 하면 그만큼. 그다음에 아이가 조금 더 마음을 열고 받아들일 준비가 되어서 스스로 다가오면 그 거리에서 같이 할 수 있는 것을 또 찾아보는 것이죠. "그럼, 나랑 장난감 갖고 놀까? 아니면 나랑 산책하러 나가는 건 어때? 오늘은 산책 준비만 한번 해볼까?"

　그렇게 <u>하나하나, 아이가 받아들일 수 있는 거리만큼씩 관계를 쌓아가는 겁니다.</u> 테크닉으로 없던 관계를 덜컥 세우는 것도 아니고 수다를 떤다고 해서 관계가 쌓이는 것도 아니에요. 테크닉이 있으면 쉽고 빠르게 관계가 만들어지고, 기다리면서 다가가면 그 반대일 거로 생각하시나요?

실제로는 그 반대입니다. 우리가 성실하게 관계를 쌓아나가려고 노력하는 태도를 보일 때 동물은 신뢰를 느끼고 더 쉽게 마음을 열게 되어있고 그렇게 쌓은 관계는 쉽게 무너지지 않아요.

2020년 Q&A 중 발췌

질문 2.

이 개는 왜 나랑 나란히 걷질 않아요? 내가 먹을 것도 주고 쓰다듬고 만져줬는데 왜 말을 안 듣는 거야? 왜 날 힘들게 해? 빨리 내 말 듣게 만들어 주세요.

답변 2.

'먹을 것을 주고 쓰다듬고 만지면, 그게 개에게 보상이 되고, 그러면 개가 나의 말에 복종할 거다.'라는 생각은 개를 생명으로 보지 않을 때 할 수 있을 법한 표현입니다. 개는 먹을 것 주고 쓰다듬어주면 뭐든지 하는 기계가 아니에요. 동전만 넣으면 물건이 튀어나오는 기계가 아닙니다. 네 발로 걷는 동물로 태어나 사람 사는 세상에서 우리의 보살핌을 받고 있기는 하지만, 이 아이들은 사람의 이해 수준을 넘어서는 사고 능력과 감정이 있는 생명입니다. 당신이 어떤 마음으로 자신을 대하는지 누구보다 섬세하게 느끼고 반응하고 있어요.

간식, 사람의 손길, 장난감 등은 많은 개가 좋아하는 것이고 보상이 되기도 하죠. 그러나 그것들은 우리가 줄 수 있는 것 중 가장 낮은 수준의 보상이고, 때에 따라서는 보상이 아니라 오히려 불쾌함을 줄 수도 있는 것들입니다. 내가 좋아하지 않는 사람의 손길은 불쾌합니다. 그건 보상이 아니죠. 단지 간식을 몇 개 던져주었다고 해서 자기 의사를 존중해주지 않고 싫다는 행동을 멈추지 않는 당신을 그 개가 좋아하게 될 가능성은 희박합니다. 기분 내키는 대로 주먹을 휘두르는 부모가 아이에게 용돈을 쥐여주었다고 해서 아이가 부모를 좋아하게 되지는 않겠죠.

이 아이의 감정과 필요를 마음으로 살피려고 노력하지 않았으면서, 이 아이가 나와 나란히 눈을 마주치며 걷고 나를 좋아하게 될 거로 생각했다면 그건 매우 큰 오산입니다. 개의 신체에 위험을 초래했었으면서 "이 개가 내 말대로 하게 해 달라. 나를 좋아하게 해 달라. 나와 눈을 마주치게 해 달라."라고 한다면, 나는 이 개를 당신의 손길로부터 구할 방법부터 찾아보겠습니다.

반려견을 쓰다듬으면서 아이의 바디랭귀지를 들으셨나요? 아이가 무슨 느낌으로 그 손길을 받아들이고 있는지 보셨어요? 아이가 불편하고 싫다고 말하는 걸 보셨나요? 경멸하는 표정을 보았나요? 그랬다면 뭔가 잘못했다는 것을 알아채고 멈추었을 텐데 그렇게 하지 않으셨죠? 그것은 개가 어떤 감정을 느끼고 있고 어떤 생각을 하는지 전혀 주의를 기울이지 않았다는 뜻입니다. 개는 '이 사람은 내 감정을 무시하고 내 의사를 존중하지 않아.'라고 느꼈을 겁니다. 당신과 같이 있고 싶지 않은 이유입니다.

동물을 대할 때는 마음을 다해서 주의를 기울이며 현재 순간에 집중하는 방법을 이해하고 실천해야 합니다. 반려견과 함께 무언가를 하고 있거나 하고 싶다면 아이가 하는 말과 행동, 아이의 감정과 필요에 매 순간 매 초 주의를 기울여서 바라보아야 합니다. 그것을 폴랑폴랑에서는 '연결'이라고 부릅니다.

이 아이가 필요한 것은 없는지, 내가 도와줄 것은 없는지, 지금 편안하고 즐거운 상태인지... 마음을 기울여서 살피고 알아채고 도와줄 때 반려견은 신뢰의 감시를 느낍니다. 그리고 반려견이 마음을 열고 다가와서 애정 어린 관계를 쌓아가기 시작하는 겁니다.

CHAPTER 7.
폴랑폴랑 트레이닝 스킬

동물행동심리연구소 - 폴랑폴랑
Polangpolang

트레이닝 스킬은 훈련의 기초

동물 훈련의 가장 기본이 되는 스킬을 정리했다. 전 세계 공통으로 사용하고 자주 등장하는 기본 용어이므로 원용어 그대로 기재했다. 이론을 모르는 초심자도 이 스킬을 익히면 가정에서 손쉽게 반려동물에게 동작을 가르치거나 기본 훈련을 완성할 수 있다.

프롬프팅 Prompting – 페이딩 Fading

루어링 Luring

캡처링 Capturing

타기팅 Targeting

쉐이핑 Shaping

프리 쉐이핑 Free Shaping

체이닝 Chaining

반려동물에게 가르치려는 동작의 유형, 배우는 동물의 성향, 가르치는 사람의 스킬 수준, 환경 등 여러 요인에 따라 그때그때 유용한 스킬이 다르다. 어떤 스킬을 사용하는가 보다 얼마나 정확하고 효과적으로 사용하는지가 중요하다. 하나의 스킬만 사용하는 경우보다 몇 가지 스킬들을 넘나들면서 가르치는 경우가 많다. 동작이 복잡해질수록 더욱 그렇다. 어떤 연장을 쓰면 좋을지 신속하게 선별하는 능력도 중요한 스킬이다.

트레이닝 스킬은 동물 행동에 대해 별다른 지식이 없어도 할 수 있는 훈련의 기초다. 트레이닝 스킬만 알아도 누구나 간단하게 반려동물에게 동작이나 트릭^{Tricks}을 가르칠 수 있다. 트릭을 가르치지 못한다는 것은 트레이닝 스킬이 부족하다는 뜻이고, 훈련의 기초인 트레이닝 스킬이 부족한 상태에서 동물의 행동을 변화시키는 것은 불가능하다.

반려견 클래스에서 흔히 볼 수 있는, 결코 낯설지도 놀랍지도 않은 보호자와 반려견의 사례다. 보호자는 자신의 반려견이 벨 울리기, 초인종 누르기, 박스에 들어가기, 매트에 올라가기, 크레이트에 들어가기, 축구 등 여러 트릭을 할 줄 안다고 말했다. 그러나 실제로 이 반려견이 배운 행동은 단 하나, 분노 쏟아내기였다.

보호자가 벨을 내려놓자 이 반려견은 발로 벨을 신경질적으로 내리친 다음, 보호자와 보호자의 허리에 달린 간식 가방을 번갈아 노려보았다. 공을 내려놓으면 공을 집어 던진 다음 간식 가방을 노려보았다. 반려견이 성화를 내기 전에 얼른 입에 간식을 물려주고 반려견이 던진 물건을 찾으러 뛰어다니는 것이 보호자의 역할이었다. 보호자에게는 공놀이, 반려견에게는 분노 연습이었다.

보호자가 자신 있다고 말한 매트 훈련도 그랬다. 반려견은 매트 위에 올라가 간식이 나올 때까지 보호자를 쏘아보았다. 반려견의 눈 주변과 얼굴 근육은 경직되어 솟아오르고, 치켜뜬 눈 주변으로 흰자가 번뜩였다.

반려견은 입을 꾹 다물고 일그러뜨리며 보호자가 간식을 던져줄 때까지 협박하듯이 보호자와 간식 가방을 번갈아 노려보았다. 크레이트도 마찬가지. 크레이트에 들어가라고 하면 들어갔다. 그러나 그 안에서 소리를 지르며 신경질을 분출했다.

잘못된 훈련은 반려동물을 분노와 스트레스 지수가 높은 아이로 만든다. 이 사례 같은 경우는 반려견이 가진 훈련에 대한 부정적 이미지, 보호자와 반려견의 관계를 바로잡는 것부터 다시 시작해야 한다. 또한 크레이트, 매트 등 기존에 오염된 단어를 모두 버리고 새롭게 시작해야 한다. 무엇보다 보호자의 몸에 익은 습관을 바꾸는데 적지 않은 시간이 걸릴 것이다. 교육 또는 훈련은 반려동물과 사람이 평화로운 공존을 위해 서로 배우는 과정이어야 한다. 첫 시작을 잘하면 잘못 끼운 단추를 바로잡는 수고를 할 필요가 없다.

이 점을 꼭 기억하기를 바란다.

첫째. 반려동물의 바디랭귀지에 주의를 집중하자.

마음을 담아서 반려동물을 바라보기를 바란다. '지금, 이 아이가 어떤 느낌으로 어떤 생각으로 나와 함께 있는 걸까?'를 끊임없이 들여다보는 노력을 해야 한다.

둘째. 무엇을 하든 그 시간은 반려동물과 대화하는 시간이어야 한다.

잘못된 훈련 습관은 관계를 훼손하고 교육에 걸림돌이 된다. 이런 습관을 지닌 보호자들이 늘어나는 만큼 불안과 분노를 품은 반려동물들도 함께 늘어나고 있다고 볼 수 있다. 부디 처음부터 올바른 정보를 몸에 익혀라. 끊임없이 반려동물과 이야기하고 칭찬하고 격려하는 치어리더가 되기를 바란다. 반려동물을 탓하기 전에 내가 의도를 명확히 전달하고 있는지, 반려동물과 연결되고 있는지 자신의 바디랭귀지와 행동부터 점검하고 다듬는 연습부터 시작하기를 바란다.

프롬프팅Prompting 페이딩Fading 반려동물과 멋진 댄스 댄스

프롬프팅Prompting 동작을 유도하는 모든 것
루어링Luring 간식을 손에 들고 하는 프롬프팅
페이딩Fading 프롬프트를 제거하는 것

프롬프팅Prompting의 사전적 의미는 '행동을 유도하는 것'이다. 동물 교육에서는 동물이 자발적으로 행동을 할 때까지 기다리지 않고 특정 행동을 유도하는 모든 것이 프롬프팅이다. 소리, 제스처, 시각적 신호, 물리적 신호 등 동작을 유도하는 모든 것이 프롬프트Prompts이고, 프롬프트를 이용해서 동작을 유도하는 것이 프롬프팅이다. 손뼉치기, 관심 끌기, 음성, 몸 숙이기, 고갯짓, 눈짓, 손으로 가리키기, 배우는 동물의 몸에 손을 대는 것, 장난감이나 도구 사용, 간식 사용 등을 예로 들 수 있다. 그중 간식을 손에 들고 동물의 행동을 유도하는 것을 루어링Luring이라고 한다.

나는 **"댄스라고 생각하세요. 안무 동선을 그려주는 거예요."**라고 설명한다. 예를 들어 반려견이 보호자의 다리 사이를 8자로 통과하며 함께 걸어가는 트릭을 가르친다고 해보자. 그것은 보호자의 계획이다. 반려견이 갑자기 "당신이 걸어가면 내가 그 사이를 8자로 통과해볼게."라고 결심하지는 않으므로, 보호자가 어떤 동작을 원하는지 자신의 계획을 반려동물

이 이해하기 쉽게 알려주어야 한다. 당신이 반려동물의 내비게이션이 되는 것이다. "이쪽으로 돌아서 이렇게 움직여줘."라고 공기 중에 동선을 그려서 반려동물을 안내한다.

동작의 이동 경로를 그려줄 때는 프롬프팅을 사용하고,
반려동물이 동선을 명확히 이해한 후에는 쉐이핑으로 변경하면 신속하게 동작을 완성할 수 있다.

프롬프팅은 이해하기도 쉽고 방법도 간단해서 초보자에게 좋은, 가장 기초적인 훈련 스킬이다. 그러나 몇 가지 주의가 필요하다.

첫째. 프롬프팅을 신속히 제거한다.

보통 2~3회 정도 하면 보호자가 요구하는 동작이 무엇인지 반려동물은 금방 이해한다. 반려동물이 동작을 이해하고 자발적으로 동작을 지속할 수 있는 단계가 되면 재빨리 프롬프트를 제거한다. 그렇게 하지 않으면 프롬프트에 의존하게 된다. 예를 들어 보호자가 손에 간식을 들고 8자 동선을 그려서 알려주었다고 하자. 반려동물이 동작을 명확히 이해하고 나면 간식과 손동작은 재빨리 제거한다. 이것을 페이딩^{Fading}이라고 한다. 프롬프트가 사라진다는 의미다. 페이딩이 늦으면 보호자가 손에 간식을 들고 있는 것 자체가 동작의 일부가 될 수 있다.

둘째. 무의식적인 프롬프트를 제거해야 한다.

'요란한 바디랭귀지'에서 설명한 내용이다. 사람들은 자신이 얼마나 많은 프롬프트를 사용하고 있는지 잘 모른다. 무의식적으로 손을 이리저리 휘두르거나 인상을 쓰거나 연신 입으로 소리를 내기도 한다. 허리를 굽히고 엉거주춤하게 움직이는 경우도 흔하다. 모두 무의식적인 프롬프팅이다. 가르치는 사람의 바디랭귀지가 요란하면 반려동물은 끊임없이 변하는 수십 또는 수백 개의 신호를 확인해야 한다. 당연히 배움에 흥미를 잃고 짜증이 늘어난다. 그래서 나는 반려동물에게 시도하기 전에 가족들과 연습하면서 행동을 가다듬는 연습부터 하라고 조언한다. 가족이나 친구를 반려동물이라고 생각해라. 말없이 행동만으로 내가 원하는 행동을 상대방이 쉽게 이해할 수 있는지 연습한다. 상대방의 피드백을 받아 행동을 명료하게 가다듬은 다음 반려동물과 연습하는 것이 바람직하다.

셋째. 반려동물이 보호자나 훈련사가 아니라 간식에만 집중하게 될 수 있다.

가이드를 따라 걸은 여행길은 기억에 많이 남지 않는다. 내가 골목골목을 살피고 정보를 찾아보며 다녀온 여행이 아니기 때문이다. 훈련 스킬이 미숙하면 그런 상황이 되기 쉽다.

넷째. 배우는 동물의 몸에 손을 대지 않는다.

손으로 몸을 터치하는 것도 프롬프팅에 해당하지만 추천하지 않는다. 똑같은 행동을 해도 재미있고 즐거워서 하는 행동과 불쾌하지만 어쩔 수 없이 하는 행동에는 커다란 차이가 있다. 신체에 통증이나 불편한 곳이 있을 수도 있다. 또는 사람의 손길을 좋아하지 않는 동물일 수도 있다. 어떤 교육을 하든 동물의 몸에 내가 물리적으로 접촉해야 할 이유가 전혀 없다. 항상 반려동물의 신체를 존중하는 마음으로 대하는 습관을 지녀야 한다.

루어링Luring은 죄가 없다.

　간식을 개의 얼굴 앞에 들고 움직이면서 그것을 루어링Luring이라고 설명하는 훈련사를 본 적이 있을 것이다. 그러나 이것은 올바른 루어링이 아니다. 용어의 의미와 실제 적용법이 모두 잘못되었다.
　루어Lure라는 영어 단어는 원래 '유인하다. 꾀다'라는 뜻이지만, 동물행동에서 용어로 사용될 때는 그 의미와 적용법이 다르다. 간식을 개나 고양이의 얼굴 앞에서 이리저리 흔들며 동작을 유도한다면, 그것은 루어링Luring이 아니라 차라리 베이팅Baiting이라고 부르는 것이 맞을 것이다. 이렇게 설명하니 베이팅을 마치 또 다른 훈련 용어인 듯 착각하거나, 간식 가방을 베이팅 백이라고 부르는 분들이 있는데 그 뜻이 아니다. 베이팅은 낚시에서 밑밥을 던지는 것을 말한다. 낚시할 생각이 아니라면 동물 훈련에 베이팅이 들어올 자리는 없다.
　용어를 잘못 이해하거나 정확한 적용 방법을 알지 못하면 여러 문제가 발생한다.
　첫째. 간식이 그저 미끼 또는 뇌물로 전락한다.
　간식이 없으면 아무것도 할 수가 없다. "우리 개는 간식이 없으면 앉지 않아요."라고 말하는 보호자가 많다. 옆구리에 언제나 불룩한 간식 주머니를 차고 다니면서, 자신의 반려견인데도 불구하고 앉아달라고 부탁할 때마다 간식을 반려견의 입에 넣어주는 분들을 흔히 볼 수 있다. 언제나 간식이 필요하다면 그것은 개가 앉으라는 단어의 의미와 행동을 학습하지 못했다는 것을 의미한다. 그저 간식에 반응하는 것이다.

둘째. 간식이 미끼^{Bait}가 되면 반려견 시선이 언제나 간식 주머니를 향한다.

이것이 원하는 그림인가?

셋째. 학습 단계를 높이기가 어려워진다.

가장 기본적이고 단순한 동작을 시킬 때조차 간식 없이는 할 수 없다면, 여러 행동이 연결되는 고급 동작을 완성하기 어렵다.

넷째. 언제나 "앉아, 엎드려, 안돼." 같은 불필요한 말들을 반복해야 한다.

보호자들에게는 미디어를 통해 너무나 익숙해진 그림이라 "그게 뭐가 이상하지?" 싶을지도 모르겠다. 그러나 늘 "이거 해라, 저거 해라." 잔소리하는 부모님의 목소리가 듣기 좋을까? "앉아, 엎드려" 같은 반복되는 명령들이 강아지나 고양이 입장에서 듣기 좋을까? 이것은 정확히 용어를 이해하고 사용한다면 거의 사용할 일이 없는 말들이다. 코앞에 간식을 들고 훈련하는 방법 자체가 이미 낡은 훈련법이기도 하지만, 그런 명령어를 반복하고 있다면 그것은 용어의 정의가 맞고 틀리고의 문제를 떠나 바람직하지 않다.

다섯째. 일단 잘못된 정보를 학습한 반려견의 습관은 물론이고, 잘못된 습관이 몸에 익은 보호자를 바꾸는 일은 굉장히 어렵다. 가장 기초적이고 유용한 루어링^{Luring}이라는 무기 하나를 잃어버린 것과 마찬가지다.

루어링이 마치 아마추어나 사용하는 좋지 못한 훈련 기술인 것처럼 말하는 분들이 있는데 그렇지 않다. 루어링은 훈련에서 가장 기초적인 테크닉이고 상황에 따라 유용할 수 있다. 더 수준 높은 기술을 사용할 수 있다면 말릴 이유가 없다. 문제는 어찌 되었든 동작을 완성하지 못하더라는 사실이다. 루어링을 정확히 수행하지 못한다는 것은 훈련의 기초 개념을 이해하지 못하고 있다는 뜻이다. 할 줄 알면서 하지 않는 것과 할 줄 모르는 것은 다르다.

 루어링으로 동작을 가르치고 나면 간식을 항상 갖고 다녀야 하므로 이 방법을 사용하지 않는다고 말하는 분들이 있다. 그러나 간식이 없을 때 반려동물이 행동을 수행하지 않는 이유는 루어링으로 가르쳤기 때문이 아니다. **가르치는 사람이 루어링을 정확히 수행하지 못했거나 간식을 제거하는 페이딩**^{Fading}**에 실패해서다.** 원하는 행동을 반려동물에게 명확히 전달하지 못하면서 간식을 보상이 아닌 뇌물로 사용한 결과다. 루어링의 잘못이 아니다.

쉐이핑Shaping 행동 조각가가 되어보자.

쉐이핑Shaping 목표 행동에 근접해 가도록 점진적으로 강화하는 것

나는 "지금부터 보호자님은 조각가가 되는 거예요."라고 설명한다.

반려견에게 "굴러"를 가르친다고 하자. 반려견이 엎드려서 한쪽으로 몸을 돌린 다음, 완벽하게 한 바퀴를 돌아서 다시 시작 자세로 돌아오도록 가르쳐야 한다. 프롬프팅으로 가르치기에는 행동이 좀 복잡하다. 이처럼 반려동물이 평소에 잘 하지 않는 여러 단계의 행동을 가르칠 때 유용한 스킬이 쉐이핑Shaping이다.

쉐이핑은 가르치려는 목표 행동에 근접해 가도록 점진적으로 행동을 강화하는 훈련 기술이다. 최종 목표 행동까지의 과정을 가르치기 쉬운 조각으로 작게 나눈 다음, 반려동물이 각각의 조각 행동에 성공할 때마다 칭찬하고 상을 주면서 최종 목표 행동까지 다듬어가는 방법이다. 원하는 조각상의 형태를 조금씩 잡아가듯이 행동을 조각하는 것으로 생각하면 이해하기 쉬울 것이다.

아기가 걸음마를 어떻게 배우는지 떠올려보자. 아기가 기어 다니기 시작하면 부모가 곁에서 응원한다. 아기가 벽을 짚고 일어나기 시작하면 그 행동에 반응하고 응원해 준다. 이 시점에는 더 이상 기어 다니는 행동을 예전처럼 응원하지 않는다. 아기가 스스로 균형 잡고 일어서기 시작하면, 벽을 잡고 일어서는 행동에는 더 이상 열광하지 않는다. 이처럼 **쉐이핑에서는 해당 단계의 행동에만 집중한다.** 성공률이 90% 이상 되면 다음 단계로 넘어간다. 그리고 최종 목표 행동과 더 가까운 행동에만 보상하고 이전 행동에는 보상하지 않는다. 최종적으로 목표 행동이 완성되면 목표 행동에 대해서만 보상한다.

쉐이핑에서는 지속해서 그리고 자주 피드백과 보상이 주어지기 때문에 반려동물의 참여도를 올리기 쉽다. 올라갈 엄두가 나지 않는 높은 산도 하루 10분씩만 걷고 매번 상을 받는다면 재미있게 올라갈 수 있는 것과 같다. 그래서 <u>**쉐이핑은 두려움이 많은 반려견을 가르칠 때도 유용하다. 가르치는 사람과 지속적으로 상호 작용이 일어나기 때문에 반려동물이 배우는 과정을 즐겁게 받아들인다.**</u> 학습도 가속이 붙는다. 그러나 동물의 바디랭귀지를 읽는 능력이나 타이밍 스킬이 부족한 초보자에게는 어려울 수 있다. 이런 경우는 단계를 더 작은 단위로 나누어서 조금씩 차근차근 올라가는 것이 좋다.

쉐이핑을 활용해서 "굴러"를 가르쳐보자. 이 동작은 매트나 이불처럼 쿠션이 있는 곳에서 해야 한다. 척추를 다칠 위험이 있으므로 딱딱한 지면, 자갈이 깔린 풀밭에서는 하지 않는다.

 1단계. 앉으면 리워드
 2단계. 엎드리면 리워드
 3단계. 옆으로 누우면 리워드
 4단계. 반대편으로 누우면 리워드
 5단계. 구르면 리워드
 6단계. 완벽하게 구르면 리워드

더 작은 조각으로 나누어보면 이렇다.

1단계. 반려동물이 엎드린 상태에서 시작한다. 보호자는 손에 간식을 들고 반려동물 코 위치로 가져간다.

2단계. 반려동물의 코끝에서 어깨 방향으로 간식을 움직인다. 간식의 움직임을 따라 반려동물이 고개를 돌리며 옆으로 누우면 칭찬하고 간식을 준다. 여기에서 많이 실수한다. 옆으로 눕는 동작까지 잘 이어지지 않으면 단계를 더 작게 나눈다. 예를 들어 반려동물이 고개를 살짝 돌리는 순간 즉시 칭찬하고 간식을 준다. 그리고 조금씩 고개를 더 많이 돌리도록 유도하면 성공 확률을 올릴 수 있다.

3단계. 반려동물이 측면으로 누워야 간식을 볼 수 있는 위치까지 반려동물 어깨너머로 간식의 위치를 점진적으로 이동한다.

4단계. 손의 위치를 움직여서 반려동물이 간식을 따라 등을 대고 몸을 굴리도록 만든다.

5단계. 반려동물이 반대편으로 돌아누울 때까지 계속한다.

6단계. 반려동물이 구르기 시작하면 손으로 유인하는 동작을 점차 줄이면서 반려동물이 스스로 할 수 있도록 유도한다.

7단계. 전체 동작이 완성되면 반려동물을 칭찬하고 간식을 준다.

8단계. "굴러"라고 단어를 붙인다.

프리 쉐이핑^{Free Shaping} 반려동물계의 방 탈출 게임

프리 쉐이핑^{Free Shaping} **어떤 힌트도 제시하지 않고 반려동물의 행동을 쉐이핑 하는 것**

 가르치려는 목표 행동에 근접해 가도록 점진적으로 행동을 강화하는 것이 쉐이핑^{Shaping}이라고 설명했다. 그런데 이때 반려동물에게 어떤 힌트도 주지 않고 반려동물 스스로 답을 찾아내도록 가르치는 방법이 있다. 반려동물계의 방 탈출 게임이라고 할까? 박스를 가리키거나, 눈짓하거나, 쳐다보거나, 말하거나, 어떤 힌트도 제시하지 않고 반려동물의 행동을 쉐이핑 하는 것, 이것을 프리 쉐이핑^{Free Shaping}이라고 한다.

 프리 쉐이핑을 이용해서 반려동물이 스스로 박스에 들어가도록 가르쳐보자. 목표 행동은 반려동물의 네 발이 모두 박스 안에 들어가는 것이나. 훈련을 해본 적이 단 한 번도 없는 초보자도 5분이면 할 수 있을 정도로 가르치기 쉽기 때문에 프리 쉐이핑 개념을 이해할 때 아주 좋은 연습이다. 이 글과 영상을 보면서 직접 해보면 이해가 쉬울 것이다.[22]

---

22 [폴랑폴랑] 프리 쉐이핑 Free Shaping 2022년 6월 13일 https://www.youtube.com/watch?v=gd3ED5HTtFA

반려동물이 좋아하는 간식과 반려동물이 쉽게 들어갈 수 있는 적당한 크기의 박스 두 가지만 준비하면 할 수 있다. 간식은 입에 넣으면 사르르 녹아서 꿀떡 넘어가는 것을 준비한다. 성공하면 바로 간식을 줄 수 있도록 주머니에 넣어두거나 바로 옆에 두고 시작한다. 물건이 너무 많으면 반려동물이 단서를 발견하기가 어렵기 때문에 주변에 산만한 물건은 모두 치우고 심플한 공간에서 시작하는 것이 좋다. 공간에 박스와 간식을 준비해 두고 반려동물을 방으로 초대한다. 시각적·청각적 어떤 힌트도 주지 않는다. 아기가 걸음마를 배울 때처럼 단계적으로 행동을 만들 것이다.

1단계. 반려동물이 박스에 관심을 보이면 즉시 "예스!"
2단계. 반려동물이 박스를 향해 움직이면 즉시 "예스!"
3단계. 반려동물이 박스 가까이 가면 즉시 "예스!"
4단계. 반려동물이 박스를 건드리면 즉시 "예스!"
5단계. 반려동물이 박스에 발을 넣으면 즉시 "예스!"
6단계. 반려동물이 박스에 네 발을 모두 넣으면 즉시 "예스!"

프리 쉐이핑은 반려동물이 스스로 생각하고 답을 찾도록 가르칠 때 유용하고, 반려동물에게 정신적 자극을 주고 잘 해냈을 때 차오르는 성취감을 느끼게 한다. 가르치는 입장에서는 반려동물 각자의 학습 속도에 맞춰 도울 수 있다는 점이 장점이다. 무엇보다 반려동물들이 너무나 재미있어한다. 그러나 가르치는 사람의 스킬 수준에 따라서 부정확한 사용으로 문제가 될 가능성이 높아서 초보 트레이너들에게 적합한 방법은 아니다. 가르치는 사람이 반려동물의 바디랭귀지를 읽는데 서툴거나 적절한 피드백을 주지 못하면 반려동물이 학습에 흥미를 잃거나 과도한 스트레스를 받는 싱황이 된다. 그래서 다른 스킬도 마찬가지지만 프리 쉐이핑에서는 트레이너의 실력이 더욱 중요하다.

캡처링Capturing 매일 보고 싶은 행동은 캡처한다.

캡처링Capturing 반려동물이 자연스럽게 하는 행동을 캡처하는 것

원하는 장면이나 순간을 포착해서 저장하는 것을 캡처한다고 말한다. 캡처링Capturing이 바로 그 의미다. 반려동물이 특정 행동을 하는 순간을 사진을 찍듯이 캡처하는 것이다.

캡처한 행동은 지시하거나 가르친 행동이 아니라 동물이 자연스럽게 하는 행동이다. 그래서 순간 포착만 정확하게 한다면 완성이다. 트레이너들이 흔히 보더콜리Border Collie, 쉐틀랜드 쉽독Shetland Sheepdog, 벨지안 맬러누와Belgian Malinois, 펨브로크 웰시코기Pembroke Welsh Corgi 같은 견종을 선호하는 여러 이유 중 하나는 이들이 대체로 타고난 운동선수이고 움직임이 기민해서 캡처만 하면 손쉽게 행동을 얻을 수 있다는 점도 포함된다.

캡처링의 가장 큰 장점은 프롬프팅이나 쉐이핑 같은 방법으로는 가르치기 어려운 복잡한 행동도 단시간 내에 가르칠 수 있고, 개성 만점의 자연스러운 행동을 완성할 수 있다는 것이다. 예를 들어 반려묘가 천성적으로 익살스러운 표정을 자주 하는 아이라고 해보자. 훈련으로 표정을 가르치기는 어렵다. 그러나 고양이가 그 표정을 할 때마다 "예스!"를 외치면서 좋아하는 것을 상으로 주면 완성이다. 몇 차례 반복한 후 그 행동에 "익살이" 같은 단어만 붙이면 된다. 혀를 내미는 모습이 귀여워서 자주 보고 싶다면 그 행동을 하는 순간, "하이 파이브"를 가르치고 싶다면 고양이가 한쪽 손을 들어 올리는 순간 "예스"를 외치며 그 행동을 캡처하면 된다.

행동을 캡처한다.

단점도 있다. 짐작되겠지만 반려동물이 그 행동을 해주지 않는 이상 캡처링이 불가능하다. 그리고 반려동물이 자발적으로 특정 행동을 하는 순간까지 기회를 엿보며 기다려야 하므로 자주 하는 행동이 아니라면 시간이 오래 걸린다. 따라서 다른 스킬로도 가르칠 수 있는 간단한 행동을 캡처링으로 가르치는 것은 매우 비효율적인 선택일 수 있다.

또한 캡처링은 일반화가 어렵다. 익살이 표정으로 돌아가 보자. 사진을 찍듯이 캡처해서 내 고양이에게는 아주 쉽게 가르쳤다고 하자. 그런데 다른 고양이들에게도 그 표정을 가르칠 수 있을까? 다른 동물에게 또는 다른 상황에서는 동일한 행동을 만들기 어렵다. 동일한 고양이라고 해도 낯선 사람들 앞에서 긴장하면 동일한 표정이 나오지 않을 수 있다.

반려동물이 그 행동을 잊으면 다시 상기시키기 어렵다는 점도 캡처링의 단점 중 하나다. 예를 들어 반려묘가 나이가 들면서 익살이 표정을 하지 않게 되었다고 하자. "너 어렸을 때 자주 하던 익살이 있잖아. 그거 보고 싶어. 한 번만 해볼래?"라고 이야기할 수 있으면 좋겠지만 그렇게 되지는 않는다.

타기팅Targeting 반려동물의 협조를 얻는 법

타기팅Targeting 지정된 물체 또는 위치에 지정된 행동으로 대응하도록 가르치는 것

 타기팅은 반려동물이 각 물체나 위치를 식별하고, 그에 대응하는 행동을 하도록 가르치는 것을 말한다. 예를 들어 코로 보호자의 손을 터치하기, 쇼핑 카트의 손잡이에 앞발 올리기, 앞발로 벨 누르기, 코로 전원 스위치 올리기 등이 여기에 해당한다. <u>타기팅은 루어링과 쉐이핑의 컬래버레이션이다.</u> 타기팅에서는 행동하고 난 후에 리워드를 준다.
 가장 쉽고 대중적으로 알려진 터치Touch라는 동작을 예로 들겠다. 보호자의 손을 반려동물이 자기 코로 터치하도록 가르치는 것이다. 우선 손에 닭고기를 살짝 쥐었다가 놓은 다음, 반려견의 눈높이에 맞춰 손바닥을 펴서 보여준다. 반려견이 손을 쳐다보면 "예스!"라고 말하고 간식을 준다. 다시 손바닥을 보여주고 반려견이 손바닥 냄새를 맡거나 조금 가까이 다가가면 "예스!"라고 말하고 간식을 준다. 다시 손바닥을 보여주고 반려견이 손바닥에 코를 살짝 대면 "예스!"라고 말하고 간식을 준다. 반려견이 자발적으로 손바닥을 코로 터치할 때까지 이렇게 행동을 단계적으로 쉐이핑 한다. 보호자가 원하는 행동을 반려견이 정확히 이해했는지 확인하기 위해서 손바닥의 위치를 왼쪽, 오른쪽, 위쪽 등 여러 방향으로 바꾸며 연습한다. 반려견이 정확하게 잘 수행하면 "터치"라는 단어를 붙인다. '터치'는 반려견 산책 중에 유용하게 사용할 수 있다. 주의 산만한 상황일 때, 다른 개가 지나가며 반려견을 자극할 때, 위험한 곳을 지날 때 반려견에게 "터치"라고 요청하며 지나가면 된다.

타기팅은 먼 거리에서 반려동물을 지정된 장소로 보내거나 행동을 요청하는 경우에도 유용하다. 나는 아이들에게 차에 타라고 할 때 "올라"라는 말을 사용했다. 내가 멀리 있는 상태에서도 "올라"라는 말을 들으면 나의 반려견들은 차에 올라타서 지정된 자리에 앉아 내가 도착할 때까지 기다렸다.

반려동물이 보호자가 요청하는 위치를 요청받은 신체 부위로 타기팅하도록 가르치면 반려동물들의 협조를 구하기 용이하다. 나는 아이들에게 오른손, 왼손, 오른발, 왼발, 턱, 엉덩이처럼 신체 각 부위의 단어들을 가르쳤다. 산책 후 발을 씻을 때 내가 발을 지정하면 내 반려견들은 씻기 쉽도록 지정된 발이나 손을 들어주었다.

"친^{Chin}"도 그중 하나다. 내가 손바닥이 하늘을 향하게 펴고 "친^{Chin}"이라고 하면 반려견들은 내 손바닥 위에 턱을 올려놓는다. 무릎을 가리키면 무릎에 턱을 올린다. 아이들이 내 손이나 무릎에 얼굴을 올리고 편하게 쉬고 있는 동안 나는 아이들의 귀, 치아, 눈, 잇몸 등을 체크한다.

머즐 교육도 내 방법을 응용해서 쉽게 가르칠 수 있다. 나는 머즐 교육을 '도넛 게임'이라고 부르고 실제 맛있는 도넛을 이용해서 가르치기도 하는데 반려동물들에게 인기 만점이다. 머즐을 사용할 일이 없더라도 살다 보면 이 교육이 여러모로 유용하다는 것을 깨달을 날이 올 것이다. 반려동물들이 좋아하는 게임이고 가르치는 사람도 재미가 쏠쏠하다. 이 내용은 '폴랑폴랑 도넛 게임[23]'이라는 제목으로 별도로 담았다.

---

23 295페이지 폴랑폴랑 도넛 게임

머즐 선택과 주의해야 할 점

머즐이 필요한 경우

사람이나 동물에게 위험한 행동을 했거나 위험이 우려될 때

산책 중에 아무것이나 집어삼키는 습관을 갖고 있을 때

병원에서 고통이 예상되는 처치를 할 때

자해하는 습관을 갖고 있을 때

머즐의 필수 요건

착용했을 때 머즐이 개의 눈 주변을 가리거나 눈에 닿지 않아야 한다.

착용했을 때 개의 코끝과 머즐 사이에 1cm 내외의 여유 공간이 있어야 한다. 공간이 너무 많으면 시야가 가려서 개가 앞을 제대로 볼 수 없다.

개의 얼굴 둘레와 머즐 사이에 1cm 내외의 여유 공간이 있어야 한다.

착용감이 가벼워야 하고 얼굴형에 맞아야 한다.

통기성이 좋아서 머즐 주변으로 땀이 차지 않아야 한다.

머즐을 착용한 상태로 동물이 물과 음식을 섭취할 수 있어야 한다.

머즐을 착용한 상태로 동물이 편안하게 숨을 쉴 수 있어야 한다.

개는 헐떡여서 체온을 조절한다. 따라서 머즐을 착용한 상태로 개가 입을 벌리거나 헐떡일 수 있어야 한다.

벗겨지지 않아야 한다. 반려동물이 손재주가 좋아 혼자서도 머즐을 잘 벗는 아이라면 머리 위로 스트랩을 하나 더 추가하면 좋다.

머즐을 착용한 반려동물은 절대 혼자 두지 않는다. 머즐 착용 중에는 항상 보호자가 곁에서 감독해야 한다.

머즐 타입별 차이

크게 나누면 플라스틱 또는 실리콘 재질의 바스켓 머즐, 크롬 철사로 만든 와이어 머즐, 나일론이나 가죽 재질의 소프트 머즐, 머즐이 짧은 찡코들을 위한 메쉬 머즐이 있다. 이 중에 내가 추천하는 타입은 바스켓 머즐이다. 바스켓 머즐은 얼굴형에 맞게 모양을 변형할 수 있다.

와이어 머즐은 일반적으로 추천하지 않는다. 철사이기 때문에 개가 물을 마시거나 음식을 먹거나 입술 핥기 등 바디랭귀지를 사용할 때 혀가 철사에 마찰되다가 다치는 경우가 많다. 또한 머즐을 착용하고 움직이다가 부딪히면 철사가 피부에 파고들어 고통이 심할 수 있고 치아를 다칠 수도 있다. 개들도 입 주변에 와이어가 닿는 느낌을 좋아하지 않는다.

나일론이나 가죽으로 만든 소프트 머즐은 통기성이 부족해서 얼굴 주변에 땀이 차며 시간이 갈수록 조여든다. 또한 개가 입을 벌리고 헐떡일 수 없어 호흡에 지장을 준다. 따라서 수 분 이내라면 모르겠지만 더 긴 시간 사용해야 하거나 야외인 경우에는 사용 금물이다. 오리 머즐은 머즐의 어느 요건도 충족하지 못한다. 따라서 사용하지 않는다.

머즐을 착용한 반려동물을 만났을 때

머즐은 공격적인 반려견이 착용하는 것이라는 사회적 선입견이 큰 것 같다. 머즐을 착용한 반려견을 보면 "사나운 개인가 봐"라는 듯한 시선을 보내거나 괴물이라도 본 듯이 멀리 돌아가는 사람들이 있다. 무의식중에 별 뜻 없이 보이는 반응이겠지만, 보호자 입장에서는 그런 시선을 마주할 때마다 힘이 빠질 수 있다.

'사나운 개'라는 주관적 판단은 휴지통에 버리자. 한국은 체격이 크거나 특정 견종이라는 이유만으로도 반려동물이 의무적으로 머즐을 착용해야 하는 나라다. 어제 가족을 문 소형견은 머즐을 하지 않아도 되지만, 가족을 불길에서 건져낸 대형견은 머즐을 해야 외출할 수 있다. 가볍게 산책 나와서 사랑하는 반려동물의 예쁜 사진도 마음껏 찍어보고 싶은 것이 모든 보호자의 바람이다. 그럼에도 불구하고 모두의 안전을 위해 보호자로서의 책임을 다하며 반려동물에게 머즐을 착용하여 산책을 나온 반려가족이다. 앞으로는 머즐을 착용한 동물을 만나면 보호자와 반려동물에게 감사하는 마음으로 미소를 보내주면 어떨까? "**함부로 판단하지 않을게요. 고마워요. 즐거운 산책 하세요.**"라는 마음을 담아서.

체이닝Chaining 장난감은 반려동물 스스로 정리한다.

체이닝Chaining 완성된 일련의 행동들을 연결하는 것
포워드 체이닝 Forward Chaining 순차적으로 연결하는 것
백-체이닝 Back-chaining 역순으로 연결하는 것

    체이닝은 일련의 행동들을 하나로 연결하는 것을 말한다. 순차적으로 연결하면 포워드 체이닝, 마지막 행동부터 처음 행동 순으로 역방향으로 연결하면 백-체이닝이다. 체이닝이라고 하면 일반적으로 포워드 체이닝을 말한다. 덩어리에 불과하던 조각을 다듬고 다듬어서 형상을 만드는 과정이라는 점에서 체이닝은 쉐이핑과 비슷하다. 그런데 쉐이핑은 하나의 동작을 다듬어가는 것이지만, 체이닝은 일련의 동작들을 계속 연결해 나가면서 완성한다는 점이 다르다.

    단순히 몇 가지 동작을 연달아하는 것은 체이닝이 아니다. 복잡한 행동 하나를 한 번에 효과적으로 완성하기는 어렵다. 따라서 커다란 덩어리를 작은 덩어리로 나누어 완성한 다음 연결한다. 나는 "사람을 만들 거예요. 사람을 한 번에 만들기 어려우니까 몸통, 팔, 다리, 머리를 각각 만든 다음에 연결해서 사람을 완성합니다. 이깃이 체이닝입니다."라고 설명한다. 이처럼 각각의 작은 덩어리를 완성하고 이어 붙여서 하나의 목표 행동을

완성하는 것이 체이닝이다.

　포워드 체이닝보다 백-체이닝이 많이 사용되고 더 유용하다. 역순으로 가르치는 편이 학습 속도도 빠르다. 일련의 행동을 배우는 이유, 최종 목표가 명확히 보이기 때문이다. 교육의 최종 목표를 명확하게 제시하고 교육을 시작하면 피교육자의 참여와 집중도를 높일 수 있다. 예를 들어 "오늘 여러분은 이 옷을 만들 거예요." 또는 "오늘 여러분이 연주할 곡은 이 곡이에요."라고 최종 목표를 알려주고 시작하면, 참석자들은 자신이 해야 할 일을 명확히 이해할 수 있다. 반려동물도 마찬가지다. **반려동물도 일련의 행동들을 하는 목적을 알고 참여할 때 훨씬 더 집중해서 능동적으로 참여한다.** 또한 역순으로 가르치는 경우에는 최종 행동에 대해서만 리워드를 주면 된다는 장점이 있다. 그래서 백-체이닝이 보다 효과적이고 더 자주 사용된다.

　우리 집에서는 장난감 정리는 반려동물 스스로 하는 것이 룰이다. 반려동물이 장난감을 직접 정리하도록 가르칠 때 체이닝을 활용할 수 있다. 가르치는 사람도 배우는 동물도 재미있으니 가정에서 해보기 바란다.

　준비물 장난감 박스, 장난감, 반려동물이 좋아하는 리워드

　장난감 박스는 반려동물의 체형에 맞추어 준비한다. 반려동물이 아무 불편 없이 장난감을 떨어트릴 수 있는 높이로 입구가 아주 넓은 박스가 좋다. 재미로만 연습하는 것이 아니라면 일상에서 사용할 장난감 박스로 연습하는 것이 좋다. 연습 장소도 실제 장난감 박스를 놓아둘 곳이면 더욱 좋다. 연습에 사용할 장난감은 반려동물이 입에 물기 편한 것으로 여러 개 준비한다. 굴러가는 공은 실수로 떨어뜨릴 때마다 주워 오느라 연습이 중단되므로 추천하지 않는다. 쉴 새 없이 움직이는 것을 좋아하는 타입이라면 굳이 말리지는 않겠다. 떨어뜨려도 소리가 나지 않고 가벼운 솜인형이나 로프 같은 것이 연습하기 편하다. 마지막으로 반려동물이 좋아하는 리워드를 준비한다.

장난감을 박스에 정리하도록 가르치려면 ❶ 반려동물이 갖고 놀던 장난감을 입에 물고 ❷ 장난감 박스로 이동해서 ❸ 박스 안에 장난감을 내려놓는 세 가지 행동을 연결해야 한다.

❶ 장난감을 입에 물기 "가져"
❷ 장난감을 물고 장난감 박스로 이동하기
❸ 장난감을 박스 안에 내려놓기 "놔"

반려동물이 "놔"라는 단어와 "가져"라는 단어를 이해해야 한다. 이미 알고 있다면 이 단계는 건너뛰어도 좋다.

"가져"

장난감을 손에 들고 장난을 치면서 반려동물이 장난감을 입에 무는 순간 "예스!"라고 말하고 냠냠을 준다. 반려동물이 의미를 이해할 때까지 몇 차례 반복한다. 유도하지 않아도 반려동물이 스스로 장난감을 입에 문다면 단어를 붙인다. 반려동물에게 장난감을 주면서 입에 무는 순간 "가져"라고 말한다. 반려동물이 "가져"의 의미를 이해할 때까지 연습한다.

"놔"

반려동물이 장난감을 입에 물고 있을 때 슬쩍 냠냠을 보여주며 장난감을 떨어뜨리도록 유도한다. 반려동물이 입에서 장난감을 놓는 순간 "예스!"라고 말하고 냠냠을 준다. 반려동물이 "놔"라는 단어의 의미를 이해하고 스스로 할 수 있는 단계까지 연습한다.

백-체이닝

장난감을 입에 물고 장난감 박스로 이동해서 장난감을 박스 안에 내려놓는 순서로 연결하면 포워드 체이닝이다. 지금은 백-체이닝으로 박스 안에 내려놓는 것부터 행동을 역순으로 연결할 것이다. 박스 바로 옆에서 반려동물에게 장난감을 주며 "가져"라고 말한다. 장난감이 박스 안에 떨어지도록 각도를 잘 계산하면서 반려동물이 장난감을 떨어뜨리도록 유도하며 "놔"라고 말한다. 장난감이 박스 안에 들어가면 "예스!"라고 말하면서 칭찬해 주고 냠냠을 준다. 각도를 잘못 계산해서 박스에 들어가지 않더라도 괜찮다. 다른 장난감으로 다시 시도하도록 격려하고 잘하면 칭찬해 준다. 반려동물이 직접 머리를 숙여서 박스에 장난감을 넣는다면 의미를 이해했다는 뜻이다. 정확히 반려동물이 이해했는지 확인하기 위해 "가져" 또는 "놔"라는 말을 하지 말고 기다려본다. 만약 반려동물이 자발적으로 장난감을 물고 박스 안에 떨어뜨린다면 정확히 이해한 것이다. 듬뿍 칭찬하고 리워드를 준다.

이제 장난감을 박스에서 약간 떨어진 곳으로 슬쩍 던져보자. 반려동물이 장난감이 있는 곳으로 달려가서 물고 돌아와 박스에 넣는 단계까지 행동을 강화해 나간다. 90% 이상 성공하면 이번에는 장난감 개수를 늘려서 장난감을 두 개 넣고 나면 칭찬하고 리워드를 준다. 장난감 개수, 장난감의 종류, 박스와의 거리를 늘려가면서 반복 연습하고 최종적으로 "정리하자"라고 단어를 붙이면 된다. 행동을 연결하는 과정에서 잘 안되는 부분이 있다면 잠시 휴식을 취한 후에 반려동물이 잘하는 단계로 돌아가서 다시 시작하는 것이 좋다.

동작 하나를 가르쳐도 방법은 수십 가지

"앉아"를 가르치는 여러 가지 방법

구닥다리 훈련법 – 매우 부적절한 방법

개의 목걸이를 잡아 당기면서 다른 손으로는 개의 엉덩이를 누른다.

이런 훈련에 노출된 동물은 배우는 것 자체에 거부감을 갖기 쉽다. 협박에 눌려 하는 행동이므로 훈련사가 힘을 사용할 수 없는 경우에는 요청에 응하지 않을 가능성이 높다.

프롬프팅Prompting 루어링Luring

간식을 보여주며 간식의 위치를 이동하면서 앉도록 유도한다.

캡처링Capturing

자발적으로 앉는 순간 "예스!"라고 말하면서 냠냠을 준다.

쉐이핑Shaping

개의 하반신이 지면 가까이 내려갈 때마다 "예스!"라고 말하면서 냠냠을 준다. 완벽하게 앉는 자세가 될 때까지 단계를 올린다. 이 방법은 반려견이 정자세로 정위치에 앉도록 가르칠 때 유용하다.

타기팅Targeting

바닥에 원형 스티커를 붙이고 그 위에 반려견의 엉덩이가 닿을 때마다 "예스!"라고 말하면서 냠냠을 준다.

이처럼 동작 하나를 가르쳐도 방법은 수십 가지다. 몇 가지의 스킬을 혼합하여 사용하기도 한다. 그중에 더 효과적이고 학습 결과가 좋은 방법이 있고 그렇지 않은 방법이 있다. 인도적인 방법이 있고 절대 해서는 안 되는 방법도 있다. 가르치는 사람의 스킬 수준에 따라 달라지기도 하고, 배우는 동물의 성향에 따라 방법이 달라지기도 한다. 예를 들어, 관절이나 신경에 통증이 있거나 선천적인 골격 생김새 때문에 앉는 동작을 좋아하지 않는 개들이 있다. 이런 경우에는 프리 쉐이핑이 유용하다.

간식으로 유인하거나 강압적으로 명령하는 것이 아니라
반려동물에게 효과적으로 나의 의사를 전달하는 법을 알면
반려동물의 협조를 얻을 수 있다.

반려동물이 스스로 바람직한 행동을 선택하도록
가르치는 것이 폴랑폴랑 교육이다.
타인의 요구에 의해 실행한 행동은
그 자리에서 끝이 나지만
스스로 선택한 행동은 지속된다.

CHAPTER 8.
10분이면 완성하는 폴랑폴랑 교육

폴랑폴랑 화법

반려동물에게 말을 건넬 때 보호자들이 자주 사용하는 명령조의 강한 말투가 있다. 그 어조와 사용하는 단어는 반려동물과의 대화에 효과적이지 않다. 반려동물에게 듣기 좋은, 귀에 쏙 들어오는, 기다려지는 말투가 아니기 때문에 반려동물의 신속하고 적극적인 반응을 끌어내기 어렵다. 그래서 나는 교육을 시작하면 우선 '폴랑폴랑 화법'을 알려주는데 참석자들은 "이렇게 말해도 반려동물이 이해하네요."라며 신기하다고 말한다. 폴랑폴랑 화법의 기본 규칙을 간단히 정리하면 이렇다.

폴랑폴랑 화법의 기본 규칙 다섯 가지
1. 공기 반, 소리 반
노래 부를 때만 해당하는 이야기가 아니다. 반려동물들에게 말할 때는 '공기 반, 소리 반'이 가장 적절한 발성이다. 목에 잔뜩 힘을 준 목소리나 고압적인 목소리는 반려동물의 마음을 불편하게 만들어 부응하고 싶지 않게 만든다. 시종일관 고음으로 말하는 것도 정신적인 피로를 안겨준다. 반려동물의 청력에 큰 문제가 없다면 **조곤조곤 + 공기 반, 소리 반** 목소리로 기분 좋게 내 의사를 전달하는 것이 좋다.

2. 솔 파~ 솔 미~ 미 솔 파

많은 보호자가 하는 명령조의 말투는 반려동물에게 반응할 여유를 주지 않는다. 노래하는 톤으로 말하면 반려동물이 이해하기 좋다.

3. 한 번만 말한다.

요청 사항은 한 번만 말한다. 그런 다음 편안하게 호흡하면서 **반려동물이 생각하고 반응할 시간을 준다.**

요청 사항에 반려동물의 이름을 넣지 않는다. 코로롱에게 앉아달라고 요청한다고 하자. "코로롱~"하고 부르면 코로롱이 보호자를 바라볼 것이다. 그러면 "앉아"라고 말하고 호흡하며 기다린다. "코로롱 앉아, 코로롱 앉으라고. 코로롱 앉아, 코로롱 앉아."는 잘못된 어법이다.

4. "예스!"라고 외쳐라.

반려동물이 잘했을 때는 타이밍 놓치지 말고 시원하게 외치자. "예스!" 보호자마다 칭찬할 때 사용하는 단어가 다르다. 특히 한국어는 표현이 다양하고 어미변화도 많다. 잘했다고 말할 때 "옳지, 그래, 그렇지, 고뤠, 잘했어, 잘한다." 등 표현이 제각각이다. 상황에 따라 달라지는 어미변화와 다양한 표현을 우리의 영리한 강아지와 고양이들이 요리조리 나름대로 잘 이해하고 받아주기는 하지만, 그렇게 하기 위해 사용하는 두뇌 에너지는 피로를 몰고 온다. 정작 중요한 학습에 집중할 수 없다는 뜻이다.

칭찬하는 단어는 한 음절이 좋다. 명확히 행동을 알려줄 수 있기 때문이다. 예를 들어 반려견이 잘했을 때 칭찬 단어가 "잘했어"라고 하자. 엉덩이가 바닥에 닿은 시점에 보호자가 "잘"이라고 했고 강아지가 주춤거리며 다시 일어나는 시점에 "어"라고 말이 끝난다면, 강아지가 명확하게 보호자의 의도를 이해하기 어렵다. 그야말로 머리 위로 한가득 별 보일 일이다. 이렇게 되면 하나의 동작을 정확히 가르치기까지 시간이 더 소요된다. 영리한 아이들은 이런 상황이 되면 자리를 딛고 일어나나. "뭘 어떻게 가르칠 건지 당신 머릿속부터 정리해."라면서.

나는 "예스"라고 말하도록 가르친다. "예스"는 한국어로 표기하면 두 음절로 보이겠지만 단음절이다. 발음도 명확해서 반려동물들이 이해하기 쉽고, 만국 공통어라서 어디를 가도 사용할 수 있기 때문에 그렇게 교육해 왔다. 교육 참가자 중에는 "예스"라고 말하는 것이 쑥스러워서 못 하겠다며 대신 "예~"라고 하는 분들이 있다. 그러나 이것은 추천하지 않는다. "예스"는 쑥스러운데 "예~"는 그렇지 않다는 이유를 잘 모르겠고, "예스"는 마찰음으로 단어가 명확히 끊어지기 때문에 동작을 정확히 알려주는 효과가 있지만 "예~"는 평상시에도 신이 나면 보호자들이 자주 하는 말인 데다가, 음절이 길게 이어지기 때문에 포인트를 명확히 짚어주기 어렵기 때문이다.

5. 말과 행동을 일치시켜라.

커뮤니케이션은 다중적이다. 사람을 대상으로 진행된 연구를 보면 시각적 정보와 청각적 정보가 동일한 의미를 전달할 때 상대가 더 정확하게 이해한다. 2021년 유니버시티 칼리지 런던 연구팀의 논문에 따르면 음성으로만 들을 때보다 청각적 신호와 시각적 신호가 동시에 주어질 때 더 빠르고 정확하게 이해할 수 있다. 연구팀은 입 모양과 제스처가 일치하면 상대가 이해할 때 가중치가 부여된다고 밝혔다. 말과 행동이 일치하면 상대가 내 의사를 보다 명확하고 쉽게 이해할 수 있다. 이것은 반려동물에게도 적용된다. <u>보호자가 정한 음성 시그널과 바디랭귀지가 일치할 때 반려동물은 맑은 머리로 쉽게 이해하고 즉각 행동으로 옮긴다.</u> 교육은 커뮤니케이션이다. 말과 행동을 일치시켜서 하고 싶은 이야기를 전달하자.

폴랑폴랑 자기 통제력[24]

반려동물 교육이라고 하면 동작을 가르치는 것으로 생각하는 사람들이 많다. 물론 단어나 행동을 가르치는 것은 필요하며 즐거운 일이기도 하다. 그러나 반려동물에게 가장 먼저 가르쳐야 하는 것, 진정으로 '교육'이라고 할 수 있는 것은 그런 훈련이 아니다. 반려동물과 보호자가 즐거운 룸메이트이자 가족으로 함께 하기 위해, 그리고 반려동물이 건강하고 즐거운 삶을 누릴 수 있도록 돕기 위해, 반려동물에게 가장 먼저 가르쳐야 하는 것은 바로 '자기 통제력'이다.

1939년부터 814명의 삶을 72년간 추적 관찰한 내용을 담은 조지 베일런트[George E.Vaillant]의 저서 『Aging Well: Surprising guideposts to a happier life from the landmark』에는 자기 통제력이 행복의 중요한 요건임이 여러 차례 언급된다. 행복은 사회적 지위나 부(富)와 같은 외적 조건, 개인적 능력이나 탁월성이 가져다주는 것이 아니었다. 스스로 삶을 건강하게 받아들이고 절제할 수 있는 자기 통제력이 사람을 행복하게 만드는 중요한 요건 중 하나였다. 장기적인 목표를 위해서 지금 당장의 욕구

---

24 [폴랑폴랑] 반려동물의 "자기 통제력" 기르기 2012년 2월 18일 https://blog.naver.com/animalmind/90136553500
[폴랑폴랑] 반려견에게 가장 먼저 가르쳐야 하는 것 2015년 10월 27일 https://blog.naver.com/animalmind/220521148657

를 자제할 수 있는 능력을 키우는 것, 스스로 더 좋은 결과를 위해 인내하고 바람직한 선택을 할 수 있는 능력을 키우는 것, 즉 자기 통제력이 한 생명의 행복감을 높이고 전반적인 삶의 질을 높인다. 모건 스콧 펙[Morgan Scott Peck]도 저서『The Road Less Traveled』에서 교육[Discipline]에는 자기 통제력을 가르치는 것이 포함되어야 한다고 말했다.

> 『교육[Discipline]이란 과연 무엇인가? 다음의 네 가지, 자기 통제, 책임 수용, 진실에의 헌신, 균형을 포함하는 것이 교육이다.[25]』

반려동물도 다르지 않다. 어쩌면 사람보다 반려동물에게 더 높은 자기 통제가 필요한지 모른다. 더구나 도심에서 살아가야 하는 반려동물이라면 말이다. 우리의 반려동물들은 먹고 싶으면 마음대로 먹고, 나가서 뛰놀고 싶으면 언제든 마음대로 돌아다닐 수 있는 환경에서 살고 있지 않다. 당장 몹시 하고 싶은 것이 있더라도 상황에 따라 욕구를 스스로 통제하는 법, 나 자신의 판단 이전에 보호자의 의견을 묻는 법을 배워야 사람과 더불어 사는 세상에서 균형감 있고 건강하게 살아갈 수 있다.

나는 모든 반려동물 교육에서 자기 통제력을 무엇보다 우선하여 가르친다. 모든 교육의 기반이기 때문이다. 길에서 함부로 음식을 주워 먹는 아이, 시도 때도 없이 짖는 아이, 부산한 아이, 파괴적인 행동을 하는 아이 등 모든 행동의 변화는 자기 통제력 교육에서 시작된다. 그 교육 방법을 2011년부터 여러 차례에 걸쳐 다양한 채널로 공개했다.

자기 통제력을 가르치는 방법은 많다. 그중 여기에 소개하는 내용은 집에서 혼자 책을 보며 간단히 할 수 있는 방법이나. 징식 교육에서 설명히는 내용과 차이가 있고 놓치는 부분들이 있기도 할 것이다. 그러나 반려동물 교육에서 중요한 것이 무엇인지 이해하고 스스로 해볼 수 있는 계기가 되기를 바란다. 기회가 된다면 차후에 오프라인 교육에 참여해서 배워 보는 것도 좋을 것이다. 10분만 투자하면 누구나 할 수 있다.

---

[25] 『Delaying of gratification, acceptance of responsibility, dedication to truth, and balancing.』

조용한 실내에서 시작한다. 반려동물이 좋아하는 것 중에서 평소에 쉽게 접하기 어렵고 냄새 끝내주는 것을 준비한다. 먹을 수 있어야 한다. 죽은 쥐를 줄 수는 없으니까. 교육에 사용할 간식은 M & M 초콜릿 크기로 입에 넣으면 사르르 녹는 것이어야 한다.[26] 말린 고기나 과자처럼 씹어 먹어야 하거나 금세 배가 부르는 음식은 교육에 사용하지 않는다. 먹는 것이 핵심이 아니고 위험할 수도 있기 때문이다. 먹는 것에 관심이 없다면 아이가 정말 좋아하는 것을 사용해도 된다.

준비물 반려동물이 끝내주게 좋아하는 두 종류의 냠냠, 친구 같은 보호자, 해피한 반려동물

개를 중심으로 적겠지만 개와 고양이는 물론 모든 동물이 할 수 있는 게임이다. 일반적으로 1번부터 11번까지 완성하는 데 몇 분 걸리지 않는다. 따라서 시작하기 전에 전 과정을 머릿속에 담은 상태에서 시작해야 한다.[27]

1단계. 눈앞의 유혹이지만 반려동물이 쉽게 손을 댈 수는 없는 상황을 만들 것이다. 반려동물에게 바로 닿을 수 있는 거리에 있으면서 반려동물이 먹을 수는 없는 상태로 시작한다. 보호자가 서 있는 자세라면 냠냠을 보호자의 발 아래, 앉은 자세라면 냠냠을 바닥에 놓고 손바닥으로 덮는다. 또는 타파웨어에 냠냠을 담고 뚜껑을 닫은 상태에서 입구만 살짝 벌리는 방법도 있다. 반려동물이 관심을 가지면 성공이다.

---

26 초콜릿을 수면 안 된다!
27 [폴랑폴랑] 자기 통제력 2016년 9월 29일 https://www.youtube.com/watch?v=oXC_cAgJ1go

2단계. 이제 반려동물이 그것을 탐구하고 방법을 찾을 시간을 준다. 원하는 것을 얻기 위해 반려동물 스스로 여러 가지 방법을 시도할 것이다. 발로 긁거나, 달라고 컹컹거리거나, 얼굴을 열심히 밀어 넣어보기도 한다. 마음대로 되지 않으면 하품하거나 옆구리를 긁거나 두리번거리기도 한다. 주변을 돌아다니며 다른 방법이 있지는 않을지 고민하거나, 두뇌를 가동하며 묘책을 찾아보기도 한다. 나름의 최선을 모두 동원하는 것이다. <u>이 모든 과정이 학습이다</u>. 반려동물의 뇌에서 학습이 일어나고 있으므로, 반려동물 스스로 여러 방법을 모색하도록 격려하면서 즐겁게 기다리면 된다. 물론 냠냠은 철통 사수한다.

반려동물보다 보호자의 인내력이 짧아 단 몇 초도 참을성 있게 기다리지 못하는 경우가 있다. 이 경우에는 전문가의 도움을 받아 보호자의 인내력 기르기부터 시작하는 것이 좋다. 깊게 호흡하며 평온하게 기다려라 제발! 몸이 꼬이고 숨이 턱까지 차오르거나, 자꾸 다른 것이 신경 쓰인다면 당장 반려동물 교육을 멈춰라. 역효과만 나기 때문이다.

3단계. 반려동물이 돌아오거나 하던 행동을 멈추고 앉아서 보호자의 눈을 바라보는 바로 그 순간, 치어리더처럼 열렬히 칭찬하며 반려동물을 유혹하던 것보다 훨씬 더 좋아하는 것을 리워드로 준다. 참고 기다리면 더 좋은 것을 얻는다고 가르쳐주는 것이다. 반려동물이 보호자보다 냠냠에 더 집중한다면 교육이 뭔가 잘못된 것이다. 연습을 멈추고 오프라인 교육에 참여해서 전문가의 도움을 받아 무엇을 놓치고 있는지 확인하는 것이 바람직하다.

4단계. 반려동물이 이 게임의 원리를 이해했다면, 보호자가 준비를 완료하는 순간 즉각 앉아서 보호자를 바라볼 것이다. 열렬히 칭찬하고 반려동물을 유혹하던 것보다 훨씬 더 좋은 것을 상으로 준다. 자동으로 앉아서 눈을 바라보기 시작했다면 다음 단계로 넘어갈 차례다.

5단계. 보호자는 이제 냠냠에서 손이나 발을 떼고 기다린다. 반려동물이 자동으로 보호자를 바라보며 기다리면 "예스"라고 말하며 칭찬하고 상을 준 후 다음 단계로 넘어간다.

6단계. 냠냠을 놓고 보호자가 뒤로 한 걸음 물러선다. 잘하면 다음 단계로 넘어간다.

7단계. 냠냠을 놓고 보호자가 두 걸음 물러선다. 잘하면 다음 단계로 넘어간다.

8단계. 냠냠과 보호자 사이의 거리를 아주 조금씩 늘려간다.

9단계. 냠냠의 개수를 두 개로 늘려본다. 잘하면 냠냠의 개수를 계속 늘린다.

10단계. 냠냠을 멀리 던져본다. 반려동물이 냠냠을 쫓아가지 않고 보호자 앞에 앉아서 눈을 바라본다면 열렬히 칭찬하고 상을 준다.

11단계. 냠냠을 내려놓고 보호자가 방을 나간다. 처음에는 초 단위로 시간을 늘려야 한다.

12단계. 거리, 밀도, 시간의 난이도를 점진적으로 높이고 상황을 다양화하면서 단계를 높여간다.

13단계. 최종 목표 행동은 주변에 냠냠이 산적해 있고 보호자가 방을 나간 상태에서도 반려동물이 보호자가 돌아올 때까지 이완된 자세로 기다리는 것이다.

폴랑폴랑 눈 키스

내가 진행하는 세미나에 한 훈련사가 반려견과 함께 참석했다. 훈련사는 자신의 반려견은 훈련이 완벽히 되어있지만, 나의 교육 콘텐츠가 필요해서 참석했다고 했다. 아이 컨택에 대한 설명과 시연을 마치고 개별 연습을 지도할 때였다. 트레이너가 본인의 반려견은 아이 컨택을 완벽하게 잘하므로 필요가 없다며 연습에 참여하지 않았다.

"아, 그러시군요. 우선 한번 보여주시겠어요? 잘 되면 트레이너님에게는 다른 걸 알려드릴게요."

그러자 트레이너가 일어나서 반려견과 아이 컨택을 시작했다. 반려견이 뚫어지게 쳐다보면 트레이너가 반려견에게 간식을 던져주는 과정이 반복되었다. 트레이너의 말대로 반려견은 눈을 떼지 않고 바라보았다. 트레이너가 허리에 차고 있는 두둑한 간. 식. 주. 머. 니. 를 말이다. 반려견이 그 주머니를 뚫어지게 쳐다보면, 트레이너는 클리커로 클릭하며 반려견의 입에 간식을 넣어주었다.

나는 잠시 멈춰달라고 한 다음 트레이너에게 한 가지 요청했다.

"트레이너님, 그 가방을 풀어서 잠깐 내려놓아 보시겠어요? 필요한 간식은 주머니에 넣으셔도 되니까요." 나는 트레이너의 가방을 받아서 반대편 테이블에 옮겨놓았다. 어떻게 되었을까? 트레이너의 반려견은 그 순간부터 단 한 번도 트레이너를 쳐다보지 않았다. 안중에 없었다. 간식 가방을 찾으며 정신없이 고개를 휘저을 뿐이었다. 트레이너는 적잖이 당황한 듯 굳어진 표정으로 진땀을 흘리기 시작했다. 눈을 보라고 애원해도 반려견이 집중하지 않자 트레이너의 목소리가 점점 높아졌다.

트레이너가 반려견에게 가르친 것은 아이 컨택이 아니다. 반려견은 트레이너를 바라본 것이 아니라 간식 디스펜서의 버튼을 누르듯 트레이너의 눈언저리와 간식 가방을 번갈아 쳐다보았을 뿐이다. 트레이너가 더 이상의 간식을 제공할 수 없는 빈 주머니가 되는 순간, 반려견의 관심 역시 사라졌다. 아이 컨택을 이처럼 잘못 이해하고 있는 사람들이 많다.

나는 트레이너와 반려견에게 잠시 쉴 여유를 준 다음 이렇게 설명했다.
"시선을 마주친다는 건 대화예요. 버튼을 누르면 간식이 나오는 것처럼, 보호자의 눈을 누르면 간식이 나오는 게 아니고요. 간식으로 유인해서 눈앞에 앉아있게 만들거나 시선을 고정하게 만드는 것은 제가 가르치는 아이 컨택이 아닙니다."

또 다른 사례다. 한 보호자가 자신의 반려견이 오랜 시간 아이 컨택을 할 수 있다며 훈련 성과를 자랑했다. 그 개는 얼굴 전체의 근육, 특히 눈과 미간의 근육이 경직되어 솟아오른 상태로 보호자를 매섭게 노려보았다. 입을 굳게 다문 채 어금니를 꽉 물고 온몸이 경직된 상태였다. 분노와 혐오감으로 속이 끓어오르는 반려견과 신이 난 보호자의 모습은 극명한 대조를 이루었다. 몇 분이나 그 상태를 유지하던 보호자가 반려견에게 잘했다고 칭찬하며 간식 가방에 손을 넣었다. 그러자 순식간에 개가 보호자의 손에서 간식을 낚아채듯이 빼앗아 먹고는 자리를 이탈했다. 분노와 혐오를 참아낸 대가로 받은 간식이다. 부정적 감정과 혐오감을 키우는 잘못된 아이 컨택의 전형적인 사례다.

언젠가부터 보호자 중에 반려동물에게 눈을 보라고 말하며 눈씨름을 하듯이 쳐다보다가 간식을 주는 분들이 자주 보인다. 반려견이 시선을 고정하고 뚫어지게 쳐다보거나, 오랫동안 눈을 마주친다고 자랑하는 분들도 있다. 심지어 쳐다보는 시간을 늘리는 연습을 한다는 보호자들까지 있다. 모두 반려동물의 불안과 스트레스를 증가시키는 부적절한 행동이다. 이처럼 잘못된 행동을 아이 컨택으로 알고 있는 보호자들이 한둘이 아니다. 만약 이런 행동을 하고 있다면 지금 당장 중단하기를 바란다. 이런 행동에 단어까지 붙여서 가르쳐왔다면 그 단어도 이 순간 폐기해야 한다.

눈 키스 – 시선 맞추기

아이 컨택에 대한 정의부터 다시 해야 할 것 같다. **내가 가르치는 시선 맞추기는 대화다.** 함께 하는 것이 즐거워서 눈을 마주치고 이야기하는 것이 아이 컨택이다. 그래서 나는 시선 맞추기를 '눈 키스'라고 부른다. 내 반려견들을 만난 사람들이 하나같이 하는 말이 있다. 내 반려견들과 함께 있으면 마치 사람과 대화하는 것 같은 신기한 기분이 든다고 말한다. 사람의 생각을 읽고 있는 것처럼 눈을 들여다보면서 감정을 읽고 공감해 주는 동물을 처음 보았다고 말이다. 이것이 눈 키스다.

아이 컨택은 서로 다양한 형태의 감정을 주고받기 위해 사용하는 비언어적 의사소통의 하나다. 호감, 비호감, 회피, 도전, 관심, 애정, 친밀감, 혐오, 시기 등 다양한 감정이 시선을 통해 전달된다. 눈은 마음의 창이라고 하지 않나. 눈을 바라보는 것이 혐오감의 표현인 경우도 있다. 시선을 한 곳에 고정하고 경직된 눈으로 바라보는 것은 도전적인 의미로 받아들여진다. 반려동물도 마찬가지다.

무의식적으로 또는 자동으로 상대방의 말이나 행동, 표정이나 시선을 모사하는 것을 자동 모사$^{Automatic\ Mimicry}$라고 한다. 다른 사람이 하품하면 갑자기 하품이 나오는 이유도 이것과 관련이 있다. 자동 모사는 공감대

나 동질감을 형성하는 데 도움을 주기 때문에 사회적 관계에서 중요한 부분이다. 아이 컨택은 대표적인 자동 모사다. 최근 연구에 따르면 자동 모사는 보이는 언행을 모사하는 것으로 그치는 것이 아니라, 눈을 마주치는 쌍방의 뇌에서 동일한 뉴런을 활성화하는 것으로 보인다. 눈으로 대화할 때 감정과 정신 상태도 공유되는 것이다.

우리는 대화할 때 눈을 마주치고 귀를 기울여주는 상대에게 호감을 느낀다. 관심이 생기면 상대와 더 자주 눈을 마주친다. 바라보는 그 자체가 보상이다. 눈을 맞추며 서로 관심과 호감을 표현하면 의사소통이 촉진되고 관계가 향상된다. 상대방에게 좋은 인상을 주고 싶을 때 우리는 눈썹을 올리고 눈 근육을 이완한다. 반대로 관심이 없거나 비호감일 때, 다투고 싶지 않을 때, 상대하고 싶지 않을 때 우리는 의도적으로 또는 무의식적으로 상대로부터 시선을 돌린다.

반려동물은 자동 모사의 달인이다. 개는 사람의 감정을 그대로 모사한다. 개는 사람의 표정이나 눈빛에 따라 자기 행동을 바꾸기도 하고, 사람의 낯빛을 보고 선택적으로 반응하기도 한다는 것이 연구를 통해 밝혀졌다. 칭찬받으며 교육받은 개일수록 사람과 더 자주 눈을 마주친다. 가르치는 사람과 동물의 관계가 좋을 때 개는 더욱 자주, 자발적으로 눈을 마주친다. 사람과의 관계에 따라, 사람의 감정이나 행동에 따라 반려동물은 그 사람과의 아이 컨택을 선호하기도 하고 회피하기도 한다. 누구라도 호감이 안 가는 사람과 애써 눈을 마주치지는 않는다. 눈을 마주치면 잔소리부터 하는 부모님이라면 그림자만 보여도 시선을 피하며 돌아나갈 것이다. 반려동물도 마찬가지다.

내가 반려견에게 가장 먼저 가르쳐야 하는 것으로 자기 통제력과 더불어 아이 컨택인 '눈 키스'를 강조하는 이유는 이것이 보호자와 반려동물 간의 효과적인 의사소통과 긍정적이고 건강한 상호 관계 형성에 필요한 핵심이기 때문이다. 뚫어지게 쳐다본 대가로 간식을 주는 것이 아이 컨택이라고 믿고 있다면, 이것이 반려동물과의 의사소통과 상호 관계에 어떤 긍정적인 역할을 하고 있는지 자문해 보기를 바란다. 그것이 의사소통인가? 그것이 관계를 깊게 만들었나? 잘못된 아이 컨택을 하다가 오는 보호자와 반려동물에게 올바른 아이 컨택을 가르치는 것은 쉽지 않다. 보호자와 시선을 맞출 때 느끼는 혐오와 불쾌감이 이미 반려동물에게 각인된 상태이기 때문이다. 반려동물이 혐오와 분노를 표현하게 만들고 그 행동에 보상까지 지불하는 것은 반사회적 성향을 장려하는 것이나 마찬가지다.

'눈 키스'는 서로 눈을 마주치고 대화하며 감정을 공유하는 것이다.

시선을 마주친다는 것은 좋은 관계를 반영하는 거울과 같다. 서로 바라보는 눈빛만 보아도 반려동물과 보호자의 관계를 짐작할 수 있다. 반려동물과 누구보다 친밀하고 사랑하는 관계가 되고 싶다면 '눈 키스'를 기억하고 실천하자. 방법은 간단하다. 누가 봐도 바라보고 싶은 예쁜 눈을 하고 있는지 거울로 먼저 확인하고 시작하자. 반려동물과 함께 할 때는 언제나 그래야 한다. 반려동물이 바라보면 웃는 눈으로 같이 눈을 맞추며 대화하면 된다. 서로 눈이 마주치면 언제나 마음 깊은 애정을 담아서 이야기를 들어준다. "필요한 거 있니? 내가 도와줄 일이 있을까? 지금 너의 마음은 어떤 상태니?" 반려동물의 감정과 욕구에 주파수를 맞추고 들여다보고 거기에 응답하는 것이 눈 키스다.

반려동물이 '아, 눈을 마주치면 이 사람은 내 마음을 알아주는구나. 눈을 마주쳤더니 나에게 무엇이 필요한지 이해했어. 눈을 마주치면 사랑받고 있다는 사실이 느껴져. 눈을 마주치면 행복해져. 기분 좋아.'라고 느끼면 느낄수록, 점점 더 자주 그리고 아주 오래 보호자와 눈을 마주치고 이야기한다. 그것이 '눈 키스'다. 그러면 여러 상황에서 반려동물이 보호자와 눈을 맞추며 보호자의 의사를 물어보고 대화하는 습관을 갖게 된다. 반려동물이 자신의 판단에 앞서 나의 의사를 묻는다면 나를 신뢰하고 좋아한다는 뜻이다. 그 관계가 만들어지고 지속되면, 이후에 많은 것을 쉽고 즐겁게 함께 할 수 있다.

　기존에 반려동물이 잘못된 훈련에 노출된 경우, 보호자와 반려동물의 관계가 안 좋은 경우, 보호자가 관계에 서툴거나 공감 능력이 부족한 경우 등 반려동물이 보호자와 눈을 마주치는 것을 거부하는 경우가 있다. 이럴 때는 처음에 마중물이 필요할 수 있다. 기회가 된다면 오프라인 교육에서 도움을 받아서 관계를 회복할 기회를 만들기 바란다. 눈 키스는 눈으로 서로 대화하는 것. 이 점을 꼭 기억하자.

폴랑폴랑 바디 블로킹[28]

    2015년에 출간한 『당신은 반려견과 대화하고 있나요?』라는 책에서도 내가 가르쳐온 '바디 블로킹Body Blocking'과 '시선 블로킹'을 소개했다. 시선 블로킹은 시각적 블로킹이라고도 한다. 블로킹은 다양한 일상에서 유용하게 사용할 수 있고, 의사를 효과적으로 반려견에게 전달하는 내 교육 방법의 하나다. 그런데 이 단어들을 복제해서 전혀 다른 의미의 잘못된 방법으로 사용하는 분들이 있다.

    많은 사람이 바디 블로킹이라고 이름 붙여서 사용하고 있는 방법들은 내가 정의하고 기술한 바디 블로킹이 아니다. 동물의 몸을 물리적으로 밀어내거나 밀쳐내는 행동들은 비인도적이고 부적절한 행동이다. 그런 행동은 바디 블로킹이 아니라 '바디 슬램Body Slam'이라고 표현하는 것이 맞을 것이다. 그리고 바디 슬램은 록 콘서트나 레슬링에서 하는 것이지 반려동물에게 할 행동이 아니다. 이런 행동은 반려견의 행동 변화에 전혀 도움이 되지 않는 것은 물론, 바람직하지 않은 행동을 강화한다. 더욱이 보호자가 동석한 상황에서 훈련사 또는 낯선 사람이 반려동물에게 그런 행동을 하도록 허용하는 것은 절대 금물이다. 그 순간 반려동물이 갖고 있던

---

28 [폴랑폴랑] 바디 블로킹 2021년 6월 16일 https://www.youtube.com/watch?v=H0Khx0rocY4

보호자에 대한 신뢰는 박살 나고, 그 트라우마와 분노는 쉽게 지워지지 않는다. 뒤늦게 후회해 봐야 소용없다.

반려견이 짖거나 달려 나갈 때 반려견 앞을 몸통으로 막아서면서 그것에 바디 블로킹이라는 단어를 붙이는 분들도 있다. 이것은 바디 블로킹이 아니다. 게다가 전혀 효과가 없다. 반려견은 바보가 아니고, 보호자의 몸은 다른 개를 보지 못하게 막을 수 있을 정도로 드넓지 않다. 보호자가 아무리 날렵해도 당연히 개가 더 빠르다. 보호자가 몸으로 막으려고 달려 나가는 사이에 반려견이 더 앞으로 달려 나가기 때문에, 결국 상대방과 거리만 가까워지고 상황이 악화할 뿐이다. 효과만 없는 것이 아니라 반려동물을 짜증스럽고 욱하는 아이로 만든다.

그보다 더 중요한 사실이 있다. 사람은 시각이 우선이지만 개는 후각이 우선이다. 반려견은 상대의 모습을 보고 긴장하거나 흥분한 것이 아니다. 반려견은 이미 냄새를 통해서 상대방의 존재를 강렬하게 확인하고 있다. 보호자가 막아선다고 상대의 존재감이 사라지지 않는다. 이런 상황을 반복 재현하는 것은 반려동물에게 부정적인 감정들을 반복 연습시키는 것과 같다. 시간이 갈수록 반려동물이 느끼는 불만과 분노는 증폭되고, 호르몬도 더 빠른 속도로 분출된다.

블로킹은 언어다.

내가 정의하고 책에 기술한 '블로킹', 내가 가르치는 **블로킹은 훈련 기술이 아니라 '언어'다.** 다시 말해 반려동물에게 별도로 가르쳐야 하는 기술이 아니라, 몸짓으로 의사소통하는 바디랭귀지의 하나다.

"출입 금지 지역입니다. 돌아가세요."라고 막아 세울 때 바디랭귀지를 떠올려보자. 언어를 몰라도 상대방이 손을 들어 가로막으면 우리는 정해진 선을 넘지 않는다. 이것이 바디 블로킹이다. 바디 블로킹은 만국 공통어다. 배워서 하는 것이 아니라 자신도 모르는 사이에 표현하고 이해하는 언어의 하나다. 반려동물도 마찬가지다. 우리의 반려동물들은 "넘어오지 마시라요." 하고 부탁만 해도 고맙게도 대부분의 경우 우리의 부탁을 잘 들어준다.

바디 블로킹

바디 블로킹으로 의사를 표현할 때는 반려동물 앞에서 손가락으로 선을 그어 보이거나, 손이나 다리로 경계선을 그어서 알려준다. 따로 가르치지 않아도 반려동물은 "이 선을 존중해 줘."라는 의미로 금세 이해한다.

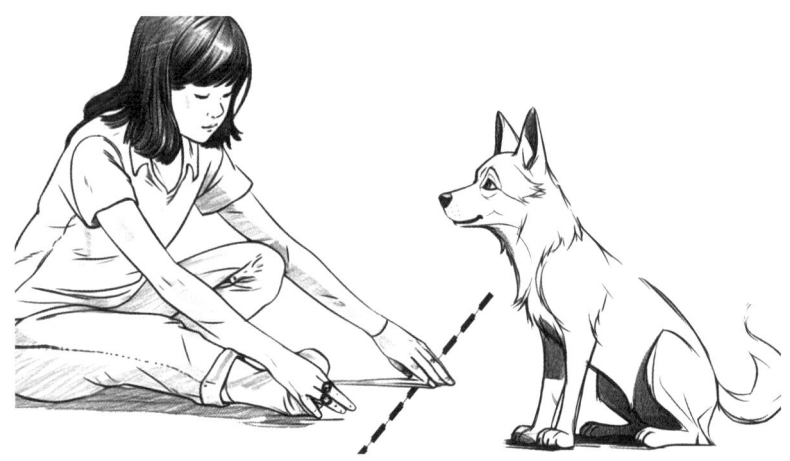

손가락으로 경계선을 알려준다.

바디 블로킹 또는 시각적 블로킹에서 보호자의 몸이 물리적으로 반려동물의 몸에 닿아야 할 이유가 전혀 없다. 가림막으로 반려견 앞을 가로막을 이유도 없다.

다리로 경계선을 그어서 알려준다.

바디 블로킹은 여러 상황에서 두루두루 유용하게 사용할 수 있다. 엘리베이터에 타면 반려동물을 뒤편 코너에 앉게 하고, 보호자가 발로 경계를 그어서 반려동물에게 알려주면 된다. 반려동물은 그 선 안에 머물러야 한다는 사실을 금방 이해한다. 이 행동은 반려동물뿐만 아니라 주변 이웃들에게도 보호자의 의사를 전달하는 효과가 있다. 그 선을 침범하여 들어와서 반려동물을 방해하는 사람은 많지 않다.

횡단보도 앞에서도 마찬가지다. 횡단보도에서는 보호자가 아무리 줄을 짧게 잡고 있어도 사고의 가능성을 간과할 수 없다. 갑자기 사이렌이 울리거나 뒤에서 누군가 뛰어나온다면 반려견이 놀라서 피하려다가 위험에 노출될 수도 있다. '줄이 짧으니까 괜찮겠지.'하고 방심하지 말고, 언제나 바디 블로킹을 습관화하는 게 보호자와 반려견 모두에게 유익하다. 횡단보도에서 바디 블로킹을 할 때는 횡단보도 안전선 뒤쪽에 반려견을 앉힌 다음 발로 경계를 알려주면 된다. 이때 보호자의 몸통이 반려견을 향하는 자세로 서서 반려동물로부터 먼 쪽, 그러니까 바깥쪽의 다리로 블로킹한다. 그래야 보호자가 한편으로는 반려견을 체크하고 반려견의 이야기를 놓치지 않고 들을 수 있으면서, 동시에 다른 한편으로는 주변 상황을 체크할 수 있다. 내가 반려견 산책 교육할 때 항상 하는 말이 있다. "**한쪽 눈은 반려견, 다른 한쪽 눈은 주변 상황을 보세요.**" 몇 차례만 일관성 있게 이 습관을 반복하면 반려견이 자동으로 횡단보도나 엘리베이터에서 자기 자리에 앉아서 기다리는 습관을 갖게 된다. 따로 훈련하거나 "앉아 기다려" 잔소리할 필요가 전혀 없다.

"한쪽 눈은 반려견, 다른 한쪽 눈은 주변 상황을 보세요."

만약에 반려견이 짖고 달려드는 습관을 갖고 있는데 전문가의 도움을 받기는 어려운 상황이라면 시각적 블로킹이 유용하다. 반려견이 보호자에게 시선을 집중하도록 해서 대상에게서 벗어나는 방법이다. 몇 차례만 반복해도 상당히 긍정적인 효과를 볼 수 있다. 경우에 따라 몇 가지 전술이 있는데 기본적인 방법을 설명하겠다.

산책 중에 다른 개가 반대편에서 걸어오는 모습이 보이면, 보호자가 바깥쪽에 서서 걸으면서 반려견의 시선을 보호자에게 집중시키며 지나간다. 이렇게 하면 반려견이 다른 개와 등을 진 상태로 보호자에게 집중하며 지나가기 때문에 상대방에게 주의를 기울이지 않게 된다. 이것이 시각적 블로킹의 한 방법이다.

폴랑폴랑 시선 블로킹 방법 중 하나

또 다른 방법으로 내가 『당신은 반려견과 대화하고 있나요?』라는 책에서도 설명한 C-커브가 있다. 알파벳 C자 모양으로 반원을 그리며 돌아가는 방법이다. 시각적 블로킹과 C-커브에서 활용도가 높은 두 가지 방법을 추가로 소개하겠다.

방법 1. **바디 블로킹 + C 커브** 보호자가 커브의 안쪽에서 걷는다.

방법 2. **시각적 블로킹 + C 커브** 보호자가 커브의 바깥쪽에서 걸으며 반려견을 보호자에게 집중시킨다.

C 커브

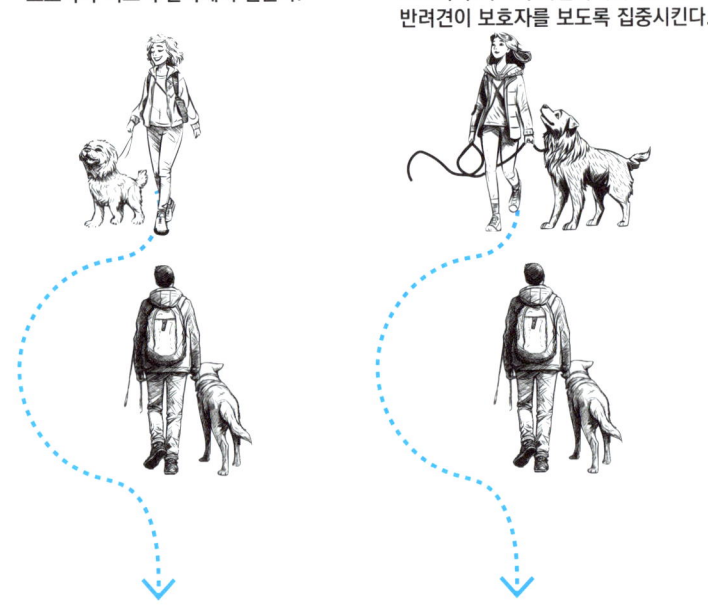

간혹 반려동물의 몸을 밀지 않고는 블로킹이 안 된다고 말하는 분들이 있다. 대부분 네 가지 경우 중 하나다. 반려동물의 의사 표현을 이해하는 데 서툰 경우, 사람의 바디랭귀지가 명확하지 않아서 반려동물에게 혼선을 주는 경우, 훈련 기초 지식이 부족하거나 잘못된 행동이 몸에 밴 경우다. 반려동물의 언어를 잘 몰라서 표현하는 타이밍을 모르는 경우, 사람의 바디랭귀지가 명확하지 않아서 반려동물에게 혼선을 주는 경우는 개별적인 지도를 받으면서 보호자의 바디랭귀지와 습관을 다듬으면 고민을 쉽게 해결할 수 있다.

폴랑폴랑 이리 와 100%[29]

"이리 와, 이리 와"

목 놓아 불러도 오지 않는 강아지여!

집에서도 공원에서도 놀이터에서도, 분명히 자신의 반려견인데 잡으러 다니느라 진땀을 흘리는 보호자들을 흔히 볼 수 있다. "우리 어쩌다가 이런 사이가 되었나?" 싶을 거다. 그나저나 '이리 와' 교육을 언젠가부터 콜백 훈련이라고 부르는 분들이 보이는데, 콜백은 고객 센터 등에서 전화에 회신하거나 후속 조치하는 것을 말한다. '이리 와'라는 예쁜 말이 있는데 굳이 영어 표현을 사용하고 싶다면 리콜^{Recall} 또는 Come when called라고 하면 된다. 나는 '이리 와 교육'이라고 가르친다.

나와 나의 반려견들이 산책하는 지역에서 나는 한때 '목양 소녀'로 불렸다. 내가 손가락으로 방향을 가리키기만 하면, 나의 반려견 셋이 내 손가락이 가리키는 방향을 향해 일사불란하게 방향을 전환했기 때문에 그 광경을 목격한 사람들에게 그렇게 불렸었다.

나의 반려견 벤노가 나의 가족이 되고 얼마 되지 않았을 때의 일인데 가게 문 앞에 얌전히 앉아서 나를 기다리던 벤노를 누군가 데리고 가려

---

[29] [폴랑폴랑] 부르면 반드시 돌아오는 이리 와 2020년 10월 20일 https://blog.naver.com/animalmind/222121177265

했던 사건이 있었다. 우리가 산책하는 모습을 보고는 생김새도 예쁘고 영특하다고 생각해서 데리고 가려 한 모양이었다. 모르는 사람이지만 자신의 이름을 알고 있으니 벤노는 경계심 없이 호의적이었다. 온 세상 사람들이 자신을 사랑한다고 생각하는 아이니까.

그 일이 있고 난 뒤 나는 길에서는 아이들의 이름을 부르는 대신 휘파람을 사용했다. 처음에는 바람 새는 소리조차 나지 않았지만, 연습하다 보니 거리가 꽤 떨어진 곳에서도 아이들이 들을 수 있을 정도로 휘파람을 불 수 있게 되었고 의미에 따라 휘파람 소리를 바꾸는 것도 가능했다. '이름 대신 휘파람을 사용한다면 누구라도 휘파람을 불면 아이들이 대답하는 거 아닌가?'라고 생각할 텐데 그렇지 않다. 우리 아이들은 다른 사람의 휘파람에는 전혀 반응하지 않고 내 휘파람 소리에만 정확히 대답했다. 아마 '이렇게 엉망인 휘파람은 다른 사람은 낼 수 없어.'라고 생각했을 거다.

당신도 나처럼 목양 소녀가 될 수 있다. 우선 이것부터 알아야 한다.

'왜 우리 강아지는 불러도 오지 않는 걸까?'

사람이나 강아지나 고양이나 모든 동물의 행동 심리는 일맥상통한다. 당신의 휴대전화로 지금 전화가 한 통 걸려 왔다. 번호를 보니 그다지 대화하고 싶지 않은 사람의 전화다. 그리고 지금 다른 일로 마음이 바쁘다. 당신이라면 그 전화를 받을까? 사랑하는 사람이 걸어온 전화라면 어떨까? 아무리 지금 바쁘고 대화할 상황이 아니더라도 날아다니는 목소리로 전화를 받겠지? 세로토닌 뿜뿜 하면서.

거의 99.9%의 보호자들이 반려견 놀이터에 가면 반려견을 풀어주고는 다른 일로 바쁘다. 휴대전화를 보고, 지인과 수다를 떨고, 전화 통화를 하고, 넋을 놓고 있다가 이제 슬슬 집에 가야겠다 싶은 시점이 되면 그제야 반려견을 부른다. "다롱아 이리 와" 다롱이가 과연 올까? 다롱이가 보호자에게 간다면 과연 어떤 기분으로 갈까?

다롱이 입장에서 보호자의 "이리 와"라는 요청은 이렇게 해석된다.

이리 와 = 놀이는 끝났다.

'부르는 보호자에게 돌아가는 순간 나에게는 줄이 채워지고 집으로 돌아가야 한다. 아~ 백만 년 만의 외출인데…. 이렇게 돌아갈 순 없어.'

놀이를 끝내고 싶지 않은 다롱이의 전략은 이렇다.

1. "이리 와"라는 소리를 못 들은 척
2. 다른 일로 바쁜 척
3. 멀리멀리 더 멀리
4. 몸에 참기름이라도 바른 것처럼 미끄러져 나가기

폴랑폴랑 이리와 교육의 핵심

첫째. 반려동물에게 보호자의 "이리 와"가 세상에서 가장 기분 좋은 소리가 되도록 만드는 것이다. <u>반려동물이 내 품에 왔을 때는 언제나 세상에서 가장 행복한 아이로 만들어주어야 한다는 것을 잊지 마라.</u> 내 품에 안긴 아이가 부정적인 경험을 하게 만들면 절대 안 된다.

둘째. 보호자에게 돌아가는 것이 '<u>놀이의 연장, 즐거움의 한 부분</u>'이라는 것을 가르치는 것이다. 반려동물들에게 당신은 꽤나 지루한 생명체라는 것을 알기 바란다. 어쩌면 코인 노래방에서 추억의 번안가요를 열창하는 부장님만큼이나 따분할지도 모른다. 그렇게 지루한 생명체인 당신에게 반려동물이 주변의 온갖 흥미진진한 이벤트들을 다 물리치고 달려가서 품에 안기는 거다. 그러니 반려동물의 선택에 가슴 벅찬 감사를 담아 당신도 최상의 기쁨을 돌려주어야 한다.

100% 성공하는 '이리 와'를 위한 폴랑폴랑 다섯 가지 규칙

불렀을 때 반려동물이 즉각 돌아오도록 가르치고 싶다면 반드시 이 다섯 가지 규칙을 지켜야 한다.

RULE 1. 기분이 좋지 않은 일에는 절대 부르지 않는다.

예를 들어 발톱을 깎아야 할 때 다른 곳에 있는 반려견을 부르지 않는다. 우리도 개도 고양이도 기분이 좋지 않은 일, 부정적인 경험은 멀리하는 경향을 보인다. 당연하지 않나? 발톱을 깎는 일이 설레고 기다려지는 일이 아닐 텐데, 보호자가 부르니까 반갑고 좋아서 달려갔더니 발톱을 깎는다면 그런 배신행위가 없다. 피크닉 가는 줄 알고 신이 나서 달려 나왔더니 잡초 뽑으라고 하면 정말 기분 나쁘지 않을까? 아마 다음번에는 불러도 바쁘다며 나가지 않을 거다. 발톱을 깎아야 한다면 반려동물을 부르지 말고 보호자가 직접 간다.

RULE 2. 불러도 오지 않을 상황에서는 부르지 않는다.

반려견이 지금 신이 나서 개껌을 씹는데 정신이 팔려있다면 불러도 듣지 못할 가능성이 높다. 크게 하는 일이 없는 상황에서도 불렀을 때 올까 말까 한 아이인데, 다람쥐를 보고 신이 나서 뒤쫓는 아이를 불러봐야 오지 않을 게 뻔하다. 이런 상황에서 반복해서 부른다면 반려동물은 아마 당신이 치어리더라고 생각할 것이다. 따라서 이런 상황에서는 절대 부르지 않는다.

RULE 3. 불렀을 때는 반드시 오도록 만든다.

반드시 올 것이 예상되는 상황일 때 부른다. 모든 행동 교육은 가장 집중하기 좋은 상황부터 시작해서 단계를 높여가야 한다. 조용한 방에서 너와 나, 단둘이 있을 때 이리 와가 100% 가능해지는 것부터 시작해서 차근차근 단계를 올린다. 가르치는 과정은 짧게, 반려동물이 집중해서 재미있게 참여하는 선까지, 주의가 흐트러지거나 관심을 잃기 전에 중단한다.

RULE 4. 반복하여 말하지 않는다.

소용없는 줄 알면서 열 번 스무 번 반복해서 이름만 부르고 있는 그대. 제발 반려견 이름 반복해서 부르지 말라고 해도 고장 난 기계처럼 반복하는 그대를 볼 때마다 이런 생각이 든다. '삶아 먹을까, 구워 먹을까, 바비큐를 해 먹을까?' 오지 않을 상황에서 반려동물의 이름을 반복해서 부르는 것은 "내가 너의 이름을 불러도 신경 쓸 필요 없어. 한 귀로 듣고 한 귀로 흘려라."라고 가르치는 것과 같다. 오염된 단어다.

RULE 5. 근사한 보상을 한다.

근사한 보상이란 먹을 것이나 쓰다듬는 것만을 의미하는 것이 아니다. 내가 정의한 '일상의 보상'이 강아지와 고양이뿐만 아니라 사람을 포함하여 모든 동물에게 가장 최상의 보상이다.

폴랑폴랑 액션 플랜

반려견이 이리와 요청에 100% 응하도록 가르치는 방법이다. 집에서도 할 수 있고 반려견 놀이터나 카페 등에서도 할 수 있다. 몇 번만 연습해도 반려견이 달라지는 모습을 순식간에 확인할 수 있을 것이다.

첫째. 반려견이 나를 바라보며 다가오는 순간에 "이리 와"라고 말하고 반려견에게 근사한 리워드를 준다. 그 순간 반려견이 가장 원하는 것이 무엇이냐에 따라서 리워드는 달라진다. 기분 좋게 안아주거나, 쓰다듬어 주거나, 끝내주게 맛있는 간식을 주어도 좋다. 짧고 기분 좋게 리워드를 주고 다시 "**재미있게 놀아.**"라고 말하며 보내준다.

둘째. 반려견이 신나게 놀고 있을 때, 짝사랑하는 사람 곁을 맴도는 사람처럼 반려견과 가까운 곳에서 지켜보다가 반려견이 잠시 숨을 고르는 타이밍에 "이리 와"라고 부른다. 처음에는 요청을 거부하기 어려울 정도로 가까운 거리에서 하는 것이 좋다. 반려견이 오면 다시 반려견이 가장 좋아하는 것으로 기분 좋게 해주고 "**재미있게 놀아.**"라며 보내준다.

셋째. 반려견이 노는 동안 1번과 2번을 몇 차례 반복한다.

넷째. 집에 가야 할 시간이 되면 미리 기회를 보고 있다가 반려견에게 다가가서 줄을 채우며 반려견이 가장 원하는 것을 리워드로 준다.

다섯째. 반려견이 숨을 고를 시간 여유를 준 다음, 줄을 잡고 반려견과 눈 키스를 하며 폴랑폴랑 기분 좋게 자리를 나선다.

크레이트 트레이닝, 제대로 하고 있나?[30]

크레이트와 케널을 혼동하는 분들이 있어 용어부터 정리하겠다.

크레이트^{Crate}

주로 동물을 운반할 때 또는 안전 목적으로 사용하는 문이 달린 박스를 크레이트라고 한다. 플라스틱, 금속, 패브릭, 와이어 등으로 만든다. 동물이 그 안에서 안전하게 쉴 수 있는 견고한 형태다.

케널^{Kennel}

흔히 켄넬이라고 부르는 케널Kennel은 동물을 수용할 목적으로 영구적으로 설치한 큰 폐쇄 공간을 말한다. 마당에 금속 재질로 만들어놓은 커다란 공간, 훈련소나 보호소의 견사 등이다. 여러 마리가 한 번에 들어갈 수도 있고 운동장 같은 시설을 그 안에 추가할 수도 있다.

잘못된 크레이트 트레이닝으로 고생하는 보호자들이 많다. 그로 인해 반려동물에게 폐소공포증이 생긴 사례도 증가하고 있다. 손님에게 짖을 때 반려견을 크레이트에 가두거나, 분리 불안에 크레이트를 사용하거나, 크레이트를 훈련 용도로 사용하는 등 잘못된 용도로 크레이트를 사용해

---

30 [폴랑폴랑] 강아지 고양이를 위한 크레이트 트레이닝, 제대로 하고 계신가요? 2016년 2월 2일 https://blog.naver.com/animalmind/220616695002

서 문제를 만드는 경우도 많다. 내가 만난 한 보호자는 강아지를 입양하면서 여행 목적으로 크레이트를 마련했고, 강아지가 자발적으로 크레이트에 들어가서 쉬는 것을 좋아해서 처음에는 문제가 없었다고 한다. 그런데 잘못된 크레이트 훈련을 받은 이후부터 강아지가 크레이트에 들어가기를 거부하고 그 안에서 소리를 지르며 울기 시작했다고 한다. 반려견과 해외에 나갈 예정이었던 이 보호자는 난처한 상황에 놓였다. 크레이트가 반려동물에게 포비아^{Phobia}를 유발하는 공간으로 변질된 사례다.

반려동물에게 해가 되는 잘못된 크레이트 훈련 사례

1. 크레이트 안으로 간식을 던져 넣으며 들어가도록 가르치는 경우

우리가 원하는 것은 간식에 정신이 팔려 쫓아 달려가는 반려견이 아니다. 차분하고 절제된 행동을 할 줄 아는 행복한 반려견과 함께 사는 것이 목표라면 이런 훈련은 바람직하지 않다.

2. 크레이트 안에 배변 패드를 깔아놓거나 비어있는 상태로 사용하는 경우

맨바닥이나 얇은 담요만 깔린 크레이트에서 지내는 반려동물을 살펴보면 관절 마디에 굳은살이 두텁게 자리 잡은 것을 볼 수 있다. 플라스틱 위에 누워서 엄마의 품과 같은 따스함을 느낄 수 있는 동물은 어디에도 없다. 크레이트에 배변 패드를 깔아 두는 경우도 많이 보이는데 크레이트는 배변하는 공간이 아니고, 배변 배드 위에 누워있는 습관은 화장실 교육에도 도움이 되지 않는다. 반려동물이 배변을 참지 못할 만큼 오랜 시간 갇혀 있어야 하는 공간이 절대 아니다.

3. 체벌·훈육 용도로 사용하는 경우 및 동물 병원에 갈 때만 사용하는 경우

반려동물이 보호자의 마음에 들지 않는 행동을 하면 크레이트에 들어가라고 하는 것, 크레이트에 들어갔다가 나오는 동작을 반복하게 시키는 것, 훈육한다는 이유로 반려동물을 크레이트에 가두거나 병원 방문 시에만 사용하는 것은 크레이트를 잘못된 용도로 사용하는 것이다. 크레이트를 반려동물의 분리 불안 훈련에 사용하는 경우는 더 문제가 심각하다. 크레이트는 분리 불안 해결에 전혀 도움이 되지 않는다. 오히려 '감금 불안'이라는 추가적인 문제를 야기하며 간단한 교육을 길고 어려운 수행으로 만든다.

크레이트는 훈련 목적으로 또는 동물을 가둬두는 공간으로 사용하기 위한 것이 아니다. 살다 보면 어느 순간에 반려동물이 밀폐된 공간에 들어가야 할 일이 생긴다. 병원에 입원할 때, 여행 갈 때, 교통수단에 탑승할 때, 공공장소 방문 등 여러 경우가 있다. 그런데 반려동물이 잘못된 크레이트 훈련으로 인해 밀폐된 공간에서의 공포를 경험하면 생활에 많은 제약이 생긴다.

4. 반려동물을 크레이트 안에 장시간 방치하는 경우

크레이트는 반려동물을 가두는 공간이 아니다. 반려동물에게 갇힌다는 인상을 심어주면 절대 안 된다. 특히 연령에 따라 다르기는 하지만 아기 강아지나 아기 고양이는 방광 조절 능력이 충분히 발달하지 않아서 30분~4시간 이상 배변을 참는 것이 불가능하다. 장시간 크레이트에서 지내면 그만큼 크레이트 내부에서 실수할 가능성이 커진다. 이 또한 교육에 부정적 영향을 미친다.

폴랑폴랑 크레이트 트레이닝

크레이트 = 젠^{Zen}, 안식의 공간, 나만의 둥지, 명상 공간, 쉼터, 휴식처

크레이트 트레이닝은 반려동물의 안녕을 위한 것이다. 어린 시절을 떠올려보자. 옷장이나 상자에 들어가는 것을 얼마나 좋아했나? 엄마의 배 속에 있는 것처럼 아늑하고 안전한 공간, 크레이트가 그 역할을 하도록 가르치는 것이 내가 하는 크레이트 트레이닝이다.

> **크레이트 = 젠Zen, 안식의 공간, 나만의 둥지**
>
> 아늑한 공간이 필요할 때
>
> 나만의 시간이 필요할 때
>
> 쉬고 싶을 때
>
> 식사, 놀이를 즐길 때
>
> 곤히 자고 싶을 때
>
> 아프거나 몸이 불편할 때

크레이트 트레이닝이 필요한 이유로 크게 다음의 세 가지가 있다.

1. '나만의 공간'이 필요하다.

반려동물에게는 엄마의 배 속에 있는 것처럼 아늑하고 안전한 나만의 공간이 꼭 필요하다는 사실을 꼭 기억해야 한다. 올바로 가르친다면 아프거나 쉬고 싶을 때, 잠시 자신만의 시간이 필요할 때, 곤히 자고 싶을 때, 나만의 놀이를 즐길 때 등 자신만의 공간이 필요할 때 크레이트가 반려동물에게 둘도 없는 안식처가 될 수 있다.

2. 효과적이고 빠른 배변 교육이 가능하다.

폴랑폴랑의 반려동물 배변 교육은 반려동물이 배변해도 좋은 장소와 타이밍을 스스로 분별할 수 있도록 가르치는 것을 목표로 한다. 그래야만 상황이나 장소에 상관없이, 어디를 방문하더라도 매너 있고 배변 습관이 좋은 반려동물과 생활할 수 있기 때문이다. 이와 같은 배변 교육에 크레이트가 도움이 된다. 아직 어린 강아지와 고양이는 방광 조절 능력이 약하여 조금 더 시간이 걸릴 수 있지만, 대체로 일주일 내에 배변 교육을 완성할 수 있다.

3. 반려동물의 안전을 위해 필요하다.

개와 고양이는 몸에 이상이 생기면 본능적으로 침대 밑이나 구석처럼 사람의 손이 닿지 않는 곳에 몸을 숨긴다. 당장 조치해야 하는 응급 상황에서 손이 닿지 않는 곳으로 몸을 숨긴다면 보호자가 반려동물을 신속히 도울 수가 없다. 그러나 크레이트가 올바른 의미로 자리 잡는다면 신속하게 반려동물의 생명을 구하는 데 도움이 된다.

크레이트 선택 기준

패브릭, 플라스틱, 와이어 등 여러 소재의 제품이 판매되고 있고 각각 장단점이 있다. 하나만 고른다면 견고한 플라스틱 재질로 크레이트 상단과 하단 및 문을 쉽게 분리할 수 있는 제품이 좋다. 크레이트 내부는 온도가 올라가기 쉽다. 따라서 4면에 통풍창이 있고 최대한 반려동물의 시야를 확보할 수 있는 제품을 선택한다. 한번 마련하면 대를 물려 사용할 수 있을 만큼 내구성이 높은 제품을 구입하는 편이 경제적이고, 견고한 제품이 반려동물에게도 아늑한 느낌을 준다.

크기는 반려동물이 완전히 성장했을 때의 체격을 기준으로 한다.
- 동물이 크레이트 안에서 일어섰을 때 머리가 천장에 닿지 않는 높이
- 동물이 크레이트 안에서 몸의 방향을 돌릴 수 있는 폭
- 동물이 크레이트 안에서 몸을 길게 스트레칭해도 넉넉한 길이

반려동물이 어려서 공간이 너무 많이 남는다면 크레이트 제조사에서 판매하는 별도의 칸막이를 구매하여 사용하다가 반려동물이 성장하는 속도에 맞춰 제거한다.

주문한 크레이트가 도착하면

1. 바로 사용하지 말고, 분리하여 중성세제로 깨끗이 닦아 잘 말린다.
2. 크레이트를 놓을 위치를 정한다.

궁극적으로 크레이트는 나만의 아늑한 공간인 만큼, 소음이나 가족들의 움직임에 방해받지 않고 편히 쉴 수 있는 공간에 놓을 것이다. 그러나

첫 소개 단계에서는 반려동물과 가족들이 가장 시간을 많이 보내는 거실 등에 놓는다.

3. 교육 첫 단계에서는 문을 부착하지 않는다.

문은 잘 보관해 두고 크레이트 본체만 조립하여 정해진 자리에 놓는다. 실내 바닥이 미끄럽다면, 크레이트 아래에 미끄럼 방지 매트를 놓고 그 위에 크레이트를 두면 안정감 있게 놓을 수 있다.

4. 크레이트는 반려동물만의 5성급 호텔이 되어야 한다.

톰 피터스는 '그곳의 침대가 얼마나 아늑하고 피로를 풀어주는가?'로 호텔의 수준을 평가하였다. 당신도 반려동물을 위해 마련한 크레이트를 특급 호텔 수준의 공간으로 만들어주어야 한다. 요란한 장식이 필요한 것이 아니다. 반려동물이 장시간 누워있어도 편안한 공간, 관절과 뼈에 무리가 가지 않는 안락함이 중요하다. 푹신하고 질감 좋은 매트, 담요, 베개, 반려동물이 좋아하는 장난감을 준비해서 세상에서 가장 편하고 안락한 공간으로 만들어주자.

혼자서 할 수 있는 크레이트 트레이닝[31]

동물은 연상과 경험을 통해 배운다는 사실을 항상 기억할 것.

1. 크레이트는 언제나 즐겁고 긍정적인 공간으로 기억되어야 한다.
2. 크레이트는 동물에게 안전과 안식의 공간으로 기억되어야 한다.

크레이트를 준비한다. 문은 분리해 놓거나 열어서 고정해 둔다. 반려동물이 자연스럽게 공간을 드나들며 크레이트를 탐색하기 시작할 것이다. 크레이트에 관심을 보이거나 안으로 들어가면 밝은 목소리로 재미있게 놀아주자. 크레이트가 안전하고 즐거운 곳이라는 인상을 심어준다.

반려동물의 일과에 크레이트를 점진적으로 포함한다. 예를 들어 식사

---

31 [폴랑폴랑]강아지 고양이를 위한 크레이트 트레이닝 영상 2016년 2월 2일 https://www.youtube.com/watch?v=skROnyCtxX4

시간이 되면 준비한 식사를 크레이트 안에 두고, 식사가 끝나면 곧장 지정된 배변 장소로 함께 가서 "응가!" 또는 "하나둘"과 같이 배변 신호를 준다. 배변이 끝나면 칭찬해 주고 함께 들어온다. 장난감 놀이 시간에도 장난감을 크레이트 안에서 준다. 반려동물이 장난감을 가지고 밖으로 나와도 상관없다. 아기 강아지나 아기 고양이라면 아직 방광 조절 능력이 약하고 배변을 참을 수 있는 시간이 짧기 때문에, 장난감이나 간식을 갖고 논 다음에도 곧장 배변 장소로 가서 배변을 도와주는 것이 좋다.

반려동물이 크레이트를 편안한 나만의 공간으로 받아들이면 자주 그곳에서 시간을 보낼 것이다. 마음이 편안하면 편안할수록 더 크레이트에서 시간을 보내는 일이 늘어나고 그 장소를 좋아할 것이다. 적당한 타이밍이 되면 크레이트를 아늑한 공간으로 이동하는데 일반적으로 보호자의 침대 곁 사이드 테이블 또는 코너 위치에 크레이트를 놓으면 안정적이다. 크레이트 안에 있으면서도 반려동물이 보호자를 볼 수 있고 보호자의 체취를 느낄 수 있어 편안하다. 통풍과 냉난방이 잘 되는 공간인지 확인한다.

동물이 들어간 상태에서 크레이트를 운반할 때는 각별한 주의가 필요하다. 동물 입장에서 생각해보면, 덜컹거리며 시골길을 달리는 흔들리는 버스 안에 손잡이도 없이 서 있는 것과 같다. 또 한 가지, 크레이트를 이용하여 **고양이와 동물병원을 방문한 경우에는 크레이트 문을 여는 것보다 크레이트 상단을 분리하는 편이 고양이의 스트레스를 줄이는 데 도움이 된다.**

잘못된 크레이트 트레이닝으로 무성적 경험을 한 경우, 밀폐된 장소나 크레이트에 두려움이나 거부감을 가진 경우 등으로 인하여 반려동물이 크레이트에 들어가면 울거나 짖는 경우에는 별도의 교육이 필요하다. 이런 경우에는 우선 크레이트를 반려동물 시야에서 보이지 않는 곳으로 치우고 휴식기를 가진 다음, 보호자가 교육에 참여하여 올바른 교육법을 익히고 다시 시도해 보는 것이 좋다.

폴랑폴랑 릴랙스 교육[32]

나는 20여 년 전부터 매트 교육을 진행해 왔고 2012년과 2016년에 매트 교육법에 대한 영상과 방법을 올린 적이 있다. 그런데 같은 이름으로 시중에서 수많은 버전의 변형된 매트 훈련이 넘쳐나기 시작했다. 그 이면에 있는 사실은 모르는 채로 해외에서 알려진 방법을 복제하는 사람들도 있다. 복제된 것들이 그렇듯이 변형되거나 왜곡 해석되어 확산된 매트 훈련은 원래의 교육 목적과 전혀 다른 결과를 낳는다. 매트 훈련 이후 반려동물이 오히려 성마르고 조바심을 내거나, 혼자 있지 못하거나, 심하게 울거나, 간식이 없으면 매트에 올라가지 않는 등이 여기에 해당한다.

간식을 던지며 매트에 올라가게 하는 훈련, 반려동물의 앞을 가로막거나 밀어서 매트 위로 올라가게 만드는 훈련은 '매트'가 등장한다는 사실 이외에 이 교육과 공통점이 없으며 정반대의 결과를 가져온다. 그중에도 반려동물의 앞을 가로막거나 매트 위로 반려동물을 밀어 넣는 행동은 비

---

32 [폴랑폴랑] 강아지 필라테스 2012년 6월 5일 https://www.youtube.com/watch?v=5QAps9SNE3I
　[폴랑폴랑] 불안과 긴장, 두려움이 많은 반려견 교육 2016년 9월 8일 https://www.youtube.com/watch?v=EUcrU0-bSJs
　[폴랑폴랑] 산만하고 심하게 짖는 반려견 교육 2016년 9월 29일 https://www.youtube.com/watch?v=oXC_cAgJ1go

윤리적인 동시에 반려동물의 행동에 악영향을 미친다.

왜곡 변형된 매트 훈련과 내가 하는 본래의 매트 교육 사이에서 보호자 혼란이 가중되고 있기에 나는 이름을 '릴랙스'로 바꾸었다. 기존에 잘못된 매트 훈련을 해왔다면 우선 그것을 중단하고 공백을 가진 뒤에 올바른 방법을 새로 몸에 익히기 바란다. 가르치는 방법은 많다. 여기에서는 쉐이핑 또는 프리 쉐이핑을 활용해서 집에서 혼자 책을 보며 간단히 할 수 있는 방법을 소개해보겠다. 10분만 투자하면 누구나 할 수 있다. 기회가 된다면 차후에 오프라인 교육에 참여해서 고급 단계를 배워보는 것도 좋을 것이다.

폴랑폴랑 릴랙스 교육

'릴랙스' 한다는 말은 몸을 완전히 이완시키고 호흡에 집중하며 비교적 장시간 그 자리에 머문다는 뜻이다.

폴랑폴랑 릴랙스는 반려동물이 편안하게 심신을 쉬는 젠^{Zen} 플레이스를 만들어주는 것이 목적이다. 반려동물의 긴장을 덜어주고 차분하게 평정심을 유지할 수 있도록 돕는 것이 핵심이다.

최종 목표 행동 반려동물은 보호자의 요청이 없어도 자신의 젠 플레이스에서 긴 시간 동안 편안히 누워서 이완된 상태로 머문다.

준비물 릴랙스 매트, 반려동물이 좋아하는 냠냠, 보호자, 반려동물

릴랙스 매트

▶ 반려동물이 오랜 시간 불편을 느끼지 않고 누워있을 수 있을 정도로 쿠션감이 좋으면서

▶ 반려동물이 쉽게 올라가거나 내려올 수 있는 높낮이로

▶ 반려동물이 올라갔을 때 발이 빠지거나 주저앉지 않고 탄력이 있으며

▶ 반려동물이 몸을 길게 늘어뜨리고도 충분한 크기여야 한다.

타월, 발 매트, 요가 매트, 얇거나 작은 방석 등은 이 교육에 부적합하다. 보호자 자신을 기준으로 '나는 타월 위에 한 시간 동안 누워있을 수 있나?'라고 자문해 보면 답이 나올 것이다. 간혹 '언제나 동일한 매트를 갖고 다녀야 한다.'라고 잘못 알고 있는 분들이 있다. 어떤 매트를 사용하건 어디에서 요청하건 그것은 아무 관계가 없다. 그러니 매트를 짊어지고 다닐 필요 없다. 내려놓아라.

반려동물을 위한 매트나 침구류를 선택하는 나만의 기준이 있다.
▶ 천연소재 또는 건강에 무해한 소재로 만든 제품이면서
▶ 세탁이 용이하고
▶ 높낮이가 반려동물에게 편안하며
▶ 반려동물의 척추를 잘 지탱해 주고
▶ 쿠션감이 좋은 제품을 선택한다.

나는 반려동물 침구를 구매하면 내용물을 뜯어서 확인한다. 충전재가 건강에 해로운 경우가 있기 때문이다. 내 기준에 맞는 제품으로 선택한 것은 유아용 침구다. 유아용 제품은 반려동물 대상의 제품보다 규제가 엄격하고 천연 소재로 만든 제품이 대부분이다. 릴랙스 교육을 위해서 내가 보호자들에게 자주 추천하는 제품은 모 브랜드의 유아용 매트리스다. 시트커버를 분리 세탁할 수 있는 것은 물론이고, 매트리스 커버도 지퍼형이라서 간단히 분리해서 세탁할 수 있다. 스프링도 좋아서 반려동물의 척추나 관절에 무리를 주지 않는다. 할인판매 기간에는 가격이 대략 2~3만 원 선이기 때문에 저렴하게 고품질의 제품을 구매할 수 있다.

시작 전에 명심해야 하는 것이 있다. 반려동물이 심신을 이완하고 긴 시간 휴식을 취하는 것이 릴랙스다. 따라서 다른 교육에서도 마찬가지이지만, 특히나 릴랙스 교육에서는 반려동물의 바디랭귀지를 마인풀하게 들여다보면서 진행해야 한다. 카밍 시그널 또는 스트레스 시그널이 보인

다면 잘못 가고 있는 것이다. 반려동물이 간식만 바라보거나 조바심을 내는 경우도 마찬가지다. 이럴 때는 즉시 중단한다.

릴랙스 교육은 매트를 가지고 나오는 순간부터 시작이다. 따라서 그 전에 만반의 준비를 갖춘다. 주변의 산만한 물건은 모두 치우고, 냠냠을 적당한 위치에 놓고, 반려동물의 컨디션을 체크한다. 심신을 이완하는 교육이기 때문에 보호자도 차분한 태도를 유지한다. 냠냠을 줄 때도 조신하게. 칭찬할 때도 조곤조곤.

1단계부터 11단계까지 완성하는 데는 보통 10분 내외가 소요된다. 1분 미만의 작은 세션으로 여러 차례 나누어서 진행해도 좋고 한 번에 진행해도 좋다. 중요한 것은 반려동물의 의사다. 반려동물이 편안한 상태에서만 진행하고 그 선을 넘지 않도록 한다. 앞서 설명한 쉐이핑을 활용해보자. 해당 단계의 행동에만 집중하고 성공률이 90% 이상 되면 다음 단계로 넘어간다. 해당 단계의 행동에만 리워드를 준다.

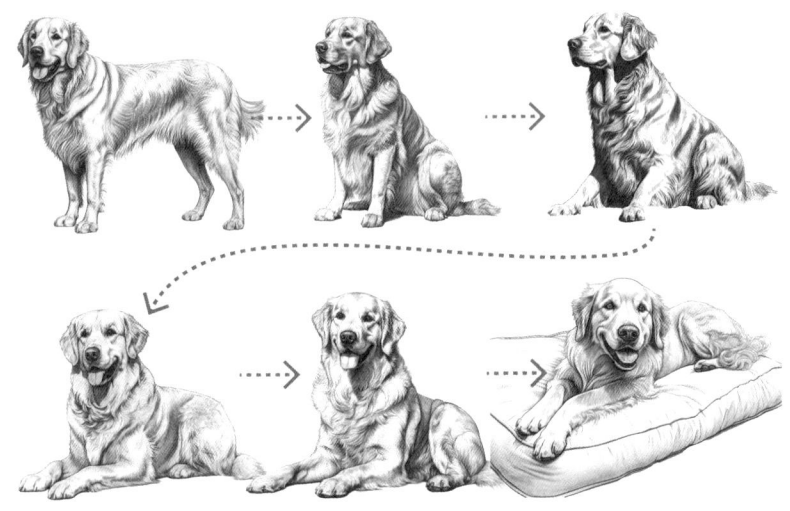

쉐이핑을 활용한 릴랙스 교육

1단계. 반려동물이 릴랙스 매트에 관심을 보이면 즉시 "예스!"라고 말하고 냠냠을 준다.

2단계. 릴랙스 매트를 바닥에 내려놓으면서 반려동물이 냄새를 맡으면 즉시 "예스!"라고 말하고 냠냠을 준다.

3단계. 반려동물이 릴랙스 매트에 관심을 보이는 모든 행동에 즉시 "예스!"라고 말하고 냠냠을 준다. 매트에 관심을 보이거나, 다가가거나, 건드리거나, 냄새를 맡는 등 모든 행동이 해당한다.

4단계. 반려동물이 릴랙스 매트에 발을 올리면 즉시 "예스!"라고 말하고 냠냠을 준다. 한 발도 좋고 네 발도 좋다. 매트 위에 올라가는 행동이 보이면 즉시 "예스!"라고 말하고 냠냠을 준다.

5단계. 반려동물이 릴랙스 매트에 네 발로 올라가면 즉시 "예스!"라고 말하고 냠냠을 준다. 반려동물이 매트 위로 올라오는 가속도가 붙을 것이다. 반려동물이 망설임 없이 즉각 매트 위에 올라간다면 다음 단계로 넘어간다.

6단계. 반려동물이 릴랙스 매트에 네 발로 올라가면 즉시 "예스!"라고 말하면서 이번에는 반려동물을 매트 밖으로 유도해본다. 반려동물이 의미를 이해했는지 확인하기 위한 것이다. 반려동물이 행동을 잘 수행하는지 확인한다. 잘 되면 다음 단계로 올라간다.

7단계. 반려동물이 릴랙스 매트에 네 발로 올라가면 즉시 "예스!"라고 말하고, 속으로 다섯을 세면서 잠시 기다린 다음 부드럽게 칭찬하면서 반려동물을 매트 밖으로 유도하여 냠냠을 준다.

8단계. 반려동물이 릴랙스 매트에 네 발로 올라가면 잠시 기다린다. 반려동물이 고개를 갸우뚱하면서 기다리다가 앉거나 엎드릴 것이다. 그 순간 즉시 "예스!"라고 말하고 냠냠을 준다. 이 과정을 몇 번 반복하면 가속도가 붙을 것이다 반려동물이 망설임 없이 즉각 매트 위에 올라가서 엎드린다면 의미를 이해했다는 뜻이다. 90% 이상 완벽히 수행할 때 다음 단계로 넘어간다.

9단계. 반려동물이 릴랙스 매트 위에 올라가서 엎드리면 잠시 기다린다. 반려동물이 자세를 완전히 이완하며 편안히 누울 것이다. 그 순간 즉시 "예스!"라고 말하고 부드럽게 칭찬하고 냠냠을 준다. 이 과정을 몇 번 반복하면 가속도가 붙는다. 이때 "릴랙스"라는 단어를 붙인다.

10단계. 반려동물이 릴랙스 매트 위에 이완된 자세로 누우면, "예스!"라고 칭찬하면서 한 걸음 물러섰다가 돌아와서 칭찬한다. 잘하면 다음 단계로 넘어간다.

11단계. 반려동물이 릴랙스 매트 위에 이완된 자세로 누우면, "예스!"라고 칭찬하면서 뒤로 두 걸음 물러섰다가 돌아와서 칭찬한다. 잘하면 다음 단계로 넘어간다. 이렇게 반려동물과의 거리를 아주 조금씩 늘린다.

12단계. 마지막 11단계를 완성한 후 2~3일 정도 짧은 세션을 반복하고 나면 반려동물이 자발적으로 릴랙스 매트 위에 올라가서 편안히 쉬고 있는 모습을 보게 될 것이다. 그러면 이때부터는 릴랙스 매트 위에서 쉬고 있는 반려동물의 어깨를 마사지하듯 부드러운 손길로 한번 쓰다듬어 주고 명상 선생님처럼 부드러운 목소리로 칭찬한다. 이완된 자세로 편안히 지내도록 만드는 것이 목적이기 때문에 요란한 행동을 보이거나, 간식을 던지며 반려동물의 주의를 산만하게 만들지 않는다.

13단계. 장소를 바꾸어서, 또는 다른 가족 구성원이 연습해 본다.

여기까지가 릴랙스 교육의 기본이나. 심화 난계는 오프라인 교육에서 지도받으면서 해야 정확히 이해할 수 있다. 여기에서 소개된 방법대로 차분하고 평온하게 릴랙스 교육을 진행했다면 손쉽게 심화 단계로 올라갈 수 있다.

많이 하는 실수로는 반려동물의 바디랭귀지를 잘못 읽어서 스트레스를 받는 반려동물에게 칭찬하거나 냠냠을 주는 실수, 단계를 올리거나 내리는 타이밍 실수, 간식으로 유인하거나 간식을 던지며 반려견을 산만하게 만드는 실수 등이 있다. 단계를 조절하는 것이 어렵게 느껴진다면 단계를 더 작은 단위로 나누거나, 연습 시간을 아주 작은 단위로 나누어서 여러 번에 걸쳐 진행하는 것이 좋다. 중요한 것은 반려동물이 즐거운 상태에서 진행해야 한다는 것, 이 교육의 목적을 기억하는 것이다. 만약 보호자 또는 반려동물이 연습 중 실수를 하면 충분한 시간을 두고 쉬었다가 이전 단계로 돌아가서 반려동물이 성공하도록 만든 후 다음 단계를 진행하는 것이 좋다.

폴랑폴랑 자세 넛지

무의식적으로 머리를 숙이거나 어깨를 굽히는 습관을 지닌 사람들이 있다. 많은 경우 척추와 머리를 지탱하는 근육이 충분히 강하지 못하거나, 구부정한 자세에 익숙해진 것과 관련이 있다. 좋은 자세를 유지하고 싶어도 할 수 없다는 뜻이다. 이럴 때 "고개를 들어주세요" 또는 "구부정한 자세를 피해 주세요"와 같은 지시는 효과가 미미하다. 고개를 숙이는 습관을 지닌 사람에게 머리를 들라고 말하면 십중팔구는 고개를 부자연스럽게 뒤로 젖힌다. 몸의 근육이 고개를 정자세로 세웠을 때의 느낌을 모르기 때문이다. 나는 이것을 '근육 기억 상실증'이라고 부른다.

근육이 자세를 기억하지 못하는 사람에게는 그 사람의 근육이 이해할 수 있는 표현으로 바꾸어 말해야 한다. 승마 교육으로 유명한 샐리 스위프트 Sally Swift는 승마 중에 고개를 숙이는 사람에게 '포니 테일'이라는 말을 사용했다. 의식적으로 고개를 젖히는 것보다 누군가 뒤에서 자신의 머리를 당기는 상황을 연상할 때 정자세에 근접하게 되돌아갈 가능성이 높기 때문이다.

반려동물도 마찬가지다. 습관적으로 상체에 무게 중심을 실어서 줄을 당기며 걷는 아이는 자신의 자세를 정확히 자각하고 있는 상태가 아니다.

줄이 팽팽해질 때마다 보호자가 짜증을 내봐야 반려견의 자세는 바뀌지 않는다. 따라서 그 자세를 스스로 인식하도록 돕는 것이 첫 번째 과제이고, 정자세로 걷는 편안함을 깨닫고 새로운 습관을 근육에 기억하도록 돕는 것이 두 번째 과제다. 이것을 **폴랑폴랑 자세 넛지**라고 한다.

신체 지각력

신체 지각력을 높이는 것도 폴랑폴랑 자세 넛지의 한 부분이다. 신체 지각력은 모든 동물에게 필수적인 기술이다. 반려동물이 자기 몸을 돌보는 방법을 이해하면, 잠재적인 건강 문제를 식별하고 부상을 예방하는 데 도움이 되고 신체적, 정신적 웰빙도 향상할 수 있다.

반려동물을 터치하는 방법, 반려동물의 바디랭귀지를 마인풀하게 들여다보는 방법은 매우 중요한 내용이지만 글이나 영상 같은 자료로는 전달하기 어렵다는 한계가 있다. 오프라인에서 지도받으면서 직접 그 느낌을 경험하고 익히는 것이 가장 효과적이다. 매일 취침 전 폴랑폴랑 5분 터치를 지속하면 반려동물이 최적의 신체적, 정신적 건강을 유지하도록 도울 수 있다.

여기서 잠깐!

개를 '세 번' 쓰다듬는 것이 인사라고 잘못 알고 있는 분들이 있다.

인내심에는 '삼진 아웃'이 있다. 누군가의 행동이 불쾌할 때 처음 한 번은 참고 넘어가고, 두 번째는 경고하지만, 세 번째는 끝이다. 타자가 세 번째 스트라이크에서 피치를 치지 못하면 "아웃"으로 간주되어 필드를 떠나야 하는 야구의 삼진 아웃과 같다. 당신의 손길이 달갑지 않았을 반려동물에게 세 번의 손길은 인내심의 정점일 수 있다.

나는 2015년에 출간한 책에서 '개가 스스로 다가오거나 몸을 기대면 개의 측면을 손등으로 한두 번 가볍게 쓰다듬어 주어도 좋다. 쓰다듬고 나서 손을 떼고 기다려라. 만약 개가 불편하다는 시그널을 보내거나 자리를 이동하면 거기에서 중단하는 것이 바람직하다.'라고 적었다. 이 글의 요지는 세 가지다. '**첫째. 동물의 신체를 존중해야 한다, 둘째. 다가올지 여부는 동물이 결정해야 한다. 셋째. 동물이 불편하다고 말하면 즉시 중단해야 한다.**'

내 반려동물이 아니라면 다가갈 때 반드시 이 점을 기억하기 바란다.

첫째. 동물은 냄새로 인사하므로 그것으로 인사는 충분하다. 반려동물이 다가오지 않는다면 함부로 손대지 마라.

둘째. 만약 동물이 스스로 다가오거나 몸을 기대면, 몸통 **측면**을 손등으로 **한 번만** 부드럽게 쓰다듬고 즉시 손을 떼라. 그리고 반려동물의 이야기에 귀를 기울여라.

폴랑폴랑 산책법[33]

> **폴랑폴랑 산책**
>
> 줄은 탯줄과 같은 것
>
> 산책은 데이트와 같은 것
>
> 줄은 나와 반려견의 커뮤니케이션 도구
>
> 산책할 때는 언제나 반려견과 연결할 것

반려동물에게 사용할 물건은 신중히 선택해야 한다. 반려동물의 행동에 영향을 미치기 때문이다. 별스럽지 않아 보이는 사소한 도구 하나가 문제를 만들기도 하고 문제를 해결해주기도 한다. 이 내용은 약 17년 전

---

[33] [폴랑폴랑] 왜 우리 강아지는 항상 줄을 당기며 걷는 걸까? 2015년 6월 10일 허프포스트코리아. https://www.huffingtonpost.kr/news/articleView.html?idxno=6355

[폴랑폴랑] 반려견과 산책할 때 줄을 잘못 잡고 있지 않아요? 2016년 3월 22일 https://blog.naver.com/animalmind/220662189815

[폴랑폴랑 세미나 스케치 영상] 반려견과 나란히 즐겁게 걷는 법 2015년 5월 30일 https://www.youtube.com/watch?v=yX-hFDZkOoc

부터 오프라인 세미나와 웨비나로 진행하던 것으로, 도구 선택에 대해서는 링크에서도 확인할 수 있다.[34] 설명을 위해 제품명이 기재된 경우가 있지만 정보를 전달하기 위한 것으로 특정 브랜드나 회사와 무관하다. 선택이나 판단은 보호자의 몫이다.

> **산책 도구를 선택하는 기준**
>
> 안전
>
> 밸런스
>
> 커뮤니케이션

산책법에 대해서는 책 한 권 분량의 설명이 필요하기 때문에 여기에 모두 담을 수는 없지만, 편안하고 안전한 산책을 위해 알아야 할 대표적 내용 몇 가지를 정리하면 다음과 같다.

나는 교육을 할 때마다 "**반려동물과 연결된 줄은 탯줄과 같다.**"라고 강조해서 이야기한다. 줄은 반려견을 통제하기 위한 도구가 아니라, 나와 반려견의 커뮤니케이션 도구이고 안전을 위해 연결된 탯줄이다. 아이들이라면 손이라도 꼭 잡고 길을 걷겠지만, 반려견과는 그럴 수도 없으므로 안전을 위해서 반려견과 나 사이의 연결고리가 필요하다. 그래서 나는 줄을 탯줄, 또는 연결이라는 뜻의 연(連)이라고 표현한다. 줄을 '리쉬, 리드'라고 부르는 분들이 있는데, 두 단어의 뜻은 '개를 매어놓는 목줄'이다. 그보다는 '줄'이나 '연'이라고 말하는 것이 낫지 않을까?

일반적으로 한국에서 판매되는 1.4~1.6m 줄은 반려견이 줄을 당기게 만드는 원인 중 하나다. 내가 보호자들에게 추천하는 줄의 길이는 두 가지다. 반려견이 한 마리이고 한적하거나 비교적 안전한 곳에서 산책한다면 **2.4m**(8피트) 줄을 추천한다. 만약 반려견이 여러 마리이거나 복잡한

---

34 [폴랑폴랑] 우리 강아지 목걸이 vs. 하네스, 어떤 게 좋을까? 2019년 9월 22일 https://www.youtube.com/watch?v=OgfNffBqQIo

곳에서 산책한다면 **1.8 m**(6피트) 줄을 추천한다. 그 이상 긴 줄은 위험할 수 있다. 내가 애용하는 제품은 핸들을 탈부착할 수 있는 2.4 m(8피트) 줄이다. 복잡한 도심이나 엘리베이터에서는 핸들을 분리해서 하네스에 연결하면 20cm 정도의 짧은 줄로 탈바꿈하기 때문에 사용해 본 보호자들의 만족도가 높다. 재질은 나일론 웨빙이 좋다. 줄이 엉키거나 묶여도 스르르 풀려서 바로 원상태로 돌아오기 때문에 위험을 예방할 수 있다. 어느 경우이든 자동 줄, 번지점프를 할 때 사용하는 번지코드, 보호자의 허리나 몸통에 부착하는 핸즈프리 줄, 여러 마리의 개를 동시에 연결하는 커플러는 절대 사용하지 않는다. 안전 및 행동 문제로 절대 금물이다.

넓은 정원에서 뛰어놀며 살고 있어도 그것이 산책을 대신할 수 없다. 2만 평에 살든 20평에 살든 집은 집일 뿐이다. 여러 마리의 반려견이 함께 산책하러 나가면 안 된다고 잘못 알고 있는 분들이 있는데 전혀 그렇지 않다. **산책은 다 같이 해도 되고 한 마리씩 해도 된다. 두 가지 산책이 모두 중요하다.** 일대일로 밀도 높은 데이트 시간을 갖는 것, 다 같이 산책하며 대화하는 시간을 갖는 것, 모두 반려견들에게 정말 소중하다. 마음 푹 놓고 다 함께 산책을 즐기기 바란다. 여러 마리의 반려견이 함께 산책할 때는 반려견마다 색상을 정해서 각각 다른 색상의 1.8m의 줄을 착용시킨다. 아이가 연결된 줄을 즉각 확인할 수 있어야 하기 때문이다.

줄을 잡는 법

반려견과 줄로 연결되어 있을 때는 두 손가락 이상의 힘을 사용하지 않는다. 대형견의 경우도 마찬가지다. 그 이상의 힘을 주고 있다면 반려견이 신체에 과도한 압력을 받고 있다는 뜻이다. 어떻게 그럴 수 있느냐고 생각하겠지만 가능하고 그것이 정상이다. 줄을 잡는 습관 하나만 바꾸어도 많은 그림이 달라진다.

보호자의 두 손 중에서 한 손은 안전용, 다른 한 손은 작업용이다. 한 손은 안전하게 줄을 단단히 잡고, 다른 한 손은 반려견이 걷는 데 방해가 되지 않도록 줄을 조절한다. 우선 줄을 잡을 손의 집게손가락과 가운뎃손가락을 줄의 핸들 안쪽에 넣어 잡는다. 나머지 손가락으로 핸들을 한 번 더 잡는다. 이렇게 잡으면 만일의 경우 줄을 놓치게 되더라도 안전장치가 하나 더 있는 것과 같다. 상황에 따라서는 반려견과 나의 안전을 지킬 방법이기도 하다. 더욱 중요한 사실은 이렇게 줄을 잡으면 보호자가 손, 팔목, 팔 전체로 반려견을 제압하거나 반려견에게 압박을 주지 않게 되므로 반려견이 받는 신체 부담이 줄어든다는 것이다. 줄을 잡지 않은 손은 줄의 길이를 조절하거나 간식을 주거나 배변을 치우는 등의 일을 한다. 유동적으로 움직이기 때문에 나는 이 손을 플로팅 핸드라고 부른다. 줄이 지면에 끌리거나 반려견의 다리 사이에 얽히지 않도록 줄을 받치고 있을 뿐 잡거나 고정하지 않는다. 이렇게 하면 반려견이 줄을 당기지 않고도 자유롭게 탐구하며 나와 속도를 맞춰 걸을 수 있다.

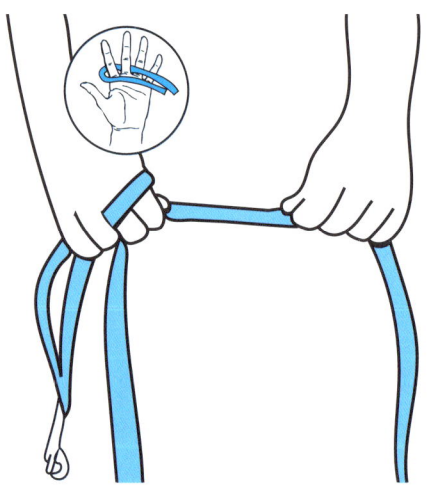

반려견의 하네스에 부착된 줄의 클립은 항상 누워있는 상태여야 한다. 클립이 누운 상태가 아니라면 줄이 당겨지고 있으며, 반려견의 몸에 압박이 전해지고 있다는 뜻이다. 반려견도 반작용으로 줄을 당기게 되고 결국

줄다리기하는 상황으로 이어진다. 클립이 항상 누워있도록 플로팅 핸들로 줄 길이를 조절한다. 줄이 지나치게 늘어져서 지면에 끌리면 반려견이 다치거나 불편할 수 있고, 반대로 줄이 팽팽해지면 반려견이 압박받거나 줄을 당기는 습관을 갖게 될 수 있다. **올바른 자세인 경우 반려견과 보호자 사이의 줄은 언제나 웃는 얼굴, 스마일이 된다.**

줄의 클립이 세워진 상태라면
개가 신체적 압박을 받고 있다는 의미

줄의 클립은 항상 개의 등선 또는 지면과
수평 상태를 유지해야 한다.

줄의 클립은 항상 누워있는 상태여야 한다.

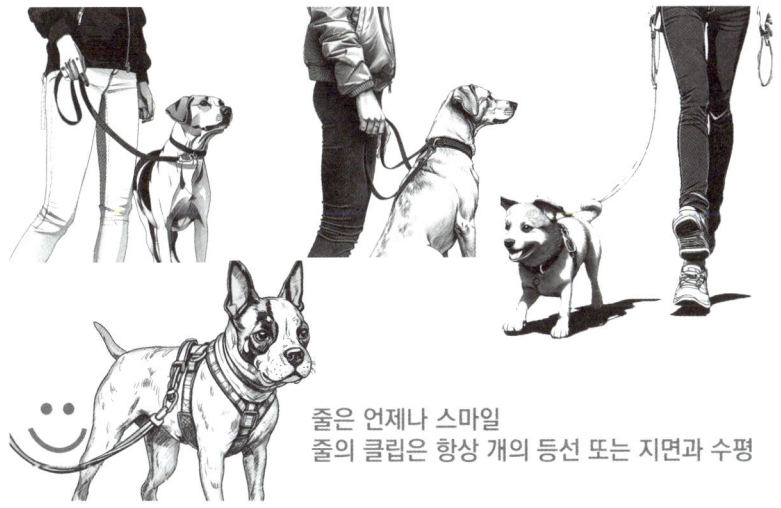

줄은 언제나 스마일
줄의 클립은 항상 개의 등선 또는 지면과 수평

올바른 자세인 경우 반려견과 보호자 사이의 줄은 스마일이 된다.

보호자 중에는 팔목을 들어 올리는 습관을 지닌 분들이 많다. 본인도 모르게 긴장 상태로 산책하면서 무의식중에 팔을 들어 올린다. 산책 중에 달려 나가는 반려견 고민으로 찾아왔던 한 보호자는 이 습관을 바꾼 것만으로 고민을 해결했다. 반려견이 아니라 보호자의 사소한 습관이 행동의 원인이었던 사례다. 보호자의 자세가 반려견 산책에서 그만큼 중요하다. 줄은 안전을 위해 단단히 잡고 있어야 하지만, 팔의 긴장은 풀고 편하게 내려야 한다. 팔을 접거나 들어 올리면 반려견의 몸에 부담이 간다. 그뿐 아니라 보호자가 긴장하면 줄을 통해 그 긴장감이 그대로 전달되어 반려견도 긴장하고 불안해진다.

줄을 손목이나 손에 감아쥐는 행동, 줄의 핸들을 손목에 걸거나 핸들 안에 손을 넣어서 줄을 잡는 행동, 보호자의 몸에 줄을 부착하는 행동은 절대 금물이다. 만일의 경우 반려견이나 보호자가 다칠 수 있는 위험한 습관이고, 반려견이 줄을 당기며 걷게 만드는 습관이기도 하다. 줄을 낚아채듯 당기거나 줄을 잡고 끌어당기는 행동 역시 절대 금물이다.

당신의 무의식적 행동이 반려견의 행동을 바꾼다.

줄을 잡고 있을 때 당신의 자세, 몸짓, 몸의 균형 등이 모두 반려견에게는 요란한 메시지로 전달된다. 내가 진행하는 산책 교육에서 촬영했던 영상이 있다.[35] 5분도 안 되는 시간 동안 핸들러의 소소한 행동 하나에 반려견의 행동이 어떻게 순식간에 바뀌는지 확인할 수 있다. 영상에 등장하는 핸들러와 반려견은 영상을 촬영하는 시점에 처음 만난 사이이다. 별도의 사전 교육도 없었다. 개의 행동에 대해 모르는 사람이 영상의 반려견을 보았다면 교육이 필요한 산만한 개라고 묘사했을 것이다. 그러나 그것

---

35 [폴랑폴랑] 강아지 산책 교육—보호자의 무게 중심이 만드는 차이 2015년 11월 5일 https://www.youtube.com/watch?v=b2GJOG04V8A

은 사실이 아니다. 반려견이 산만하게 걸은 이유는 핸들러가 무의식 중에 그렇게 하라고 온몸으로 이야기하고 있었기 때문이다. 내가 핸들러에게 요청한 것은 단 하나다. "배에 힘을 주고, 나비야 노래를 부르면서 박자에 맞추어서 또박또박 걸어주세요."라고 요청했다. 반려견에게는 아무것도 가르치지 않았다. 그러나 핸들러가 자세를 바꾸는 바로 그 순간, 반려견이 그림처럼 아름답게 걷기 시작한다. 단 몇 분 만에 일어난 변화다.

개의 신체 구조는 사람과 다르다. 우리는 두 발 동물이고 개는 네발 동물이니까 보폭이 다르고 움직임도 다르다. 그러니 함께 발맞추어 나란히 걸으려면 서로 대화 코드를 맞추어야 한다. 이인삼각二人三脚 달리기처럼, 싱크로나이즈 수영 선수처럼 서로 호흡을 맞추는 연습이 필요하다. 보호자와 보폭을 맞추고, 줄이 팽팽해지기 전에 서서 기다려주고 나란히 눈을 맞추며 데이트하는 연인처럼 걷는 것. 이것이 우리가 원하는 그림 아니던가? 안전, 밸런스, 커뮤니케이션. 세 가지가 모두 갖춰지면 가능하다.

반려견과 함께 있을 때는 언제나 해당하는 이야기지만, 특히 줄을 잡고 산책할 때는 반려견과 연결되어야 한다. 반려견이 항상 나를 올려다봐야 하는 것이 아니다. 올바른 산책법을 배웠다면 다른 곳을 보고 있더라도 나와 연결되어 있다는 것을 느낄 수 있다. 꽃향기를 맡고 주변을 탐색하다가도 반려견이 "이제 어디로 갈까? 이럴 때는 어떻게 해야 하지? 저기 있는 비둘기에게 인사해도 돼?"라고 보호자의 의사를 묻는다. 데이트하듯이 함께 즐기는 시간이 산책이다. 올바른 산책이라면 내일의 정기적인 산책은 나와 반려견의 관계를 깊게 만들어주는 마법의 시간이다. 반려견이 매고 있는 줄의 반대편에는 나 자신이 있다는 것을 기억하고, 줄의 반대편에서 걷고 있는 반려견의 감정과 욕구에 공감하고 이해하는 법을 몸에 익힌다면, 안전하면서도 즐겁고 건강하면서도 편안한 산책을 즐길 수 있을 것이다.

폴랑폴랑 마법의 단어 "슬랙"

힘으로 통제하는 방법은 효과가 없다. 그렇지만 일반 보호자부터 훈련사까지 많은 사람이 힘으로 통제하려고 한다. 초보자일수록 그리고 자신이 없을수록 사람들은 줄을 팽팽하게 잡는다. 초크 체인, 프롱 칼라, 쇼크 칼라 같은 비인도적인 도구를 사용하기까지 한다. 힘으로 통제하고 제압하는 것 이외에는 방법을 모르기 때문이다. 그러나 강도 높은 힘으로 보호자가 줄을 당기면 반려견도 밸런스를 잃지 않기 위해서 그만큼의 힘으로 줄을 당겨야 한다.

많은 보호자가 줄을 강하게 잡는 습관을 갖고 있으면서 그 사실을 잘 인지하지 못한다. 이럴 때는 직접 경험해 보는 것이 답이다. 그래서 나는 참석자들이 반려견 입장을 직접 경험해 보는 〈저의 강아지가 되어주세요〉 시간을 갖는다. 〈저의 강아지가 되어주세요.〉는 두 가지 연습으로 구성되어 있다.

첫 번째 연습에서는 두 명이 한 팀이 되어 한 참석자는 줄을 잡고 평상시 반려견을 산책할 때처럼 걷고, 다른 참석자는 그 사람의 반려견이 되어서 손으로 줄을 잡고 같이 걷는다. 지금까지 이 연습을 해본 모든 사람이 '충격적'이라고 말했다. 손으로 전달되는 그 압력과 불쾌감이 상상을 초월하기 때문이다. 실제 일상에서 반려동물들은 그보다 훨씬 강한 자극과 압박을 견디고 있을 것이다. 한국처럼 인구 밀도가 높고 공간이 협소하며 돌발 상황이 많은 곳에서는 더욱 그렇다.

"여러분은 손으로 느끼신 거예요. 반려견은 그 충격을 목이나 몸통으로 느껴요. 일반적으로 반려견의 체중은 10~20kg 내외입니다. 여러분의 체중이 60kg이라고 가정해 볼게요. 그렇다면 동일한 압박을 받았을 때 반려견은 여러분이 지금 느낀 충격의 열 배 이상을 경험한다고 볼 수 있습니다. 왜 같이 걷고 싶지 않은지 이해가 되죠?"

두 번째 연습에서는 손가락 두 개만 사용해서 줄을 잡은 사람과 산책할 때 어떤 느낌인지 직접 경험해 본다. 반려견 역할을 하는 참석자는 두 눈을 감고 줄을 잡은 손에서 느껴지는 감각만으로 따라간다. 방향을 자유자재로 바꾸어도 눈을 감은 참석자는 편안하게 따라간다. 그 느낌은 경험해 본 사람만 안다. 참석자들은 다들 신세계라고 했다.

한 보호자가 반려견과 찾아왔다. 보호자의 가장 큰 고민은 반려견의 짖고 달려드는 행동이었다. 산책하러 나가면 반려견이 줄을 세차게 당기고, 느닷없이 사람이나 개를 보고 달려들기도 한다고 했다. 대형견이다 보니 보호자는 행여나 사고가 날까 봐 마음이 불안해서 두꺼운 가죽 줄을 사용했다. 또한 줄을 당기는 반려견 탓에 손이 다 해져서 항상 목장갑이나 가죽 장갑을 끼고 산책하고 있다고 했다.

나는 반려견과 보호자의 산책에 동행했다. 보호자의 설명 그대로 반려견은 줄을 세차게 당기며 정신없이 걸었고 보호자는 진땀을 흘리며 끌려갔다. 마차 한 대를 보는 듯했다. 그러나 곧 문제는 반려견이 아니라 보호자라는 것을 알 수 있었다. 나는 보호자에게 "잠시 제가 반려견과 산책해도 괜찮을까요?"하고 물었다. 보호자는 할 수 있으면 해 보라며 줄을 건네주었다. 그 순간 반려견의 행동은 즉각 바뀌었다. 반려견과 나는 그림처럼 나란히 눈을 마주치며 여유롭게 걸었다. 줄은 스마일 모양으로 느슨하게 늘어졌고, 나는 손가락 두 개만으로 가볍게 산책할 수 있었다. 무엇이 문제였을까? 보호자의 바디랭귀지 그리고 힘으로 통제하고 제압하려는 무의식적 습관과 관련이 있다.

 반려견의 줄을 낚아채거나 줄을 잡고 씨름하는 잘못된 습관을 지닌 사람들이 많다. 보호자가 가죽 장갑, 가죽 줄, 비인도적인 도구가 없이는 산책할 수 없다면 반려견도 보호자와 마찬가지로 상당한 스트레스와 고통을 겪고 있다는 뜻이다. 그것은 이미 산책이 아니다. 스트레스 지수가 높은 데이트는 오래 못 간다. 더 큰 문제는 그 **끔찍한 데이트를 반려견이 끝낼 수 없다는 사실이다**. 보호자를 바꿀 수 없는 한, 평생 지속될 악몽이다.

 습관적으로 줄을 타이트하게 잡거나 컨트롤하는 습관을 지닌 보호자 교육을 위해 만든 나만의 용어가 있다. "슬랙"이다. 보호자가 무의식중에 줄을 팽팽하게 잡으면 나는 옆에서 "슬랙"이라고 말한다. "힘을 풀고 줄을 느슨하게 놓아주세요. 내려놓으세요."라는 신호다. 그 순간 보호자는 자신의 무의식적 행동을 인지하고 통제하려던 마인드를 내려놓는다. 반려견과 보호자 사이의 줄이 느슨하게 놓이면서 스마일이 되면 성공이다.

 보호자는 나와 함께 기존의 무의식적 바디랭귀지와 습관 몇 가지를 의식적으로 바꾸는 연습을 했고, 그것으로 모든 걱정은 해결되었다. 가죽 줄과 가죽장갑은 더 이상 필요하지 않았다. 보호자와 반려견은 그림처럼 아름답게 산책하는 멋진 파트너가 되었다. 자율을 보장해 줄 때 반려견은 보호자에게 집중하고 경청한다. 스스로 편안하게 산책하는 즐거움을 느끼게 해 주면 반려견들은 순식간에 바뀐다.

폴랑폴랑 도넛 게임

폴랑폴랑 도넛 게임을 활용하면 머즐 교육도 아주 쉽고 재미있게 할 수 있다. 사실 도넛 게임만 해도 머즐 교육이 별도로 필요하지 않다. 우선 도넛으로 재미있는 게임을 하고 난 후 손바닥, 반려견 머즐, 방석 등으로 바꾸어서 해보자.

<u>머즐 훈련 시 간식을 넣은 머즐을 들고 반려견에게 다가가는 것은 금물이다.</u> 헨젤과 그레텔의 집처럼 과자로 만들어진 머즐이라고 해도 마찬가지다. 반드시 반려견이 머즐을 향해 스스로 다가와야 한다. 그리고 반려견이 다가오면 기분 좋은 경험을 하도록 만들어주어야 한다. 도넛 게임도 마찬가지로 반려동물이 다가오도록 기다린다.

폴랑폴랑 도넛 게임

준비물 반려동물이 끝내주게 좋아하는 냠냠, 반려동물용 도넛이나 가운데 구멍을 낸 식빵, 친구 같은 보호자, 해피한 반려동물

개를 중심으로 적겠지만 개와 고양이는 물론 모든 동물이 할 수 있는 게임이다.

1단계. 반려견의 눈높이에 맞춰 도넛을 보여준다. 반려견이 도넛을 쳐다보면 "예스!"라고 말하고 냠냠을 준다.

2단계. 반려견이 도넛 냄새를 맡거나 조금 가까이 다가가면 "예스!"라고 말하고 냠냠을 준다.

3단계. 반려견이 도넛을 코나 입으로 살짝 터치하면 "예스!"라고 말하고 냠냠을 준다. 만약 도넛이 얼굴에 닿는 것을 좋아하지 않는 반려견이라면, 도넛과 반려견의 얼굴 사이의 간격을 조금씩 단계적으로 좁혀가는 것이 좋다. 반려견의 의사 표현을 잘 확인해야 한다. 반려견이 편안하게 받아들이면 다음 단계로 갈 수 있다.

4단계. 반려견의 머즐 전체가 도넛의 링 안에 들어올 때까지 점진적으로 단계를 올린다. 예를 들어 도넛을 코로 터치했었다면 도넛 링 안으로 코가 조금 더 들어왔을 때 "예스!"라고 말하고 냠냠을 준다.

5단계. 반려견이 도넛 게임을 이해하고 도넛 링 안에 얼굴을 넣는 것을 재미있어하는 단계가 올 것이다. 반려견이 도넛 링 안에 머즐 전체를 넣고 편안히 있으면 보호자는 1초를 세고 "예스!"라고 말하고 냠냠을 준다. 만약 반려견이 불편해한다면 단계를 올리지 않는다. 어떤 점이 불편한지 체크해서 바꾸고 이전 단계로 내려가서 다시 시작한다. 또는 좀 더 작은 단위로 나누어서 하는 것이 좋다.

6단계. 초 단위로 시간을 늘린다. 반드시 반려견의 의사를 확인하면서 단계를 올려야 한다.

7단계. 도넛의 위치를 바꾸어본다. 왼쪽, 오른쪽, 이쪽 등 여러 방향으로 바꾸면서 반려견이 정확히 이해하는지 확인한다. 반려견이 도넛을 따라 이동해서 머즐을 넣으면 "예스!"라고 말하고 냠냠을 준다.

8단계. 반려견이 행동을 이해했고 90% 이상 성공하면 단어를 붙인다.

다른 장에서 설명한 "친^{Chin}"은 이렇게 가르칠 수 있다.

1단계. 반려견의 눈높이에 맞춰 손바닥을 펴서 보여준다. 반려견이 손을 쳐다보면 "예스!"라고 말하고 냠냠을 준다.

2단계. 손바닥을 보여주고 반려견이 손바닥 냄새를 맡거나 조금 가까이 다가가면 "예스!"라고 말하고 냠냠을 준다.

3단계. 반려견의 턱이 손바닥에 살짝 닿으면 "예스!"라고 말하고 냠냠을 준다. 만약 사람의 손이 얼굴에 닿는 것을 좋아하지 않는 반려견이라면, 터치하기 전에 손바닥과 반려견의 얼굴 사이의 간격을 단계적으로 조금씩 좁혀가는 것이 좋다. 반려견의 의사 표현을 잘 확인해야 한다. 반려견이 편안하게 받아들이면 다음 단계로 갈 수 있다.

4단계. 반려견이 손으로 다가올 때 손바닥을 살짝 둥글게 만든다. 반려견이 편안하게 받아들이면 "예스!"라고 말하고 냠냠을 준다. 손바닥으로 반려견의 턱을 살짝 감쌀 수 있는 수준까지 단계적으로 올린다.

5단계. 손바닥으로 반려견의 턱을 살짝 감싼 상태에서 1초를 세고 반려견이 편안하게 받아들이면 "예스!"라고 말하고 냠냠을 준다. 반려견이 불편하다고 표현하면 중단했다가 이전 단계부터 다시 시작한다. 좀 더 작은 단위로 나누어도 좋다.

6단계. 초 단위로 시간을 늘린다. 반드시 반려견의 의사를 확인하면서 단계를 올려야 한다.

7단계. 손바닥을 살짝 둥글게 만들어 반려견의 얼굴 가까이에 놓아본다. 반려견이 손 가까이 다가오면 "예스!"라고 말하고 냠냠을 준다.

8단계. 손바닥을 살짝 둥글게 만들어 반려견의 얼굴 가까이에 놓아본다. 반려견이 원 안에 얼굴을 넣으면 "예스!"라고 말하고 냠냠을 준다.

9단계. 손을 둥글게 말아서 기다려본다. 이때 원의 크기는 반려견이 거부감을 느끼지 않을 만큼 충분한 크기여야 한다. 반려견이 원 안에 얼굴을 넣으면 "예스!"라고 말하고 냠냠을 준다.

10 단계. 손의 위치를 바꾸면서 연습해 본다.

11 단계. 반려견이 행동을 이해하고 90% 이상 성공하면 단어를 붙인다.

타기팅을 활용한 폴랑폴랑 도넛 게임

"친Chin"

뛰어오르고 밀치는 반려견 교육[36]

"나 좀 봐, 내 말 좀 들어봐."라고 할 때, 관심을 원할 때, 내 의사를 관철해야 할 때, 사람에게 뛰어오르거나 사람을 밀치는 습관을 지닌 반려견들이 있다. 그 행동이 효과적이라는 것을 경험적으로 학습했기 때문이다. 그러니까 '어라? 지금 이것보다 더 효과적인 방법이 있네.'라고 반려견이 깨달을 수 있게만 가르쳐준다면, 반려견이 매너 있고 사랑스러운 행동을 하도록 변화시킬 수 있다.

1단계.
반려견이 내 몸을 밀치거나 뛰어오르려고 하면 바로 그 순간에 "실망이야"라고 말하고 가만히 기다린다.
반려견의 몸이 내 몸에서 떨어지는 바로 그 순간 "예스!"라고 말하면서 끝내주게 맛있는 간식을 준다.

2단계.
반려견이 내 몸을 밀치거나 뛰어오르면 바로 그 순간에 "실망이야"라고 말하고 가만히 기다린다.

---

[36] [폴랑폴랑] 뛰어오르고 밀치는 반려견의 행동 변화 교육—"실망이야" 2021년 12월 24일 https://www.youtube.com/watch?v=eWkpRhYKP0Q

반려견이 내려가서 바닥에 앉는 바로 그 순간 "예스!"라고 말하면서 끝내주게 맛있는 간식을 준다.

3단계.

반려견이 차분하게 앉아서 보호자를 바라보면 항상 "예스!"라고 말하고 눈을 맞추고 이야기하면서 끝내주게 맛있는 간식을 준다.

최종 단계.

반려견이 차분하게 앉아서 보호자를 바라보면 항상 눈을 맞추고 이야기하면서 반려견에게 필요한 것이 무엇인지 체크하고 보살펴준다.

반드시 기억해야 하는 핵심!

첫째. 언제나 동일한 단어를 사용한다.

둘째. 단어는 한 번만 말한다.

셋째. "실망이야"라고 말할 때 부정적인 태도는 금물이다. 보호자는 언제나 호흡, 언어, 표정, 행동에 유념해야 한다.

넷째. 항상 기억하자. 모든 동물의 행동에는 반드시 이유가 있다. 반려동물이 이 행동을 했던 이유는 관심이 필요해서 그리고 자기 의사 표현을 하고 싶은 것이다. 그렇다면 새로 배운 행동이 그 욕구를 충족시켜주어야 한다. '차분하게 앉아서 바라보기만 해도 내가 원하는 걸 얻을 수 있다!'라는 확신을 반려견이 갖게 해주어야 한다. 그래야 그 행동이 지속된다. 따라서 반려견이 차분히 앉아서 보호자를 바라볼 때, 반드시 항상 언제나 반려견에게 관심을 표현해 준다.

"응? 왜? 필요한 거 있니? 어떤 이야기가 하고 싶어?"

반려견에 따라 보호자에 따라 차이는 있지만, 일반적으로 가르치는 데 10분도 걸리지 않는다. 그러나 반려견을 밀치거나 걷어차는 훈련을 하던 보호자와 반려견이라면 쉽지 않을 것이다. 이 경우는 기존에 하던 잘못된 습관을 제거하는 단계부터 시작해야 한다.

CHAPTER 9.
당신과 반려동물의 삶을 바꿀 동물 행동 심리

개의 인지 능력

개는 시각적으로 개체를 구분하고, 각각에 이름을 부여하여 기억할 수 있으며, 방대한 양의 정보를 암기하고 기억을 유지할 수 있다. 고유명사를 배우고 구별하여 기억할 수 있다는 것은 대상에 이름을 매핑^{mapping} 할 수 있는 능력을 의미한다. 또한 개는 대상과 명령어를 연결하여 인지할 수 있고, 대상을 카테고리로 분류하거나 해체하여 인식할 수도 있다. 일대일, 일대다 또는 다대다 형태로 대상을 유연하게 매핑할 수 있다는 뜻이다.

현재 세계에서 가장 많은 단어를 이해하는 개는 보더콜리 체이서^{Chaser}다. 체이서는 3년에 걸친 집중 훈련 결과 1,022개의 고유 명사를 습득했다. 연구자들은 체이서가 배운 것을 기억하는지 매달 테스트를 진행했는데 3년간 진행된 테스트에서 체이서는 매번 95% 이상 정답을 맞혔다.

체이서는 동작을 요청하는 명령어와 고유명사가 다르다는 점도 이해했다. 연구자들은 세 개의 명령어와 세 개의 사물 이름을 무작위로 조합하여 체이서에게 제시했다. 실험에서 제시된 문장은 이전에 체이서에게 가르친 적이 없는 문장이었다. 체이서는 사물의 이름과 요구되는 동작을 정확히 구분하여 인지하고 수행하여 테스트에서 만점을 기록했다.

체이서는 보통 명사와 고유 명사의 차이도 이해했다. 연구자들은 체이서가 이미 이름을 아는 장난감들을 장난감 vs. 공 vs. 프리스비의 세 가지 카테고리로 나누었다. 그리고 체이서가 각 장난감이 속한 카테고리를 이해할 수 있는지 실험했다. 공이나 프리스비는 형태로 추측이 가능할 수 있지만 '장난감' 카테고리에 속하는 물건은 모양이나 특징이 모두 제각각이었다. 그중에는 장난감 카테고리에 들어갈 법한 물건이지만 체이서에게 허용되지 않은 물건들도 많았다. 그러나 체이서는 성공했다. 체이서는 카테고리를 대표하는 대표 명사를 기억하고, 여러 개의 고유명사를 정해진 카테고리로 묶었다. 반대로 하나의 물건에 여러 개의 이름을 붙여 기억할 수도 있었다.

마지막으로 연구자는 체이서가 모르는 새 장난감을 익숙한 장난감들 사이에 섞어 넣었다. 새 장난감의 이름은 '야옹^{Meow}'으로 정했지만 체이서에게는 그 사실을 알려주지 않았다. 그 상태에서 연구자는 체이서에게 "야옹 가져와$^{Fetch\ Meow}$"라고 요청했다. 체이서는 성공했다. 이름을 아는 장난감들을 제외하고 남은 장난감이 '야옹^{Meow}'이라고 추론할 수 있는 능력을 갖고 있다는 뜻이다.

캐나다 댈하우지 대학의 연구에 따르면 평균적으로 개는 약 89개의 단어와 문장을 이해할 수 있다. 다른 연구에서는 리코^{Rico}라는 이름의 개가 200개 단어를 이해한다는 사실이 확인되었다. 최하점은 15개의 단어를 기억한 개가 차지했다. 나의 반려견들도 고유명사, 일반명사, 명령어 등을 통틀어 대략 150여 개 이상의 단어들을 이해했다. 내가 나의 반려견 미니에게 "미니야, 체리코크 어디 있어?"라고 물으면 미니는 체리코크가 있는 방향을 코로 가리켰다. "미니야, 체리코크 데리고 올래?"라고 하면 미니는 체리코크에게 가서 함께 돌아왔다. 대상에 이름을 매핑^{mapping} 할 수 있는 능력, 명령어와 고유명사를 구분해서 이해할 수 있는 능력이 있다는 사실을 의미한다.

나는 한국어, 영어, 일본어로 반려동물 행동 상담과 교육을 진행하고 있다. 그래서 한국에 거주하는 외국인 보호자의 반려견들을 만나면 "너는 2개 국어를 하는구나!"라는 농담을 자주 한다. 개는 실제로 언어를 이해할까? 재미있는 연구가 있다.

2018년 진행된 연구에 의하면 개는 뇌에서 사람의 언어를 이해하고 처리하는 것으로 보인다. 스페인에 거주하는 열여덟 마리의 개에게 스페인어, 헝가리어, 외계어를 들려주면서 기능적 자기공명영상장치^{fMRI}로 뇌를 촬영하였다. 그 결과 개들에게 친숙한 언어인 스페인어를 들려줄 때와 낯선 언어를 들여줄 때, 뇌에서 각각 다른 부분이 활성화된다는 것을 알 수 있었다. 외계어에는 별다른 반응이 없는 반면, 실제 자연어에는 반응하는 것으로 볼 때 언어의 규칙성을 이해하고 있는 것으로 보인다. 나이가 많을수록 언어를 더 잘 구별한다는 사실도 확인할 수 있었다. 물론 아직 연구 초기 단계로 개가 소리에 반응하는 것인지, 더 복잡한 언어 능력을 갖췄는지는 추가적인 연구가 필요하지만 비인간 동물이 사람의 언어를 구별할 수 있다는 사실은 분명하다.

개는 개가 내는 소리$^{Dog\ Sound}$와 그 외 다른 소리$^{Nondog\ Sound}$를 구별할 수 있을까? 헨리 헤프너$^{Henry\ E.\ Heffner}$박사는 개에게 32가지의 소리를 들려주고 두 카테고리 중 하나로 분류하는 법을 가르쳤다. 그런 다음 96개의 새로운 소리를 들려주었는데 개는 소리를 분류해냈다. 이 연구에서 놀라운 사실은 소리의 물리적 특색이 아니라 음원이 개인지 아닌지를 기준으로 개가 소리를 분류했다는 사실이다. 헝가리 연구신이 진행한 연구에 의하면 개는 다른 개가 짖는 소리를 듣고 의미를 구분할 수 있다. 짖는 것이 개들 간의 중요하고 복잡한 의사소통이라는 뜻이다. 시각적 자극도 마찬가지다. 개는 풍경 사진과 개의 사진을 각각 별도의 카테고리로 분류하고, 새로운 사진이 추가되었을 때도 적합한 카테고리에 사진을 추가했다. 개에게 이미 익숙한 풍경 사진 위에 처음 보는 개가 서 있는 사진을 제시했을 때는 그 사진을 개의 카테고리로 분류했다.

블루 힐러 X 캐터훌라[37] 스텔라^{Stella}와 쉬파두들$^{Sheepadoodle\ 38}$ 버니^{Bunny}는 70여 개의 버튼을 눌러 문장을 구사할 수 있는 개로 소셜미디어에서 유명하다. 그중 가장 흥미로운 사실은 버니가 '어제, 오늘, 아침, 저녁'과 같은 시간 개념을 사용한다는 점이다. 실제로 버니가 소통을 위해 버튼을 사용하는 것인지 여부를 확인하기 위한 연구가 진행 중이다.

여기 소개된 사례는 개의 놀라운 인지 능력 중 극히 일부에 불과하다. 연구에 참여한 반려견들은 세상 놀라운 천재로 태어난 개들이 아니다. 1,022개의 단어를 기억하는 체이서는 생후 8주경에 입양된 평범한 강아지였고 다른 개들도 마찬가지였다. 체이서가 보더콜리 종이라는 이유로 견종과 지능을 비교하려는 사람들도 있을지 모르겠다. 견종으로 지능을 추정하지 말기를 바란다. 물론 유전적 소인의 영향이 없다고 할 수 없다. 단적으로 말해 인간의 욕심이 만들어낸 기형적인 조건을 갖고 태어나는 견종, 건강상의 문제를 안고 있는 견종이 집중력 있게 학습에 참여할 수는 없을 거다. 그러나 체이서의 경우는 영리하고 건강한 강아지와 지혜롭고 관계에 부지런한 보호자의 만남이 이뤄낸 결실이라고 할 수 있다.

천재견은 타고나는 부분보다 만들어지는 부분이 훨씬 크다고 나는 생각한다. 사람들은 나에게 "어떻게 하면 저렇게 영리한 반려동물들을 입양할 수 있느냐"라고 묻곤 했다. 내가 영리한 동물들을 선별해서 입양하는 노하우를 갖고 있다고 생각하는 모양이다. 그러나 나는 지금까지 단 한 번도 반려동물을 내가 직접 선택한 적이 없다. 나와 가족이 된 반려동물들은 모두 길 잃은 아이, 누군가 데리고 온 아이, 보호자와 훈련소의 기권으로 내 품에 온 아이들이었다. 아이들 하나하나를 마음으로 들여다보고 가진 재능을 살려준다면 어떤 동물이든 천재가 될 수 있다.

---

[37] 오스트레일리언 개틀독$^{Australian\ Cattle\ Dog}$ 중 블루 힐러$^{Blue\ Heeler}$ 모색 X 캐터훌라 레오파드독$^{Catahoula\ Leopard\ Dog}$
[38] 올드 잉글리쉬 쉽독$^{Old\ English\ Sheepdog}$ X 푸들^{Poodle}

동물은 당신의 감정을 읽고 공감한다.

 쥐부터 보노보에 이르기까지 모든 동물은 다른 동물의 감정을 읽고 이해하고 그에 맞춰 행동을 바꿀 수 있는 능력을 갖고 있다. 워싱턴대학교의 존 마즐러프[John Marzluff] 박사 연구팀에 따르면, 야생 까마귀는 특정인의 얼굴을 인식하고 수년간 기억할 수 있는 예리한 지각 능력을 갖고 있다. 차림새나 특징을 기억하는 것이 아니다. 정확히 얼굴을 기억했다. 까마귀는 수년이 지나도 군중 속에서 자신을 괴롭힌 사람의 얼굴을 구별해 내고 그 사람을 꾸짖었다. 더욱 놀라운 점은 괴롭힘을 당했던 까마귀만 가해자를 꾸짖는 것이 아니라 이 까마귀의 동료들, 심지어는 그 당시에 태어나지도 않았던 까마귀들까지 여기에 합세했다는 사실이다.
 말을 대상으로 한 연구에서도 그들이 사람들의 얼굴을 기억하고 각 사람의 표정에서 감정을 읽어낸다는 사실이 밝혀졌다. 말은 표정에서 사람의 감정을 섬세하게 읽고 그에 맞추어 자신의 행동을 바꾸기도 했다. 개도 마찬가지다. 개는 사람의 얼굴을 기억하고 구별할 수 있으며 감정을 읽어낸다. 개는 단순히 시각적 정보만으로 우리의 감정을 읽는 것이 아니다. 시각, 청각, 후각 등 모든 감각적 정보를 통해서, 그리고 사람의 미세한 행동 변화를 통해서 파악한 모든 정보를 통합해서 우리의 다면적인 감정을 읽어낼 수 있다.

    오스트리아 빈 대학교 연구에 따르면 개는 사람의 얼굴 일부만 보여도 익숙한 사람인지 아닌지를 알 수 있고, 상대방의 감정과 행동에 따라 선택적으로 반응하며 행동을 바꾸기도 한다. 영국 링컨 대학교의 연구에서도 개가 시각과 청각을 통해 얻은 다른 개나 사람의 감정 정보를 통합하여 인식하고 이해할 수 있다는 사실이 확인되었다. 개에게 화가 난 얼굴과 편안한 얼굴의 두 사진을 보여주면서 목소리를 들려주자 개는 그 목소리에 매칭되는 표정을 찾아냈다. 사람의 얼굴 근육 움직임이나 목소리 톤이 바뀔 때, 개가 다양한 감정 상태를 나타내는 미묘한 단서를 포착할 수 있다는 뜻이다.

    연구팀은 이후 진행된 연구에서 사람은 구두 의사소통과 상황 단서에 더 많이 의존하지만, 개는 감정을 이해할 때 자세, 표정, 몸짓과 같은 비언어적 단서에 더 무게를 두는 것 같다고 밝혔다. 개가 어떤 정보를 어떻게 수집하고 어떤 정보에 더 집중하는지는 아직 분명하지 않다. 사람이 그렇듯이 개들 간에도 감정 인식 능력에 개인차가 있다. 그러나 사람의 감정 표현, 욕구, 의도를 이해하고 대응하는 능력은 선천적이고, 후천적 학습을 통해 더욱 발전된다는 사실은 분명하다.

    다른 사람들이 나와는 다른 시각, 감정, 욕구, 생각을 갖고 있다는 것을 이해하고, 타인의 입장에서 상황을 이해하고 공감하는 능력을 마음 이론 Theory of Mind라고 한다. 과거에는 유인원이 개보다 능력이 낮고, 어린이는 4세 이상이 되어야 가능하다고 생각했다. 그러나 그것이 타인을 공감하고 이해하는 능력의 차이가 아니라 실험 방법에서 비롯된 오해라는 사실이 밝혀졌다. 쥐나 유인원도 마찬가지로 타인의 입장에서 역지사지할 수 있는 능력을 갖고 있다. 또한 생후 15개월의 아동도 타인의 마음을 어느 정도 이해할 수 있다는 사실이 확인되었다.

    한 대학원생이 별생각 없이 실험실 원숭이 앞에서 아이스크림을 먹고 있었다. 그런데 연구자를 바라보던 원숭이의 뇌가 마치 자신이 아이스크림을 먹고 있는 것처럼 활성화되었다. 타인의 행동을 관찰하는 것만으로 마치 자신이 직접 하는 것처럼 해당 행동의 계획과 실행을 담당하는 뇌가 활성화되는 것을 거울 뉴런$^{Mirror\ Neuron}$ [39]이라고 한다.

"아프냐? 나도 아프다."

이것은 단순한 드라마 대사가 아니라 신경과학이다. 과거에는 이것을 공감 능력으로 설명했다. 그러나 신경 과학의 발달로 타인의 감정과 고통이 나의 뇌에 거울처럼 복제된다는 사실이 밝혀졌다. 동물이 타자의 고통을 목격하면 자신이 고통을 겪을 때와 동일한 뇌 영역이 활성화된다. 네덜란드 신경과학 연구소의 연구에 따르면 쥐는 다른 쥐의 고통을 내 것처럼 느낀다. 다른 쥐가 고통을 느끼자 0.1초도 되지 않아 관찰자 쥐는 마치 자신이 겪고 있는 것처럼 고통스러운 소리를 내며 뛰어올랐다. 전기 충격을 받아본 경험이 있는 쥐는 다른 쥐가 전기 충격을 받는 모습을 보고 얼어붙었다.

다른 반려동물이 강압적 훈련으로 고통받을 때 고통받는 당사자는 물론이고 그 모습을 곁에서 지켜보는 반려동물 또한 강렬한 고통과 스트레스를 경험한다.

거울 뉴런은 아직 미지의 세계다. 그러나 사람을 포함하여 모든 동물의 뇌가 단순히 상대의 입장을 추정하여 공감하는 수준이 아닌, 강렬한 신경망으로 연결되어 있다는 것은 분명해 보인다.

미국 듀크 대학교 연구팀은 마카크^{Macaques}에게 자신, 다른 마카크 또는 아무에게도 보상하지 않는 세 가지 선택권을 주었다. 실험에 참여한 마카크는 대부분 자기 자신에게 보상하는 것을 선택했지만, 아무에게도 보

---

39 거울 뉴런, 미러 뉴런, 거울 신경세포 등으로 번역되고 있다.

상을 주지 않을 바에는 자신과 친밀한 마카크에게 보상하는 편을 택했다. 쥐는 어려움에 처한 동료 쥐를 도와줄까? 미국 시카고 대학교 연구팀은 쥐의 공감 능력을 알아보기 위한 실험을 진행했다. 실험에서 행동이 자유로운 쥐가 갇혀 있는 동료 쥐를 풀어주고 초콜릿을 나누어 먹는 모습이 확인되었다. 아무도 갇히지 않은 케이지는 열지 않은 것으로 미루어볼 때, 이 행동은 사회적 행동으로 볼 수 있고 쥐가 다른 쥐의 고통을 공감하고 서로 돕는다는 사실을 알 수 있다.

개는 보호자의 행동을 참조한다. 보호자가 주어진 상황에서 어떤 감정 상태를 보이는지, 어떻게 반응하는지를 보며 반려동물들은 필수적인 사회적 정보를 얻는다. 개는 불확실한 상황, 낯선 상황에서 보호자에게 답을 구한다. 또한 개는 스트레스 요인에 직면했을 때, 풀 수 없는 과제에 부딪혔을 때, 불안이나 두려움을 일으키는 상황에서도 보호자에게서 답을 찾고 보호자와 자신의 행동을 동기화한다. 보호자가 긍정적 반응을 보이면 좀 더 다가가고, 보호자가 거리를 두면 개도 거리를 두려고 한다. 2015년 프랑스 연구팀에 의하면 낯선 사람이 다가오자 개는 낯선 사람과 보호자를 번갈아 바라보며 보호자의 행동을 참조해서 행동을 결정했다.

반려동물은 가족과 감정을 공유한다. 보호자와 반려동물 간에는 정서적 전염이 가능하다. 반려동물은 보호자의 감정 상태에 민감하다. 보호자가 스트레스를 받으면 개는 호르몬의 변화를 바로 인지할 수 있다. 보호자가 예민하거나 스트레스가 많거나 자주 긴장하고 불안하면 반려동물도 같이 그 감정 기복을 경험한다. 주변 사람이나 주변 동물들의 감정 상태, 반응, 문제 해결 방식이 동물에게 큰 영향을 주기도 한다. 주변에서 과잉 반응을 보이면 개도 '아, 서건 내가 반응해야 하는 것이구나'라고 학습할 수 있다.

상대의 감정을 읽고 배려하는 민감도가 높은 보호자는 자녀나 반려동물의 감정과 욕구를 잘 읽고 시기적절하게 대처한다. 반대로 민감도가 낮은 보호자는 그렇지 못하다. 연구에 따르면 민감도가 낮은 보호자의 반려동물은 불안정한 애착 스타일의 동물이 될 가능성이 높다. 관계가 불안정한 반려동물은 보호자와 안정적인 애착 관계를 맺고 있는 개보다 더 스트레스 지수가 높고 불안정할 가능성이 크다.

그러나 의미를 왜곡하지 말자. 간혹 "보호자 성격이 저러니까 반려동물도 저렇지."라는 식으로 보호자와 반려동물을 연결 지어 말하는 사람들을 볼 수 있는데 그렇게 말할 수 있는 과학적 근거는 없다. 일반적으로 보호자가 편안하면 반려동물도 스트레스가 적고 편안한 것은 사실이다. 그러나 성품을 형성하는 데는 그 외에 다양한 요인이 기여한다.

'행동'과 '감정'은 소울메이트

사고, 감정, 태도 전환 & 바람직한 방향으로의 행동 전환
이것이 함께 이루어져야 성공적인 행동 변화라고 할 수 있다.

감정과 생각을 고려하지 않고 행동만 강화하는 것은 효과적이지 않다. OC로 강화한 행동보다 CC로 조건화된 반응이 우선하기 때문이다. 예를 들어 테러리스트가 당신에게 자리에 가만히 앉아있으라고 한다. 당신은 차분하게 변할까? 당장은 그 말에 따르겠지만, 달아나거나 공격할 기회만 엿볼 것이다. 내면의 공포와 혐오감은 사라지지 않기 때문이다. 개도 마찬가지다. 사람에게 다가가 인사하도록 가르칠 수는 있다. 그러나 개가 혐오하는 사람에게 달려가 인사를 건네지는 않을 것이다. 초조해서 뛰어다니는 사람을 억지로 붙잡아 앉힌다고 초조함이 사라지지 않는다. 슬퍼서 우는 사람에게 웃으라고 강요해도 우울감에서 벗어날 수 없다.

반려동물의 사고, 감정, 태도를 긍정적으로 전환하는 과정이 함께 이루어지지 않으면, 다른 행동을 가르쳤다고 해도 불완전한 성공에 불과하다. 반려동물이 교육 중에 부정적 경험에 노출되지 않도록 주의해야 하고, 바람직하지 않은 행동을 없애는 것이 아니라 반려동물이 긍정적 사고와 바람직한 행동을 선택하도록 돕는 데 초점을 맞춰야 한다.

행동과 감정 변화가 함께 이루어져야 한다.

　모든 동물은 연상을 통해 학습한다. 연상을 통한 학습 CC는 매초 매 순간 일어나기 때문에 반려동물이 긍정적 경험을 할 수 있도록 항상 보호자가 주의를 기울여야 한다고 설명했다. 그런데 만약 반려동물이 무엇인가에 대해 부정적 경험을 하고 부정적인 것으로 기억하게 되었다면 어떻게 해야 할까? 연상을 통해 학습된 부정적 감정을 역으로 Counter 뒤집어서 좋아하는 감정으로 바꾸어야 한다.

　이처럼 기존에 학습된 감정, 생각, 태도를 바꾸는 과정을 역 조건화 Classical Counter-Conditioning [40]라고 한다. 구분하기 쉽도록 역 조건화라고 설명했지만, 이것 또한 연상을 통한 학습이다. 영어로는 CC로 표기하거나 Counter-Conditioning으로 기재한다. 지금부터 CC로 표기하겠다.

　발톱 깎기를 싫어하는 고양이를 예로 들어보자. 영원히 발톱을 깎지 않고 살 수는 없으므로 발톱 깎기는 즐겁고 편안한 것이라고 느끼도록 생각과 감정을 전환해야 한다. 이처럼 비호감을 호감으로 바꾸는 것, 두렵다는 감정을 편안하고 긍정적인 감정으로 바꾸는 것이 CC다.

　그런데 공포와 혐오감을 단번에 호감으로 뒤바꿀 수는 없다. 기존 경험

---

[40] 역 조건화, 역 조건형성 등으로 번역되고 있다.

과 감정의 강도에 따라 트라우마로 남을 수도 있기 때문이다. 일련의 과정은 동물이 긍정적으로 받아들일 수 있는 선에서, 동물이 감당할 수 있는 수준과 속도에 맞추어 체계적이고 단계적으로 진행되어야 한다. 이것을 '체계적 DS$^{\text{systematic Desensitization 41}}$'라고 한다. DS라 쓰고 '디에쓰'라 읽는다. 부정적 감정을 긍정적 감정으로 바꿔나가는 과정이기 때문에 체계적 DS는 CC와 함께 다닌다. 그래서 체계적 DS와 역 조건화 CC를 줄여서 일반적으로 DS/CC라고 기재한다. 지금부터는 복잡한 내용은 모두 잊고 DS/CC만 기억하면 된다.

> **DS/CC의 두 가지 필수 요건**
>
> **첫째.** 동물이 긍정적인 감정을 느끼는 상태여야 하고, 전 과정에서 긍정적 상태가 유지되어야 한다.
> **둘째.** 동물에게 반드시 선택의 자유가 보장되어야 한다.
> **이 두 가지 핵심이 무너진 순간 그것은 더 이상 DS/CC가 아니다.**

부정적 감정을 긍정적 감정으로 바꿀 때, 즉 DS/CC를 수행할 때 반드시 지켜야 하는 여섯 가지 원칙

첫째. 트리거^{Trigger}, 즉 동물에게 부정적 감정을 유발하는 요인이 무엇인지 명확히 식별해야 한다.

"나는 뱀을 무서워해요."는 부정확한 표현이다. 뱀이 다리를 타고 올라오는 것은 끔찍하지만, 영상으로 보는 것은 괜찮을 수도 있다. 회는 좋아하면서 익힌 생선은 싫을 수 있다. 롤러코스터는 짜릿하지만 번지 점프는 공포일 수 있다. 마찬가지로 다른 개를 싫어하는 반려견이라고 해도 장난이 심한 청소년기의 강아지는 못 견디면서 중년을 넘긴 성숙한 개와는 절친일 수 있다.

---

41 탈감작, 둔감화, 탈민감화, 탈감각, 민감 소실 등으로 번역되고 있다.

둘째. 임계점^{Threshold}, 즉 부정적 감정의 수준을 확인해야 한다.

부정적 감정을 느끼는 상태에서 행동을 바꿀 수는 없다. 사고, 감정, 태도, 행동이 함께 움직여야 한다. 따라서 동물이 긍정적이고 편안한 감정으로 받아들일 수 있는 적정선을 확인해야 한다.

"어느 선이면 편안하게 받아들일 수 있을 것 같아? 테이블 위에 뱀을 올려두어도 괜찮을까? 불편해? 울타리 밖에 뱀이 있다면 어떠니? 영상으로 보는 것은 괜찮아? 이 정도 거리에서 사진으로 보는 것은 괜찮니?"

긍정적 감정에서 부정적 감정으로 넘어가는 분기점을 임계점^{Threshold}이라고 한다. 반려동물 교육에서는 절대 임계점을 넘지 않도록 각별한 주의를 기울여야 한다. 담장을 넘어 지나가는 뱀만 보아도 숨이 넘어가는 사람의 목에 뱀을 감아놓으면 기절밖에 더할까? <u>선을 넘는 순간 그것은 동물 학대이며 반려동물의 불안과 공포를 증폭시킨다.</u>

동물이 긍정적이고 편안한 감정으로 받아들일 수 있는 적정선을 확인할 때는 부정적 감정을 유발하는 요인과의 물리적 거리, 시간, 밀도, 농도, 음량, 속도, 크기, 특징, 행동 등 모든 감각적 자극의 임계점을 명확히 식별해야 한다. 소리가 공포를 유발한다면 음량, 상대방의 냄새가 부정적 감정을 유발한다면 냄새의 강도, 달리는 자전거를 무서워한다면 자전거의 스피드 등 모든 자극의 범위를 반려동물이 편안하게 받아들일 수 있는 적정선 이내로 유지해야 한다. 시간도 마찬가지다. 뱀이 스크린 밖으로 나올 리는 없겠지만, 시청 시간이 길어지면 길수록 견디기 어렵다.

셋째. 동물의 감정, 사고, 태도가 긍정적인 상태일 때 가능하고, 긍정적 감정 상태는 교육 내내 지속되어야 한다.

DS/CC는 동물이 부정적 감정을 극복하게 만드는 과정이 아니다. 매 순간 블록을 쌓듯이 긍정적 감정을 쌓아나가면서 편안하고 이완된 감정 상태를 유지하도록 돕는 과정이다. 따라서 DS/CC는 반려동물이 긍정적 감정 상태에 머물러 있을 때만 가능하고 그래야만 한다. 동물이 편안하고 이완된 상태라면 스트레스를 표현할 이유가 없다. 카밍 시그널, 스트레스 시그널이 조금이라도 보이면 이미 임계점을 넘어섰으며 잘못 적용하고 있다는 뜻이다. 즉시 중단해라. 만약 교육이나 훈련 중에 또는 이후에 반려동물이 스트레스를 표현하거나 울거나 짖는다면 그것은 DS/CC가 아니다. 이것은 짖고 달려드는 반려견, 불안정한 반려동물, 사람이나 동물을 공격하는 반려동물들을 증가시키는 주요 원인이다. 반려동물이 학습이 느리거나 고집이 센 것이 아니다. 즉시 중단하고 휴식기를 가진 다음 인증된 동물행동전문가의 도움을 받아야 한다.

넷째. 동물에게 선택의 자유가 보장되어야 한다.

참여 여부는 동물 당사자의 선택이다. 당사자의 의사를 100% 존중해야 한다. 동물이 선택할 수 있도록 하고 스스로 편안한 상태에 머무를 수 있도록 환경을 조성해야 한다. 절대로 동물이 원치 않거나 아직 준비되지 않은 상태에서 밀어붙이지 않는다. 동물을 가두거나 매어두거나 제한된 공간에서 진행하지 않는다.

다섯째. 동물의 속도에 맞춰서 진행해야 한다.

DS/CC는 체계적이고 점진적 과정이다. 속도와 단계를 결정할 권한은 동물 당사자에게 있다. DS/CC를 실행할 때는 동물의 의사를 확인하고 자극을 통제하며 지속적으로 단계를 설정하고 조정해야 한다. 찰나의 순간이라도 반려동물이 부정적인 감정을 경험하지 않도록 면밀하게 대비해야 한다.

여섯째. 동물의 언어를 정확하게 + 즉각적으로 읽고 응답할 수 있어야 한다.

자극을 식별하고 임계점을 확인하려면 반려동물의 언어를 알아야 한다. 반려동물의 언어를 잘 모르는 상태에서 DS/CC를 적용하면 원하는 반대의 결과를 얻는다. 반려동물의 의사를 왜곡 해석하거나 대응 시점을 놓치면, 반려동물이 부정적 감정을 트라우마로 덧칠하는 결과를 낳기 쉽다.

DS/CC는 당사자인 동물이 무리 없이 수용할 수 있는 범위에서만 요청해야 하고, 동물이 편안하고 이완된 긍정적 감정 상태에 머무를 수 있도록 모든 자극을 통제해야 한다는 사실을 명심하자.

DS/CC

★ 반드시 지켜야 하는 원칙
동물에게 선택의 자유를 보장한다.
동물에게 공간의 자유를 보장한다.
속도와 단계는 동물이 정한다.
동물은 감정, 사고, 태도가 긍정적인 상태여야 하고 긍정적 상태는 전 과정에서 지속되어야 한다.

트리거 체크 Trigger	임계점 체크 Threshold	신호 체크	동물의 의사 정확한 이해 + 즉각 응답
	시각 / 청각	그린 라이트	편안함 이완된 근육 보호자에게 응답
	후각 / 촉각 / 미각	옐로 라이트 반려동물의 의사를 존중한다. 동물은 간식을 먹을 수 있다. 그러나 그들이 편안하다는 의미는 아니다. 카밍 시그널이 보이면 중단하고 물러서야 한다.	카밍 시그널 거리를 존중해달라는 시그널
	거리 / 속도 / 지속 시간	레드 라이트 즉시 중단하고 물러선다. 동물이 스트레스 시그널을 보인다면 그것은 올바른 교육이 아니다. 즉시 중단하고 물러서야 한다.	스트레스 시그널 불안, 긴장, 두려움
	강도 / 크기	한계 초과 당신이 칼날 위에서 미적분을 풀 수 없다면 반려동물에게도 그것을 요구할 수도 없다.	경고 시그널 공격 시그널

© 동물행동심리연구소 폴랑폴랑
www.polangpolang.com

방송인 김국진 씨가 실패의 두려움에서 벗어났던 경험을 방송에서 이야기한 적이 있다. "난 연기를 절대로 안 할 거야. 못해."라고 손사래를 치던 김국진 씨에게 해당 드라마의 감독이 이렇게 말했다고 한다.

"한 컷만 해볼래? 연기 아냐. 그냥 한 컷."

"연기 아니고 그냥 한 컷? 어 그러면 한번 해보지 뭐."

"이번에는 세 컷 해볼까?"

"세 컷? 응. 할 수 있을 것 같은데."

김국진 씨는 '정신을 차려보니 드라마 한 편을 찍고 있었다.'고 했다. 드라마 한 편은 곧 시리즈가 되었고 김국진 씨는 주연으로서 수년간 드라마를 이끌었다. 여기에 DS/CC의 핵심이 모두 들어있다.

만약 처음부터 드라마 한 편에 출연하라고 요구했다면 또는 감독이 출연자의 의사와 무관하게 밀어붙였다면, 시청자는 김국진 씨를 드라마에서 보지 못하게 되었을지 모른다. 그러나 당사자가 편안한 마음으로 수용할 수 있는 범위 내에서 행동을 요청했고, 당사자가 실행 여부를 스스로 선택했으며, 그것이 긍정적 경험으로 이어졌기 때문에 더 도전적인 과제도 즐겁게 성취할 수 있었다. 당사자의 감정과 욕구를 정확히 읽는 것, 수용할 수 있는 범위에서 제안하는 것, 매 순간의 시도가 편안하고 즐거운 경험이 될 수 있도록 돕는 것, 이것이 DS/CC에서 가이드하는 사람의 역할이다. 상대를 신뢰하고 자신의 마음의 소리에 귀 기울이는 것, 행동을 실행하는 것은 당사자의 선택이다.

밀어넣기^{Flooding}는 동물 학대다.

> ### 밀어넣기^{Flooding}
> ▶ 동물을 대상으로 하는 밀어넣기^{Flooding}는 동물 학대다.
> ▶ 어떤 방법이든 잘못 적용하면 부적절한 밀어넣기가 될 수 있다.
> ▶ 안전하고 편안한 환경에서 각자의 속도에 맞추어 단계적으로 대응 능력과 자신감을 키워나가는 것이 가장 바람직하고 효과적인 방법이다.

　밀어넣기^{Flooding}는 탈출할 방법을 차단하고 강렬한 혐오 자극에 강제 노출해서 불안이나 공포와 같은 부정적 감정을 줄이는 요법이다. 흔히 '홍수', '홍수법' 등으로 불리는데, 기계식 해석에 가까워 직관적으로 이해하기 어렵고 원용어의 의미와 다르다. 또한 홍수 '법'이라는 표기는 이것이 마치 적절한 방법의 하나라는 듯한 오해를 불러일으킬 수 있다.

　원용어 Flooding은 홍수가 아니라 범람한 물에 잠겨 휩쓸린다는 뜻으로 강렬한 자극에 개인이 압도되는 상황을 비유적으로 표현한 것이다. 나는 '<u>밀어넣기</u>'라고 표현한다. 공포와 불안을 유발하는 거대한 자극 속으로 밀어 넣는 개념이기 때문이다. 끓어 넘치는 용암 속으로, 몰아치는 급류 속으로, 공중에서 비행기 밖으로 무작정 등을 떠밀어 던져버리는 느낌에 가깝다.

단적인 예로 비행 공포증이 있는 사람을 비행기에 강제로 태워서 '나의 두려움이 비합리적인 생각에 불과하다.'라는 것을 깨닫도록 만드는 것이 밀어넣기Flooding다. 처음에는 극한의 공포를 경험하며 몸부림치겠지만, 시간이 지나면 탈진하면서 공포에 반응조차 할 수 없는 시점이 온다. 결국 아무 일도 일어나지 않는다는 것을 알게 되면, 두려움과 공포에서 벗어날 수 있다는 것이 밀어넣기의 이론적 개념이다.

지금 당신이 인생 첫 수영에 도전한다고 하자. 요즘 세대는 단계적으로 물과 친숙해지는 과정을 거치며 차근차근 재미있게 수영을 배울 거라고 생각한다. 불행히도 내가 수영을 배울 당시는 그렇지 않았다. 올망졸망 초등학교 1학년 아이들이 모인 수영 교실 첫날. 보호 장비나 보조 도구도 갖추지 않은 아이들을 일렬로 세워 강사가 데리고 간 곳은 수심 2미터가 넘는 레인이었다. 수영 강사는 긴 장대를 들고 레인 중간쯤 되는 지점의 바깥쪽에 서더니 어리둥절한 얼굴로 서 있는 아이들에게 이렇게 말했다. "지금부터 한 명씩 물에 뛰어드세요. 여기 장대 보이죠? 위험하면 장대를 잡아요. 이렇게 해야 물에 대한 두려움을 없앨 수 있고 두려움이 없어야 수영을 잘할 수 있습니다. 죽지 않아요. 뛰세요."

아직 수영을 배우기도 전인데 강사의 말에 환호하며 자발적으로 깊은 물에 몸을 던지는 아이는 없었다. 우는 아이들, 도망가는 아이들로 정신없는 와중에 강사는 자의로 들어가지 않으려는 아이들의 등을 하나씩 떠밀었다. 물에 빠져 허우적거리면 물 밖에 서 있는 강사가 아이의 눈앞에 장대를 보여주었고, 아이는 장대를 붙잡으려고 허우적거리며 어떻게든 살아 나와야 했다. 그것이 첫 수영 레슨이었다. 올바로 적용한 사례라고 하기 어렵지만 이것이 밀어넣기Flooding의 한 예다.

밀어넣기는 두려움이나 불안 해결에 효과적이지 않고, 많은 경우 재발하는 것으로 보고되고 있다. 또한 밀어넣기가 회피 행동을 강화한다고 보는 견해가 많다. 대상이 무해하다는 것을 이해했다고 해도, 자발적으로 자신을 밀어 넣고 싶다는 생각은 들지 않기 때문이다.

밀어넣기가 개념 그대로 실행되려면 당사자, 환경, 두려움을 유발하는 자극의 완벽한 통제가 보장되어야 한다. 즉, 각 개인이 해당하는 상황에서 느낄 부정적 감정의 유형과 강도를 정확히 특정하고, 각 개인이 극복하는 데 필요한 '**딱 그만큼의 혐오 자극**'에 밀어 넣은 다음, 각 개인이 안전하게 마음의 평화를 얻었다는 것이 확인되는 바로 그 순간 '**즉시**' 자극을 중단해야 한다. 그러나 이 세상 누구도, 심지어 당사자도 감정의 크기를 재단하거나 감정의 변화를 예단할 수 없다. 동일한 자극에도 각자가 느끼는 감정과 강도는 다르다. 롤러코스터를 타면 쾌감을 느끼는 사람도 있지만 실신하는 사람도 있다. 그날그날 컨디션에 따라서도 다르다.

밀어넣기는 DS/CC의 정반대 방법이며 동물에게 유해하다.

우리는 동물의 감정 상태나 능력을 객관적으로 평가할 수 없다. 노출의 적정 수준 또한 확인하거나 통제할 수 없다. 따라서 동물을 필요 이상의 강력한 자극에 노출하거나 그 반대가 될 수 있다. 99.9% 그렇다.

동물 대상의 밀어넣기는 동물의 동의를 얻어 진행하는 것이 아니다. 스스로 선택한 것이 아니기 때문에 이 경험은 불안과 공포를 극대화할 수 있다. 사람 대상의 밀어넣기는 당사자의 동의, 중단 계획, 지원 대책이 충분히 논의되고 확보된 상황에서 진행된다. 견딜 수 없는 상황에 놓이면 중단을 요청하거나 지원을 받을 수 있다. 그러나 동물은 중단을 요청할 수 없고 지원 대책을 논의할 수도 없다. 부정적 감정을 유발하는 상황에서 동물에게 필요한 것은 대처 능력이다. 그러나 밀어넣기는 동물에게 대처 기술을 알려주지 않는다. 따라서 동물을 대상으로 하는 밀어넣기는 동물 학대다. 동물에게 극도의 고통과 트라우마를 남길 수 있다.

다른 개들을 두려워하는 반려견을 사회성을 향상한다는 명목으로 집단 환경에 밀어 넣는다면, 반려견은 정신적 공황 이상의 고통을 경험할 수 있다. 반려견 유치원이나 훈련소에 가보면 하루 종일 가구 위나 구석에 웅크리고 누워있는 반려견들을 흔히 볼 수 있는데 많은 경우 여기에 해당한다.

두렵고 불안한 상황에서 벗어날 방법이 없을 때 그것처럼 고통스러운 일은 없다. 반려견이 다른 개들과 한 공간에서 편안하고 즐겁게 지내기를 바란다면, 다양한 성향의 개들 속에서 <u>자신을 보호하고 관계에 대응할 수 있는 능력을 키워주는 것이 우선이다.</u> 그 능력이 없는 상태에서 단체 생활이란 지옥이나 다름없다. 반려동물이 다른 동물들과 건강하고 행복하게 어울려 살아가도록 돕고 싶다면 편안함과 안정감을 느끼는 환경에서 반려동물의 대처 능력, 관계의 기술, 자기 표현력, 관리 능력 등을 단계적으로 향상해 가면서 반려동물이 자신감을 키우도록 도와야 한다.

전문성이 부족하면 무엇을 하든 밀어넣기가 될 수 있다.

반려동물의 언어를 정확히 읽고 즉각 대응하지 못하는 경우, 올바른 커뮤니케이션 방법을 모르는 경우, 환경과 자극을 제대로 통제하지 못하는 경우, 단계 조절이 미숙한 경우, 어느 선에서 멈추어야 하는지 알지 못해서 등의 이유로 동물을 과도한 자극에 몰아넣기 때문이다. 스트레스 상태인 반려견 앞에서 간식을 던져주며 자극하는 것이 한 예다. 잘못된 훈련은 반려동물을 밀어넣기 상태로 몰아넣는다. 동물이 두려움과 불안을 표현할 때 멈추지 않거나, 두려움을 유발하는 행동을 반복하는 것은 동물학대다.

공포에 질리면 동물은 공격적 행동을 하거나 무기력 상태에 빠질 수 있다. 차 안에 들어가는 것을 두려워하는 반려견을 예로 들어보자. 훈련사가 밀어넣기로 행동을 바꾼다며 반려견을 차 안에 가두고 패닉에 울부짖는 반려견을 무시하면 어떻게 될까? 향후 자동차뿐만 아니라 모든 밀폐된 공간에 들어가는 것을 거부하게 되거나 셧다운 상태가 될 가능성이 높다.

　동물의 언어를 잘 모르는 보호자나 훈련사는 흔히 반려동물이 셧다운한 상태를 성공적인 훈련 성과로 해석한다. 더 이상 짖거나 물지만 않는다면, 더 이상 나를 귀찮게 하지만 않는다면, 결과적으로 만족스럽다고 생각할 수 있다. 내 반려동물이 편안하고 행복해서가 아니라, 두렵고 아파서 더 이상 짖지도 보채지도 못하게 되었다고 해도 반려동물의 언어를 이해하거나 공감할 수 없다면 그 아픔이 보이지 않기 때문이다.

막아서 해결되는 것은 없다. 소거 학습^{Extinction Learning}

해봐야 소용없다면 동물은 그 행동을 더 이상 하지 않는다. 고양이가 생선을 노리고 선반에 뛰어오르는 습관을 갖고 있다고 하자. 선반에 뛰어올라도 생선을 얻을 수 없다면 선반에 뛰어오르려고 하지 않을 것이고 행동은 줄어들 것이다. 이처럼 이전에 학습된 행동이 더 이상 효과가 없다는 사실을 학습한 결과, 기존의 학습된 행동이 감소하거나 사라지는 것을 소거 학습^{Extinction Learning}이라고 한다. 학습되어 뇌와 몸에 기록된 것의 스위치를 내리는 것이다.

과거에는 보상이 주어지지 않으면 이전에 학습된 행동이 억제되거나 소멸한다고 생각해서 소거^{Extinction}라는 표현을 사용했다. 그러나 현재 과학은 소거가 새로운 연관성을 습득하고 새로운 가치를 배우는 '학습 과정'이라고 본다. 따라서 소거가 아니라 소거 학습이라는 용어를 사용한다. 소거 학습은 행동학적 변화는 물론 기억, 학습, 감정 등 뇌의 신경학적 반응이 관여하는 생각 이상으로 복잡한 메커니즘이다. 또한 연상을 통한 학습^{CC}과 결과를 통한 학습^{OC}이 소거될 때, 뇌에서 각각 다른 부분이 관여하고 다른 방식으로 학습이 일어난다는 사실도 과학적으로 확인되었다.

과거에 효과적이었던 행동을 버리기는 쉽지 않다. 따라서 이전에는 효과가 있던 행동이 더 이상 효과를 발휘하지 못할 때 그 사실을 납득하기까지 행동의 크기, 강도, 빈도가 일시적으로 증가할 수 있다. 자판기 버튼을 눌렀는데 커피가 나오지 않으면 사람들은 버튼을 여러 번 반복해서 누른다. 때로는 신경질적으로. 엄마가 아이의 행동을 무시하면 아이가 바닥에 드러누워 발을 구르고 악을 쓰며 숨이 넘어갈 것처럼 우는^{Tantrum} 시나리오가 전개된다. 이것을 소거 폭발^{Extinction burst}이라고 한다.

그러나 소거 폭발은 소거 중에 나타날 수 있는 반응을 설명한 것이지, 소거의 과정이 아니다. 소거 폭발은 소거를 위해 응당 거쳐야 하는 절차가 아니며 부정적인 결과를 초래할 수 있다는 점에 유의해야 한다.

아이가 숨이 넘어가도록 우는 이유가 아프거나 좌절감을 느끼고 있기 때문일 수도 있다. 이 행동을 소거 폭발로 단정하고 행동을 소거하겠다는 이유로 무시한다면 그것은 위험한 결정일 수 있다. 반려동물도 마찬가지다. 개가 짖거나 고양이가 우는 행동의 맥락과 기능을 무시하고, 단순히 행동을 소거하겠다는 이유로 무시한다면 그것은 부정적 결과를 초래할 수 있다.

착각하지 말자. 이것은 소거도, 소거 폭발도 아니다.

미용이나 진료를 거부하며 버둥거리는 반려동물을 몸통이나 팔로 누르며 "걱정하지 마세요. 조금 있으면 조용해져요."라며 이것을 소거라고 설명하는 사람을 한 번쯤 본 적이 있을 것이다. 저항하지 못하도록 반려동물의 신체에 압박을 가하는 것, 아이의 몸을 붙잡고 기다리는 것은 모두 물리적 강압에 해당한다. 소거가 아니다.

"소거 폭발할 때 물러나지 말고 계속 무시해야 합니다. 물러나면 지는 거예요. 더 강하게 하세요. 그래야 소거됩니다."라며 마치 소거 폭발이 으레 지나야 하는 전문적인 절차인 듯이 설명하는 경우도 본 적이 있을 것이다. 잘못된 설명이다. 자신의 실력 미숙으로 반려동물의 행동이 악화하는 상황을 소거 폭발이라고 포장하는 사람들도 있다. 지금 열거한 내용은 소거 폭발이 아니며 소거와 아무 관련이 없다. 또한 소거 폭발은 소거를 위해 으레 지나가야 하는 관문이 아니다.

<u>소거는 행동이 강화되거나 보상이 주어지지 않기 때문에 감소하는 과정이다.</u> 체벌, 통제, 억압은 소거와 관련이 없다. 물리적 힘에 항복하는 경험은 반려동물에게 학습된 무기력이라고 말하는 무력감을 안겨준다. 감정과 욕구가 무시되고 이해받지 못하는 좌절감을 경험하면, 반려동물은 자신의 감정을 건강하게 수용하거나 표현할 능력을 잃는다. 보호자로부터 심리적 안정감, 수용된다는 느낌, 위로와 지원을 경험해야 할 순간에 반대 상황을 경험한다. 이것은 장기적으로 동물의 웰빙에 심각한 수준의 부정적 영향을 미친다.

소거 학습의 한계와 문제점

기본적으로 동물 교육에서는 소거를 사용하지 않는 것이 원칙이다. 가능성이 매우 희박한 가정이지만, 어쩔 수 없이 필요한 경우라고 해도 동물에게 부정적 영향을 미칠 수 있기 때문에 신중히 고려해야 한다. 또한 소거 학습의 과정은 험난하고 많은 한계가 있기 때문에 소거 학습은 단독으로 사용하지 않는 것이 원칙이다. 소거 학습의 한계와 역효과를 몇 가지 정리하면 다음과 같다.

첫째. 일관성을 유지하기 어렵다.

효과적으로 행동을 바꾸려면 소거를 시작한 순간부터 절대로 소거하려는 행동에 보상을 주지 않는 일관된 태도를 고수해야 한다. 그러나 말처럼 쉬운 일이 아니다.

길에 드러누워 발을 구르고 소리를 지르며 우는 아이의 행동을 일관성 있게 참아낼 수 있는 부모가 있을까? 부모나 보호자가 참아낸다고 해도 주변 이웃이 두고 보지 않을 것이다. 반려견이 신경을 끊어놓을 듯이 하루 종일 짖는다면 보호자는 그 행동이 소거될 때까지 완벽하게 무시할 수 있을까? 피부가 너덜너덜해질 정도로 할퀴는 고양이를 견뎌낼 텐가? 행동의 당사자인 동물도 이 과정에서 상당한 스트레스를 경험한다. 주변 상황, 관련인들 또한 고려하지 않을 수 없다. 온전한 정신으로 이런 상황을 완벽하게 무시하고 지나갈 때까지 기다릴 수 있는 사람은 아마도 없을 것이다. 소거는 관련된 모든 생명에게 감당하기 어려운 수준의 고통을 초래한다. 따라서 소거 학습은 효과적으로 실행되기 어렵다.

둘째. 이전의 바람직하지 않은 행동이 더욱 강화되거나 소거하기 더 어려워질 수 있다.

소거 중에 행동에 조금이라도 물을 주면 작은 강아지에 불과하던 행동이 맹수로 변할 수 있다. 부분 강화 소거 효과[PREE]다. 일관성 없이 이따금 보상받은 행동은 보상이 없어도 지속될 가능성이 높고, 항상 일관성 있게 보상받은 행동보다 더 견고하고 소거하기 어렵다. 얼마나 자주 또는 얼마나 많은 보상을 주느냐는 소거 결과에 별다른 영향을 미치지 않는다. 다시 말해 보호자의 소소한 몇 번의 실수를 먹고 꼬마 악당은 헐크가 될 수 있다.

슬롯머신을 생각해 보면 이해하기 쉽다. 언제가 될지, 얼마를 받을 수 있을지는 알 수 없지만 대박의 가능성이 존재한다는 기대감으로 사람들은 계속 불확실한 리워드에 배팅한다. 정기적으로 정해진 금액만큼의 대가를 받는 것보다 비정기적이고 불확실한 대박 가능성에 동물은 더 쉽게 중독되고 그 행동은 보다 쉽게 지속된다.

보상이 주어지지 않아도 지속하던 행동은 소거하기가 어렵다. 얼마나 자주 또는 얼마나 많은 보상을 주느냐보다 보상이 주어지지 않는 시점에 동물이 하는 학습 경험 때문이다.

반려견이 짖을 때마다 리워드를 준 경우에는 리워드를 완벽하게 중단하면 짖는 행동도 빠르게 소거된다. 그러나 오락가락 리워드를 준 경우에는 리워드를 중단해도 짖는 행동이 지속될 가능성이 더 높고 그만큼 소거하기 어렵다. 반려견 입장에서 생각해 보면 이해가 될 것이다. 언제 리워드를 받게 될지 알 수 없으니 일단 배팅하고 본다. 보호자의 일관성 없는 태도는 반려동물에게 혼란을 준다. 어쩌라는 것인지 알 길이 없다. 그렇다면 반려동물도 일관성 없이 행동할 가능성이 높다.

셋째. 많은 경우 소거는 효과적이지 않다.

소거 학습의 결과는 다양한 요소에 의해 달라질 수 있다. 유전적, 신체적, 환경적 요인이 소거 학습 결과에 영향을 미친다. 예를 들어 개가 하울링 하는 행동을 소거한다고 하자. 개가 아파서 하울링 하는 것이라면 그 행동은 소거되기 어렵다.

소거 학습은 강력하게 강화되거나 강한 감정적 요소가 있는 행동에는 효과적이지 않을 수 있다. 예를 들어 찰리 브라운의 절친인 라이너스^{Linus}가 애착 담요를 갖고 다니는 행동을 소거한다면 그것은 큰 고통을 수반하므로 소거가 어렵다.

내적 강화$^{Self\text{-}reinforcement}$되는 행동도 소거가 어렵다. 내적 강화는 외부에서 주어지는 보상 여부와 관계없이 자체적으로, 내적 만족과 즐거움으로 행동이 강화되는 것을 말한다. 예를 들어, 땅을 파며 수색하는 행동은 그 자체로 개에게 즐거움과 만족을 준다. 탐색하는 과정 자체가 보상이기 때문에 행동은 그 자체로 강화된다. 외부 보상으로 강화된 행동은 보상이 사라지면 약화될 수 있겠지만, 내적으로 강화되는 행동은 외부에서 오는 보상과 무관하기 때문에 보상을 제거한다고 행동이 사라지지 않는다.

동물의 과거 경험, 맥락, 대안이 얼마나 매력적인지 여부도 소거 학습의 결과에 영향을 미친다. 과거에 행동의 결과가 동물에게 긍정적이었다면, 더 매력적인 대안이 제시되지 않는 한 그 행동은 지속될 가능성이 높다. 개가 소파에 올라가지 않도록 행동을 소거할 목적으로 개가 소파에 다가갈 때마다 막아서거나 무언의 압박을 준다고 하자. **안락한 소파를 포**

기하는 대가가 불쾌한 신체 접촉 또는 심리적 압박이라면 그 계획은 성공하기 어렵다. 개는 소파에 올라가는 편을 택할 것이다. 소파의 안락함이 훨씬 매력적이기 때문이다. 따라서 소거가 아니라 바람직한 대안을 제시하는 데 집중해야 한다. 이어서 설명할 DRA다. 소파를 뛰어넘는 안락한 공간을 제공한다면 개의 행동을 바꾸기가 훨씬 수월하다.

넷째. 다른 바람직하지 않은 행동의 증가로 이어질 수 있다.

막거나 무시하는 행동은 동물의 감정이나 욕구를 바꿔주지 않으며 동물에게 정답이 무엇인지 알려주지 않는다. 짖는 행동을 소거한다며 보호자가 개를 무시하고 돌아서는 것은 최악의 선택이다. 보호자가 무시한다고 반려견의 감정과 욕구가 사라지지 않는다. 개는 필요한 감정과 욕구를 해결하기 위해 온갖 시도를 다 할 것이고, 대체로 그 시도들은 보호자의 옷을 잡아끌거나 깨무는 등 더욱 바람직하지 않은 행동일 가능성이 높다. 무시는 개의 좌절감, 분노를 증가시킨다. 참다못한 보호자가 어쩌다 한번 소리라도 지르면, 그것은 오히려 짖으며 관심을 구하는 반려견의 행동을 강화하는 결과를 낳을 수 있다.

다섯째. 소거는 공격적 행동 Extinction-induced Aggression**을 유발할 수 있다.**

소거는 우울감, 불안, 분노, 좌절감 등의 부정적인 감정 또는 공격적 행동을 유발할 수 있다. 아르헨티나 연구진은 사람에게 뛰어오르는 습관을 지닌 개의 행동을 '소거'했을 때 개가 느끼는 좌절감이나 우울감과 관련된 행동도 증가한다는 사실을 확인했다. 개는 훈련사와 시선을 마주치기를 꺼리거나 훈련사를 피하고 거리를 두며 뒤로 물러나 눕는 등의 행동을 보였다. 스트레스, 좌절감, 우울, 회피 반응에 해당한다. 반면 바람직한 행동으로 유도하고 동기 부여한 경우에는 개가 자발적으로 참여하며 행동을 바꾸었다. 목표가 같아도 교육 방식에 따라 그 결과가 다르다.

감정과 욕구를 해소할 대안이 주어지지 않으면 스트레스와 불만은 고조될 수밖에 없다. 소거 과정에서 유발된 공격적 행동은 사회적으로 용인되지 않는 수준까지 강도와 빈도가 올라갈 수 있다. 반려동물이 우울, 불안, 좌절감 등 부정적 감정을 경험한 경우 다시 반려동물을 회복시키는 과정은 간단하지 않다. 잠재적으로 위험한 상황으로 이어질 수 있는 심각한 문제이지만, 보호자가 상황의 심각성을 인지하는 경우가 드물다는 것도 심각한 문제 중 하나다.

여섯째. 소거는 완벽하지 않다.

소거된 행동은 영원히 사라지는 것이 아니라 잠자는 숲속의 공주와 같다. 언제든 불현듯 행동은 다시 시작될 수 있다. 세 가지로 나누어 설명할 수 있다. 첫 번째 경우는 **자연 회복**Spontaneous Recovery [42]**이다. 나는 '저절로 도돌이표'라고 설명한다.** 보호자가 '이제는 벨이 울려도 짖지 않는구나.' 하고 안심하고 있는 어느 날, 뜬금없이 반려견이 다시 벨 소리에 짖기 시작하는 경우를 예로 들 수 있다. 두 번째는 맥락적 부활Contextual Renewal이다. 다른 맥락에서 소거된 단서에 다시 노출될 때, 다시 말해 상황이 바뀌면 그 행동이 튀어나올 수 있다. 소거 학습으로 공포 치료가 완료되었는데 맥락이 바뀌자 다시 얼어붙는 경우가 여기에 해당한다. 집에서는 벨 소리에 짖지 않도록 행동을 잘 소거했는데 친구 집을 방문했을 때 벨이 울리자 반려견이 짖는다면 이것은 맥락적 부활이다. 세 번째 경우는 원상 복귀Reinstatement다. 예를 들어 보호자가 더 이상 테이블에 음식을 올려놓지 않는다면, 음식을 목표로 테이블에 뛰어오르던 고양이의 행동은 중단될 것이다. 해봐야 의미가 없기 때문이다. 그렇지만 보호자가 다시 테이블에 음식을 놓아두기 시작한다면 고양이가 테이블에 뛰어오르는 행동도 다시 시작될 수 있다.

소거는 뇌에서 기억을 지우는 것이 아니기 때문에 행동이 백지화되지는 않는다. 그러나 소거를 반복하면 할수록 소거가 빨라질 수는 있다. 단, 이 경우 더 쉽게 재습득된다. 그렇지만 최근 여러 연구에 의하면 소거 학

---

42 자발적 회복 등으로 번역되고 있다.

습이 심화하면 자연 회복, 맥락적 부활, 원상 복귀 가능성도 감소한다. 소거의 효과나 행동이 부활할 가능성은 행동에 대한 해당 동물의 과거 경험과 강화 이력, 행동이 발생하는 맥락, 행동의 동기, 행동의 강도 등 다양한 요인에 따라 달라질 수 있다.

"원하는 것에 집중해라. 원치 않는 것에 집중하면 그것을 얻게 된다."는 말을 들어보았을 것이다.

"나는 전쟁을 반대하는 일에는 참여하지 않는다. 나는 평화를 사랑하자는 일에는 동참할 것이다."라는 마더 테레사의 말처럼, **원치 않는 것에 집중하는 것이 아니라 가고자 하는 곳, 바라는 행동에 집중해야 한다. 그래야 원하는 곳에 다다를 수 있다.**

길이 막히면 물의 흐름이 바뀌듯이 막아서 해결하려던 문제는 다른 곳에서 터져 나온다. 교육이라는 이름으로 신뢰를 무너뜨리지 마라. 나에 대한 나의 판단 실수는 스스로 머리를 쥐어박고 끝날 수 있는 일일지 모르나 반려동물은 그렇지 않다. 그 순간 여러분과 반려동물의 신뢰는 깨진다. 신뢰가 악화하면 결과적으로 문제는 심각해진다.

문제에 집착하지 마라. 함부로 레이블을 붙이지도 마라. 그것이 더욱더 문제를 옭아맨다. 문제의 근본적인 원인은 당신이 보지 못하는 다른 곳에 있다. 근본 원인을 정확히 파악하고 해결한다면 문제라고 여겼을 행동뿐만 아니라, 생각지도 못했던 하나하나의 행동과 습관까지 가지런히 정리되는 기적을 맛볼 수 있다.

'무시'라는 교육은 없다. DRA

 막거나 무시하는 방법은 문제 해결에 효과적이지도 않고 지속 가능하지도 않다. 행동을 못 하게 막거나 무시한다고 행동의 배경에 있는 욕구나 감정이 사라지지 않는다. 단순히 행동을 제거하거나 금지하기보다 바람직한 대안을 장려하는 것이 모두에게 유익하다. 가구를 긁는 고양이의 행동을 바꾸고 싶다면 막거나 무시할 것이 아니라 욕구를 해결할 방법, 대안을 알려줘야 한다. 거실에서 배변하는 반려견의 행동이 마음에 들지 않는다면 다른 방법을 알려주어야 한다. 그런데 이때 보호자가 제시하는 방법은 **당사자인 동물이 만족스럽게 수용할 방법이어야 한다.** 이것을 선별 강화Differential Reinforcement라고 한다.

 '차별 강화, 차등 강화' 등으로 번역된 경우를 볼 수 있는데, 원용어에서 Differential은 '개별적으로, 각각, 구분해서'라는 의미다. A라는 행동이 B라는 행동보다 낫거나 못하다는 차등 또는 차별적 의미가 아니다. 신호등과 같다. 초록색은 주행, 빨간색은 정지 신호다. 이때 색상은 구분하기 위한 것일 뿐 우열, 차별, 차등적 의미는 없다.

 선별 강화Differential Reinforcement는 행동을 선별해서 하나의 행동은 강화하고 다른 행동은 강화를 보류한다는 의미다. 예를 들어 반려견의 앞이 있는 행동은 강화하지만 서 있는 행동은 강화하지 않는다면 선별 강화다. 두 행동에 차등적 의미를 부여하지 않는다. 그래서 나는 Differential Reinforcement를 '선별 강화' 또는 '개별 강화'라고 표현한다.

체로키족의 '좋은 늑대, 나쁜 늑대'라는 유명한 우화가 기억날 거다. 선별 강화는 좋은 늑대에게 밥을 주고 나쁜 늑대를 굶기는 것을 말한다. 좋은 늑대에게 밥을 주는 것은 R+에 해당하고 나쁜 늑대를 굶기는 것은 소거 학습$^{Extinction\ learning}$에 해당한다. 그러니까 선별 강화$^{Differential\ Reinforcement}$는 간단히 말하면 R+에 소거 학습$^{Extinction\ learning}$이라는 조미료를 넣은 것이다. 바람직한 행동은 R+로 강화하고, 바람직하지 않은 행동은 소거한다. 이때 중점을 두어야 하는 핵심은 바람직한 행동을 강화하는 R+다. 행동의 배경에 있는 동물의 욕구와 감정을 해결할 수 있는 더 바람직한 행동을 선택하도록 돕는 동시에 바람직하지 않은 행동에서 멀어지도록 안내하는 것이다.

좋은 늑대와 나쁜 늑대는 이해를 돕기 위한 설명일 뿐이고 둘 사이에 차등적 의미는 없다. 좋다 또는 나쁘다는 구별은 보호자 입장에서의 구분이다. 사람 입장에서 반려동물의 특정 행동이 부적절하다고 생각될지 모르지만 행동은 그냥 행동이다. 예를 들어 반려견이 뛰어오르면 사람은 불편할 수 있겠지만, 뛰어오르는 행동 자체는 반려견이 건강하게 살아가기 위해 필요한 기능이며 처벌받아야 할 행동이 아니다.

선별 강화의 중요한 두 가지 핵심이 있다.
첫째. 행동의 기능을 정확히 이해해야 한다.

동물이 어떤 행동을 반복한다면 그 행동이 동물 입장에서 효과적이거나 그보다 나은 방법을 알지 못하기 때문이다. 따라서 선별 강화에서 가장 중요한 것은 기존 행동의 기능이 무엇인지 정확히 이해하는 것이다. 그 행동을 하는 배경 원인을 정확히 알아야 반려동물에게 효과적인 대안을 제시할 수 있다.

둘째. 기존 행동을 대신해서 해당 동물의 니즈와 감정을 충족시켜 주는 대안을 제시해야 한다.

　기존 행동의 기능을 대체할 수 있는 대안을 제시해야 한다. 동시에 그 제안은 더할 나위 없이 매력적이고 효과적이어야 한다. 단순히 보호자가 원하는 대안을 제시하는 것은 효과가 없고 올바른 선별 강화라고 할 수 없다. 그 대안을 반려동물이 흔쾌히 받아들이고 실행해서 행동이 강화되어야 한다. 예를 들어 낯선 사람에게 으르렁거리는 행동을 멈추고 조용히 하는 행동을 강화하겠다고 말한다면 그것은 선별 강화가 아니다. 반려동물이 조용히 있어 주기를 원하는 것은 보호자의 바람일 뿐이다. 낯선 사람이 만질 때 으르렁거리는 것은 반려동물 당사자가 불편하다는 의사 표현이다. 단순히 소리를 내지 못하게 막는다고 그 불편한 감정이 사라지지 않는다. 선별 강화를 하려면 그 불편을 해소할 수 있는 대안을 제시해야 한다.

선별 강화 Differential Reinforcement **의 핵심**

▶ 기존 행동의 기능이 무엇인지 정확히 알아야 한다.
▶ 반려동물에게 제시하는 대안은 기존 행동의 기능을 대체하는 동시에 더할 나위 없이 매력적이고 효과적이어야 한다.

　선별 강화 Differential Reinforcement 는 다시 여러 유형으로 나눌 수 있다. '행동 변화 6단계'에서 4단계에 속하는 DRA가 그중 하나다. DRA[43]라 쓰고 '디알에이'라 읽는다. DRA는 특정 행동의 기능을 대신할 대체 행동을 정하고 강화하는 것이다. 손님이 오면 반가워서 현관으로 달려 나가 뛰어오르는 반려견을 교육했던 사례를 예로 들겠다. 이때 제시하는 대체 행동은

43　Differential Reinforcement of Alternative Behaviors

반려견이 기존에 하던 행동의 기능인 '만남, 관계'의 기능을 대신할 수 있어야 한다. 나는 푹신하고 감촉 좋은 '인사 전용 매트'를 현관 측면에 상시로 놓아두고, 손님이 오거나 현관 벨이 울리면 반려견이 자동으로 인사 매트 위로 올라가서 엎드리도록 가르쳤다. 보호자는 손님이 오면 현관에서 손님을 맞이하고 인사를 나눈 다음, 손님에게 인사 매트 위에서 기다리는 반려견과 인사를 나눠달라고 요청한다. 손님이 왔을 때 인사 매트 위에 올라가 있으면 반려견은 언제나 손님에게 반가움을 표현하고 관계를 맺을 수 있다는 것을 안다. 이것이 DRA다.

　DRI도 선별 강화^{Differential Reinforcement}의 하나로 반려동물 교육에서 유용하다. DRI라 쓰고 '디알아이'라 읽는다. DRI^{Differential Reinforcement of Incompatible Behavior}는 특정 행동과 양립 불가한 행동을 강화하는 것이다. 예를 들어, 앉는 행동과 서는 행동은 동시에 수행하는 것이 불가능하므로 양립할 수 없다. 따라서 앉는 행동을 강화하면 일어서는 행동이 줄어든다.

　앞에서도 소개했던 '뛰어오르고 밀치는 반려견의 행동 변화 교육' 영상이 DRI[44]의 예다.

　반려견이 차분하게 앉아서 매너 있게 요청하면 기분 좋게 칭찬하고 그 행동에 보상을 주면 된다. 뛰어오르고 밀치는 행동과 차분하게 앉는 행동은 양립할 수 없기 때문이다. 그러면 영상과 같이 단 몇 분 만에 차분하게 앉아서 보호자의 눈을 바라보며 매너 있게 요청하는 아이로 변화시킬 수 있다.

　많은 경우 행동의 배경과 기능을 정확히 식별하지 못해서, 또는 개별 동물에 맞는 대안을 제시하거나 실행하지 못해서 선별 강화에 실패한다.

44　[폴랑폴랑] 뛰어오르고 밀치는 반려견의 행동 변화 교육 "실망이야" 2021년 12월 24일 https://www.youtube.com/watch?v=eWkpRhYKP0Q

대체되는 행동은 기존 행동을 대신해서 해당 동물의 니즈와 감정을 충족시켜 주는 행동이어야 한다. 영상에서 반려견이 사람에게 뛰어오르거나 밀친 이유는 관심이 필요해서 또는 자기 의사 표현을 하고 싶어서다. 그렇다면 대체할 행동도 이 욕구를 충족해 주는 행동이어야 한다. 해당 동물의 니즈나 감정을 묵살하고 단순히 보호자가 원하는 행동을 하라고 강요하는 것은 선별 강화가 아니다. 반려동물에게 "와우, 이거 효과적이네! 앞으로는 이렇게 하면 내가 원하는 것을 얻을 수 있구나."라는 확신을 주어야 한다.

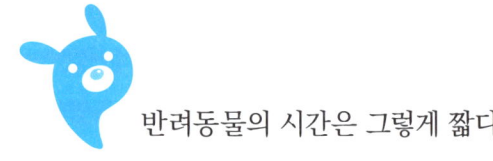 반려동물의 시간은 그렇게 짧다.

반려동물과 즐거운 추억을 만드는 일에 최선을 다해보면 어떨까?
거창한 것은 바라지 않는다.
하루하루를 소중히 가꾸겠다는 마음가짐이 필요할 뿐이다.

폴랑폴랑 『브레인 쉬프트』

CHAPTER 10.
폴랑폴랑 행동 변화 솔루션

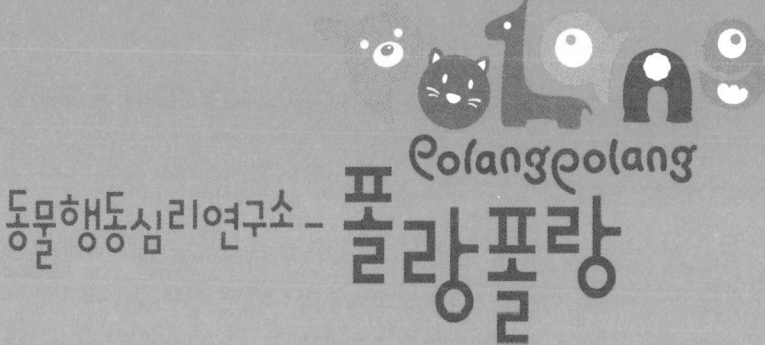

모든 동물의 행동에는 나름의 이유가 있다.

여러 마리의 반려견과 함께 사는 지인이 있다. 동물행동학 박사 과정에 있는 그녀는 자신의 반려견 중 한 마리가 공격적이고 사납다고 말했다. 보호자인 그녀도 그 개에게 여러 차례 물렸다고 했다. 그녀는 "동물행동학을 공부하는 사람의 개가 공격적이라는 게 좀 그렇지?"라며 반려견의 영상을 보여주었다.

"아니. 사납거나 공격적인 행동이 아냐. 아픈 거야. 혹시 목이나 척추를 다친 적이 있니?"

그녀는 놀라서 말을 잇지 못하고 고개만 끄덕였다.

"이 아이의 바디랭귀지를 봐. 목과 등에 신경을 집중하는 모습 보이지? 너의 아픈 곳을 다른 사람이 건드릴까 봐 신경이 곤두섰던 경험 있니? 이 아이가 그래. 그쪽에 심한 통증이 있는 게 아닐까 싶어. 아픈 곳 가까이 누군가 팔을 뻗거나 다가오려고 하면, 놀라서 건드리지 말라고 방어하는 거야. 개가 가장 빠르게 자신을 방어할 방법은 당연히 입을 사용하는 거지."

목과 척추는 우리 몸의 기둥이다. 그 기둥을 중심으로 우리 몸의 모든 신경은 연결되어 있다. 따라서 목이나 척추를 다치면 신체 곳곳에서 증상이 나타난다. 시청각 등 감각 이상, 전신의 통증, 뇌의 이상 등 다양한 신체 증상과 더불어, 불안이나 두려움 등 심리적 문제도 동반될 수 있다. 몸이 괴로우니까 대수롭지 않은 일에도 짜증이 나고 판단이 어려울 수도 있다. 반려동물의 경우도 마찬가지다. 더구나 언어가 통하지 않는 사람이 다가올 때, 고통을 배려받을 수 없는 반려동물이 느낄 스트레스는 상상조차 하기 어렵다. 반려동물이 자신을 방어하고 조심해 달라고 말할 수 있는 수단은 입으로 표현하는 방법뿐이다.

반려견이 하네스 착용을 거부해서 상담을 요청한 보호자가 있었다. 보호자는 이 고민을 해결하기 위해 다른 곳에서 일대일 훈련을 오래 받았는데, 훈련사가 '반려견이 하네스를 좋아하도록 만드는 탈감작법'이라고 설명하며 반려견에게 하네스를 보여주고 간식을 먹이는 훈련을 반복했다고 했다.

나는 보호자에게 평소에 하는 행동 그대로 보여달라고 요청했다. 보호자는 하네스를 보여주고 간식을 먹이는 행동을 반복하며 반려견 모나에게 하네스를 착용시켰다. 점점 모나가 경직되었다. 그리고 드디어 발걸음을 옮기는 순간 모나가 흠칫 놀라는 모습이 내 레이더에 포착되었다. 마치 감전으로 충격을 받은 듯한 모습이었다.

나는 보호자에게 잠시 멈추어달라고 말한 다음 하네스를 체크했다. 아니나 다를까. 하네스의 이음새 사이사이마다 모나의 길고 탐스러운 털이 끼어 있었다. 모나의 몸에도 하네스가 직접 닿는 등과 가슴, 옆구리에 듬성듬성 털이 빠진 곳이 보였고, 하네스와 마찰하는 부위의 피부는 붉게 벗겨져 있었다. 특히 겨드랑이 부근은 탈모 환자에 가까울 정도였다. 움직일 때마다 마찰하며 털이 한 움큼씩 뽑혀 나간 모양이었다. 그동안 하네스를 착용할 때마다 얼마나 아팠을까.

모나가 착용한 하네스는 해외 공장에서 저가에 하청 제작하여 고가에 판매되는 제품으로 재질과 형태가 조악했다. 보호자도 피부 마찰이 심해서 줄을 잡은 손이 타들어 가는 듯이 아프다고 했다. 이 제품을 사용하는 보호자 중에는 골프 장갑을 착용하고 사용하는 사람들도 있을 정도였다. 전문 지식 없이 만든 제품은 보행 이상이나 근육 뭉침 등의 문제를 유발하며 반려견의 신체에 많은 부담을 준다.

    우리는 흔히 문제의 원인을 반려동물에게서 찾는다. 나에게 불편을 주는 반려동물의 행동을 막을 방법을 찾아 헤맨다. 반려견에게 하네스를 보여주고 간식을 먹이는 훈련은 '하네스를 싫어하는 반려견이 문제'라는 시각으로 반려견을 대하고 있다는 것을 뜻한다. 만약 '모나가 하네스를 싫어하는 데에는 분명히 이유가 있을 거야.'라는 시각으로 바라보았다면, 불필요한 훈련으로 행동을 바꿔놓으려고 하기 전에 모나를 좀 더 세심한 눈으로 살펴봤을 것이다. 그러나 반려견을 '바꿔서' 또는 '교정해서' 해결하겠다는 사고에 고정되면 반려견의 입장을 헤아리기 어렵다. 하네스를 거부하는 반려견 모나의 행동은 타당했다. 모나는 의사 표현을 하고 있었다. 아프다고, 힘들다고, 배려해 달라고. **당신이 그 목소리를 들을 수 있기를 간절한 마음으로 바라면서.**

당사자의 증언보다 더 확실한 것은 없다.

　보호자가 나에게 연락한 이유는 어느 날부터인가 반려견이 안절부절못하며 예전에 보지 못했던 낯선 행동들을 했기 때문이었다. 행동 상담 중에 내 눈길을 끈 것은 반려견의 움직임이었다. 행동과 반응이 정상 범위에서 벗어났고, 배를 움켜쥔 사람처럼 등이 굽어있었다. 걸음걸이도 매우 부자연스러웠다.
　"보호자님, 동물병원에 가보시는 것이 좋겠어요. 수의사의 도움을 받으셔야 할 것 같아요."
　그러나 보호자는 내 말을 신뢰하지 않는 눈치였다.
　"식단과 동종요법을 처방받을 때 수의사 선생님에게 종합 검진받았어요. 그 이후로도 계속 검진받으면서 식단 프로그램을 조정하고 있고요."
　동물병원 검진은 작은 비용이 아니고 표준화되어있지도 않기 때문에 보호자에게 검진을 권하는 것은 마음 편한 일이 아니다. 게다가 이미 담당 수의사가 아무 이상이 없다고 말했다는 상황에서 2차 소견을 받아보라는 이야기는 꺼내기 쉽지 않다. 보호자가 감당해야 하는 비용이 추가되는데 2차 소견에서 문제가 발견되지 않을 가능성도 있기 때문이다. 그러나 분명히 그냥 지나칠 수 없는 문제가 있다고 보았다. 나는 한 번 더 조심스럽게 내 의견을 이야기했다.

"담당 수의사 선생님이 잘 진단하셨을 거로 생각합니다. 그런데 지금 반려견의 행동은 중요한 단서로 보여요. 가볍게 넘어갈 일은 아니라고 생각합니다. 지금 제가 설명해 드린 내용을 담당 수의사와 한번 상의해보시고 나서 다시 이야기하면 어떨까요?"

보호자는 내 제안을 따르지 않았다. 그리고 지금 반려견은 보호자의 곁에 없다. 곁에서 위험성에 관해 설명하고 주의를 줄 수는 있어도, 반려동물에게 무엇을 먹이고 어떤 치료를 받을지 결정할 수 있는 사람은 보호자뿐이다. 보호자가 그것을 깨달았을 때는 이미 손을 쓸 방법이 없었다.

세 가지 사실을 언급해야겠다.

첫째. 반려동물의 식이 및 영양에 대한 연구가 시작된 것이 비교적 최근이라는 사실을 기억하기 바란다. 보호자들은 물론 영양 전문가들도 아는 바가 그리 많지 않았던 것이 사실이고, 최근 들어 새로운 연구들이 비교적 짧은 기간 사이에 발표되고 있다. 대중화된 '반려동물을 위한 홈메이드 식단'들은 최근의 연구 결과를 반영하고 있지 못하며, 따라서 위험할 수 있다.

둘째. 영양학은 수의학과 별개의 학문이다. 영양학 중에도 동물영양학만 전문으로 하는 학위 과정이 존재한다. 물론 모든 학문이 그러하듯이 상호 겹치는 부분이 있다. 그러나 수의학도 동물영양학도 각각 방대한 공부와 연구가 필요한 엄연히 다른 학문이다. 양쪽 학문에 정통한 사람은 존재하지 않는다.

셋째. 동종요법은 과학적 원리에 반하는 비과학이다. 사용자 본인이 선호한다면 문제로 삼을 일은 아니다. 그러나 동물의 생명이 보호자의 결정에 달려있다. 수의학이라는 과학을 다루는 수의사가 유사 과학, 비과학을 보호자에게 권한다면 위험 신호로 받아들여야 한다.

동종요법은 미량의 희석된 물질을 섭취하면 특정 증상을 치료할 수 있다는 주장으로 생강차를 마시면 몸이 따뜻해진다는 차원의 민간 의료에도 미치지 못하는 개념이다. 많은 선진국에서 사람 및 동물 대상의 동종요법 및 대체 의학을 금지하거나 제한하고 있다. 그 근거와 효능을 확인할 수 없는 반면, 관련 피해 사례는 지속해서 증가하고 있기 때문이다. 관련 소송도 증가했다.

유니버티시 칼리지 런던의 외과 명예 교수인 마이클 바움$^{Michael\ Baum}$은 동종요법을 '잔인한 속임수$^{Cruel\ Deception}$'라고 말하며 영국 의료 당국이 동종 요법을 완전히 금지해야 한다고 주장했다. 실제로 영국에서는 2017년부터 금지되었다. 수의학계에서는 아직 관련 규제가 느슨한 편이지만, 문제가 커지면서 선진국을 중심으로 규제가 강화되는 추세에 있다. 호주 및 유럽 등 많은 국가에서 이것이 동물 치료에 효과가 없다는 사실을 알리기 위해 노력하고 있으나, 그럼에도 동종 요법 등 대체 요법을 병행하는 수의사들은 존재한다. 수익이 되기 때문이다.

대체 요법 중에는 영국 의사 에드워드 바치$^{Edward\ Bach}$가 시작한 꽃과 자연을 통한 치유 요법도 있다.[45] 그는 꽃이 부정적인 감정을 몰아내고 영적 에너지로 건강을 살린다고 믿었다. 그가 믿는 영적 에너지는 과학에 반하므로 그는 의료 행위를 포기하고 의료계를 떠났다. 그 이후 지금까지 수십 년간 이 요법의 효능을 입증하기 위한 연구가 다수 진행되었지만, 어떤 효능도 확인할 수 없었다. 이 회사의 마케팅 담당자는 '치료법의 효과를 증명하는 데 관심이 없으며 고객이 스스로 결정하도록 내버려 둔다.'라고 밝혔다.[46]

---

45 https://www.bachcentre.com/hrf_faq/dr-bach 해당 기업이 기재한 정보에 따르면 [bark] [baytch] [batch]로 발음할 수 있다. 바치플라워, 배치플라워, 바흐 꽃 요법 등으로 불린다.

46 What are Bach flower remedies? | Office for Science and Society—McGill University. n.d. https://www.mcgill.ca/oss/article/news-quackery-you-asked/you-asked-what-are-bach-flower-remedies
'The marketers of Bach remedies say that they have no interest in proving the

자연이 우리를 치유하는 힘을 갖고 있다거나 기분 좋은 향기가 긴장을 푸는 데 도움이 된다는 수준의 주장이라면 문제가 되지 않는다. 반려동물과 자연에서 즐겁게 지내며 힐링의 시간을 가지면 된다. 그러나 희석한 한 방울의 에센스가 치유의 능력을 갖고 있다는 주장은 문제가 된다. 그것이 정신 기능을 향상하거나 질병 치료에 영향을 준다는 과학적 증거는 없다. 희석된 한 방울 에센스보다 라벤더 차를 마시는 편이 낫다.

사람의 경우는 플라시보 효과[47]라도 기대할 수 있다. 치유되고 있다는 믿음 자체가 치유에 도움을 줄 수도 있다. 사용자가 판매자와 신념을 공유한다면 어디에 기대고 어디에 소비하든 개인의 선호 문제다. 그러나 동물의 경우는 플라시보 효과나 신념마저도 기대하기 어렵다. 따라서 신체적 질병 치료 효과를 바랄 수 없다.

지극히 소수이겠지만 일부 비윤리적인 수의사 중에는 직접 임상 경험도 거의 없고 그 용례를 보고할 수 있을 정도의 연구 성과를 가진 것도 아니면서 함부로 보호자들에게 대체 요법을 추천하는 사람들이 있다. 한 수의사가 추천한 모 약용식물 추출 오일을 먹이다가 반려동물을 잃은 보호자도 있다. 의료 자격은 과학적으로 검증된 지식과 기술을 익힌 사람에게 주는 자격이다. 그런데 의료 자격을 가진 사람이 검증되지 않은 정보를 장려한다면 그 자격의 신뢰성을 심각하게 고민해봐야 한다.

과학적 방법으로 입증할 수 없고 임상을 통해 철저한 검증을 거치지 않은 치료법은 의료라고 할 수 없다. 거의 모든 국가의 수의학 관련 협회에서는 수의학이 과학적 방법으로 입증할 수 있는 범위를 벗어나서는 안 된다는 사실을 지침에 명시하고 있다. 미국 수의학협회 AVMA는 대체 의료에 대한 지침에 '안전성과 유효성에 대한 주장은 궁극적으로 과학적 방법으로 입증되어야 한다.'라고 명시했고, 호주 수의학협회 AVA도 관련 정책에 '수의사는 과학적 지식을 계속 연구, 적용, 발전시켜야 한다."라고

---

remedies work, they just let the customers make up their own mind.'
47   규범 표기는 '플라세보 효과'

못 박았다. 또한 호주 수의학협회 AVA는 '수의학의 주요 목표는 환자의 복지이며 '절대 해를 끼치지 않을 것'을 우선으로 한다. 수의학은 주어진 환경과 개별 상황에서 동물 환자의 모든 측면을 고려하여, 효과적이고 안전하며 입증되고 온전한 의료를 추구한다. 효과가 없거나 안전하지 않은 관행과 철학은 버려야 한다.'라고 규정에 명시했다.

반려동물의 건강, 영양, 신체적 요인을 고려하는 것은 중요하다. 그러나 그것이 무분별한 정보에 휩쓸리라는 뜻은 아니다. 대체 의학 및 요법의 효과와 안전성은 기존 의학과 동일한 과학적 방법을 통해 엄격하게 테스트 되거나 확립된 것이 아니라는 사실을 기억해야 한다. 여러 가능성을 시험하는 것은 나쁜 것이 아니다. 그러나 잃어버린 건강을 되찾는 일은 결코 쉬운 일이 아니니, 건강과 관련된 정보는 확인하고 또 확인하기를 바란다. 무엇보다 중요한 것은 반려동물의 목소리에 귀를 기울이는 것이다. 당사자의 증언보다 더 확실한 것은 없다.

가장 중요한 고려의 대상은 반려동물이어야 한다.

산책할 때마다 반려견이 길에 떨어진 온갖 뼛조각과 잡동사니들을 진공청소기처럼 빨아들이고 있다며 부부가 반려견 행동 상담을 요청했다. 삼킨 뼛조각을 제거하기 위해 수개월 사이에 수술받은 횟수만 두 번이 넘었다.

남편은 미디어에 나오는 반려견 훈련의 열렬한 신봉자라서 방법이라는 방법은 모조리 따라 했다. 고가의 훈련 클래스도 등록해서 상당 기간 참여했다. 남편은 자신이 믿는 방법들이 길에서 음식을 주워 먹는 반려견의 습관을 바꿔줄 거라고 굳게 믿고 있었다. 그러나 문제가 해결되지 않자 아내는 남편의 의견에 의구심을 갖게 되었고 둘 사이에 갈등이 커졌다. 아내는 스트레스로 마음이 초조해서 다른 방법을 알아보다가 여러 명의 훈련사와 전문가를 거쳐 나에게 행동 상담을 요청하게 되었다고 했다.

아내의 설명대로 그녀의 남편이 하는 훈련법에 문제가 많은 것은 사실이었다. 그녀의 남편이 반려견을 대하는 바디랭귀지와 몸에 익힌 습관도 우려스러웠다. 그러나 상담을 하는 중에 이것이 전부는 아니라는 것을 알 수 있었다. 그 이상의 무엇이 있었다.

부부와 반려견을 대면 상담하는 과정에서 그 가닥이 보이기 시작한 것은 반려견의 병원 진료 이력을 검토할 때였다. 부부의 반려견은 그 해에 중성화 수술을 받았다. 질문을 이어 나가는 중에 아내가 "중성화 수술을 하고 퇴원하던 길에 추천받은 새로운 사료를 구입하여 돌아왔고, 그 이후로 이전에 먹이던 브랜드가 아니라 추천받은 사료를 먹여왔다."라고 언급했다.

나는 진료 기록 등 자료를 토대로 반려견의 중성화 수술 시점, 새로운 사료를 급여하기 시작한 시점, 반려견이 진공청소기가 된 시점, 개복 수술 일자 등을 확인했다. 그다음 종이 위에 연대기처럼 각 날짜를 나열하고 아내가 진술한 반려견의 이상 행동이 급증한 시점을 함께 기재하여 보여주었다. 아내는 신음을 내뱉었다. 보호자가 반려견의 건강을 위해 선택한 음식이 반려견의 건강을 해치고 있었다. 그것이 행동 원인의 전부는 아니었지만, 섭취하는 음식을 바꾸는 것만으로도 많은 변화를 만들 수 있었다.

현행법상 반려동물 사료 제조 업체에서는 성분과 재료가 바뀌어도 동일한 브랜드, 동일한 상품명을 사용할 수 있다. 따라서 사료의 브랜드가 중요한 것이 아니라 보호자가 레이블을 읽고 그 정보를 이해할 수 있어야 한다. 나는 부부에게 사료의 레이블을 읽는 법과 위험 요인을 가리는 법을 알려주었다.

나는 상담 중에 부부에게 "반려견이 음식을 흡입할 것이 뻔한데도 산책로를 바꾸지 않고 식당 골목 앞으로 다닌 특별한 이유가 있나요?"라고 물어보았다. 부부는 "아니요. 그러고 보니 산책로를 바꾼다는 생각은 미처 해보지 못했어요."라고 대답했다. 언제나 그 장소에서 산책했기에 별다른 고민 없이 지속했다고 했다. "이미 훈련사와 전문가를 고용해서 훈련받아왔다고 하셨는데 그 점을 언급하지 않았나요?"라고 물어보았다. 아내는 "아무도 이야기한 적이 없어요. 훈련도 그 장소에서 한 걸요."라고 답했다.

반려동물의 행동을 다룰 때 가장 중요한 고려의 대상은 반려동물이어야 한다. 반려견의 안전을 먼저 생각했다면 해야 할 일의 우선순위가 바뀌었을 것이다. 행동 변화 6단계 중 1단계인 반려동물의 웰니스를 먼저 확인한 후, 그다음으로 고려해야 하는 것이 2단계 중 하나인 선행 요인, 즉 환경이다. 행동 변화보다 반려견이 다시 추가 수술받는 상황에 놓이지 않도록 환경을 개선하는 것이 우선이다. 반려견이 혹시라도 삼킬 수 있는 위험 요인이 산적한 골목길은 피하고, 최소한 이슈가 해결되기 전까지는 더욱 안전한 산책로로 변경했어야 한다.

행동의 배경 원인에 따라 솔루션은 다르다.

"고양이 때문에 몇 년째 잠을 잘 수가 없어요."

보호자의 수면을 방해하는 서로 다른 두 고양이 가족의 이야기다.

똑같은 행동이라고 해도 행동의 배경이 되는 근본 원인에 따라 그 솔루션은 전혀 다를 수 있다. 보호자와 환경에 따라 적합한 솔루션 또한 제각각이다. 모두에게 맞는 기성복 같은 솔루션은 존재하지 않으므로 행동 상담과 행동 분석을 통해 최적의 솔루션을 확인해야 한다.

우선 고양이 키키 가족의 이야기다. 보호자는 밤만 되면 키키가 파티를 벌이는 통에 인내심이 극에 달하고 있다며 행동 상담을 요청했다. 보호자가 침대에 누우면 키키는 보호자의 몸 위로 뛰어올라 아기 토끼처럼 쉬지 않고 뛰어다니거나 보호자의 몸이나 옷을 물고 늘어지며 수면을 방해했다. 키키의 행동이 보호자에게만 보이는 행동인지 물었더니, 집에서 묵었던 손님에게도 예외는 아니었다고 했다. 키키는 모든 사람에게 공평했다.

보호자는 다른 곳에서 여러 달 훈련을 받은 경험이 있는데, 사람을 깨무는 습관을 하나 더 추가한 채로 훈련이 끝났다고 말했다. 키키를 분리된 공간에서 재우는 방법도 시도했다. 그러나 밤새 우는 키기 때문에 이

옷에서 항의가 들어와 포기했다. 결국 밤새 팔을 허우적거리며 밀어내거나 고함을 지르는 것이 보호자가 할 수 있는 전부였다.

세 마리의 고양이와 함께 살던 보호자는 아기 고양이 키키를 길에서 구조했다. 거의 죽기 직전인 상태로 구조된 아기였기 때문인지 고양이들은 키키를 살뜰하게 보살펴주었다. 키키는 그중에서도 베푸라는 고양이와 특별한 유대감을 갖고 있었다. 보호자가 집에서 근무하는 덕분에 키키는 거의 온종일 보호자 및 다른 고양이들과 함께 시간을 보낼 수 있었다. 그러나 잠깐씩 안아주기는 했지만, 보호자는 업무가 바빠서 키키에게 신경을 쏟지 못했다. 키키가 보호자의 관심을 끌 수 있는 확실하게 보장된 시간은 취침 시간뿐이었다.

키키는 이 집에서 유일한 아가 고양이였고, 다른 시니어 고양이들은 백만돌이 에너자이저 키키만큼 에너지가 많지 않았다. 구조 당시 키키의 건강 상태가 매우 취약했기 때문에 키키에게는 누구도 어떤 기대도 하지 않았다. 아파서 누워있는 아이라는 익숙함에 젖어서 보호자는 키키와 뭔가 하기보다는 그냥 별 탈 없이 내버려 두는 패턴에 익숙해 있었다. 그러나 키키는 더 이상 죽어가는 아가 고양이가 아니었다. 키키에게는 건강하게 에너지를 분출하는 법을 알려줄 사람이 필요했고, 건강한 생활 패턴과 매너도 배울 필요가 있었다. 키키가 야간에 파티를 하는 이유는 명확해 보였다.

행동 상담 중에 보호자는 키키에 대해 "몸이 약한 아이라서" 그리고 "바보라서"라는 표현을 반복했다. 다른 고양이들과 달리 키키에게는 뭘 가르치려고 해도 잘 안되었다고 했다. 보호자는 나에게 "다른 아이는 몰라도 키키는 가르칠 수 없을 거예요."라고 했다. 나는 키키의 행동 분석을 끝낸 후 보호자에게 교육을 통해 얻고 싶은 최종 목표가 무엇인지 물었다. 보호자는 키키가 보호자의 수면 시간을 존중하고 자기 침대에서 수면하도록 가르치고 싶다고 했다.

나는 우선 키키에게 기본 단어를 몇 가지 가르쳤다. "이 아이는 바보"라고 말하던 보호자는 키키의 학습 속도에 놀라서 키키를 새로운 눈으로 보기 시작했다. 나는 보호자와 키키의 집중 놀이 스케줄을 정했다. 보호자는 키키와 오전에 두 번, 오후에 두 번, 단둘만의 밀도 높은 일대일 놀이 시간을 갖기로 약속했다. 보호자는 금세 배우고는 새로운 것을 또 가르쳐달라고 조르는 키키가 너무나 귀여워서 시간 가는 줄 몰랐다. 베푸는 옆에서 키키의 수업을 참관하며 모방 학습했다. 키키와 베푸 모두 새로운 단어들을 즐겁게 학습하는 열정적인 학생들이 되어 보호자의 기쁨은 배가 되었다.

　나는 동시에 환경 변화도 진행했다. 우선 수면 환경을 개선했다. 그리고 보호자의 침대 곁에 키키의 침실 공간을 만들었다. 키키의 침실은 5성급 호텔처럼 꾸몄다. 후각적인 즐거움도 놓치지 않았다. 키키가 좋아하는 허브향이 은은하게 밤새 풍기도록 했다. 마지막으로 키키가 침대에 누워서도 잠이 들 때까지 보호자를 볼 수 있도록 시각적으로 방해가 되지 않는 울타리로 크게 둘러서 보호자의 공간과 키키의 공간을 분리했다. 울타리는 교육 진행 속도에 맞춰 점차 제거할 예정이었다. 최종 목표는 이 울타리를 걷어낸 이후에도 키키가 자신의 침대에서 편안히 잠을 자도록 가르치는 것이다. 보호자에게는 취침 시간에 할 행동을 알려주었다. 최종적으로 보호자가 "코 자자"라는 말을 하며 불을 끄는 것이 취침 신호였다.

　키키는 가르쳐주는 모든 것들을 스펀지처럼 흡수했다. 며칠 사이에 확연한 변화가 나타났다. 키키는 보호자가 식사 준비를 시작하면 그 즉시 지정 장소에 앉아서 조용히 기다렸다. 저녁에도 보호자가 잘 준비를 시작하면 이야기하지 않아도 스스로 침대에 올라가서 기다렸다. 보호자는 키키가 낮에도 자기 침대에 올라가서 시간을 보내는 일이 늘어나고 있다고 나에게 알려주었다.

　나는 진행 속도를 확인하며 단계적으로 울타리를 걷어냈다. 키키는 더 이상 야간에 보호자의 수면을 방해하는 아이가 아니었다. 그런데 이번에는 보호자가 키키를 방해하기 시작했다. 키키와 한 침대에서 자고 싶어진 것이다. 처음에 정했던 목표는 아니었지만, 키키가 보호자의 수면을 방해하지 않는 한 문제는 없었다. 그래서 우리는 최종 목표를 약간 수정했다. 보호자는 이제 키키와 한 침대에서 평화로운 밤을 보낸다. 보호자는 나에게 배운 집중 놀이와 바디 터치를 시작한 이후로 키키와 더욱 친밀감을 느낀다며 이 점이 무엇보다 기쁘고 만족스럽다고 했다.

이번에는 보호자의 수면을 방해하는 고양이 토리의 사례다. 토리가 새벽마다 울어서 이웃으로부터 심한 항의가 이어지고 있었고, 보호자 역시 잠을 제대로 잘 수 없어 고통이 이루 말할 수 없었다. 보호자는 방법을 총동원했지만 실패했다고 말했다. 보호자가 시도했던 방법 중에는 '무시하기'도 있었다. '고양이가 조용해질 때까지 완전히 무시해야 새벽마다 보호자를 깨우는 행동을 소거할 수 있다. 못 견디겠으면 다른 방이나 크레이트에 가두어두고 자라.'는 조언을 듣고 꽤 오랜 기간 실천했다고 했다. 당사자인 보호자의 말을 그대로 옮기면 "대저택에 사는 게 아닌 이상 그 소리를 무시하는 것은 불가능했다."

'무시'라는 훈련이나 교육은 없다.
반려동물이 특정 행동을 할 때 '무시'한다는 것은 결국 그 행동에 대한 '반응'이다.

보호자의 고민은 의외로 간단히 해결되었다. 나는 행동 상담 과정에서 이 아이의 행동 패턴을 확인했다. 이 아이는 새벽에 기상하면 즉시 화장실로 달려갔는데, 전날 사용했던 화장실이 그대로 놓인 것을 보면 불쾌감을 드러내며 보호자에게 다가가 우는 습관을 갖고 있었다. 새 화장실을 사용하고 싶어 하는 깔끔한 성격의 소유자였다. 아침 식사를 마치고 나서도 마찬가지로 새 화장실을 사용하고 싶어 했다. 나는 보호자에게 이 사실을 알리고 어떻게 환경을 개선할 수 있을지 이야기를 나누었다. 화장실을 몇 개 더 준비하고 취침 전에 상태를 체크하는 방법도 있고, 보호자가 고양이와 생체 리듬을 맞추는 방법도 있다. 방법은 얼마든지 다양하게 도출될 수 있다.

  보호자는 고양이와 가족이 되기로 결심한 이상, 일방적으로 보호자의 스케줄에 고양이를 맞추기보다 서로 다른 생체 리듬을 맞춰나가는 노력을 해보겠다고 했다. 나는 보호자에게 기상하면 가장 먼저 고양이의 화장실을 청소하고, 고양이가 아침 용변을 마치고 나면 다시 한번 더 화장실을 청소해 달라고 부탁했다. 그것만으로 새벽에 울며 보호자를 깨우던 고양이의 행동은 간단히 해결되었다. 다른 부분도 몇 가지 더 개선했다. 나는 보호자와 의논하여 고양이의 놀이 시간을 정하고, 놀이 형태를 고양이 입장에서 매력적인 내용으로 바꾸었다. 고양이의 생활환경도 바꾸었다. 크레이트를 없애고, 고양이의 침실을 마련하고, 고양이 취침과 기상 시간에 맞추어 실내 온도를 고양이 최적으로 자동 설정하고, 고양이가 아침에 혼자서 즐길 수 있는 놀이터도 만들어주었다.

고양이는 어스름둥이

고양이는 야행성이 아니다.
야행성 동물은 낮에는 자고 밤에 활동하는 동물을 말한다.
고양이는 해 질 녘 어둑어둑할 때 & 해 뜰 녘 어슴푸레할 때 활동적인 동물$^{Crepuscular\ animal}$이다. 그래서 나는 고양이를 '어스름둥이'라고 부른다.
어스름둥이로 태어난 고양이를 사람의 리듬에 끼워 넣을 수는 없다.
고양이는 해소되지 않는 욕구, 좌절감, 우울감에 상당 시간 동안 높은 스트레스를 겪을 것이고 그것이 또 다른 문제로 이어질 수 있다.

사람을 공격하는 반려견, 놀이로 변화된다.

　한국에 거주하는 한 외국인 부부는 보호 기간이 종료되어 안락사를 앞두고 있었던 올리를 입양했다. 그러나 바로 올리를 데리고 올 수 있는 상황이 아니었다. 그래서 부부가 준비될 때까지 올리는 임시 보호 가정에서 지내며 보호단체에서 진행하는 기본 훈련을 받았다. 그러던 어느 날, 부부는 단체로부터 연락을 받았다. 큰 사고는 나지 않았지만 올리가 다른 동물에게 달려들었다는 소식이었다. 단체에서는 올리에게 간식이 더 이상 효과가 없는 것 같다며 임시 보호를 종료하겠다고 선언했다.

　부부는 인적이 드문 시간, 사람들의 발길이 잘 닿지 않는 외딴곳을 택해서 조심스럽게 산책했다. 행여나 줄이 풀리거나 벗겨지면 어쩌나 싶어 두려웠던 두 사람은 대비책으로 목걸이에 하나, 하네스에 또 하나의 줄을 연결하여 반드시 두 개의 줄을 동시에 잡은 상태에서만 외출했다.

　부부는 수소문하여 반려견 훈련 프로그램에 등록했고 곧 모든 것이 좋아질 거라고 생각했다. 수개월째 올리의 훈련을 이어가던 어느 날이었다. 산책을 마치고 돌아오던 길에 인사를 건네고 돌아서던 이웃의 허벅지를 올리가 덥석 물어버렸다. 너무나 순식간에 일어난 일이어서 손을 쓸 틈이 없었다고 했다. 올리의 행동은 부부에게 물음표였다. 조용히 있던 올리가 왜 갑자기 이웃을 물었는지 부부는 이해할 수 없었다. 동물과 사람을 공격하는 올리의 행동은 강도가 높아졌다. 산책 중에 보이는 새, 개, 고양이 등 동물과 행인에게 달려들고 물더니, 급기야 부부를 물기 시작했다. 보호자가 올리를 안거나, 올리의 물건 가까이 다가가거나, 티슈를 뽑다가 올리에게 물리는 일까지 일어났다. 부부는 겁이 덜컥 났다.

부부는 반려견을 입양하면 삶의 폭이 더 넓어질 거라고 기대했었다. 그러나 상황은 정반대였다. 부부는 사고를 예방하기 위해 모든 것과 거리를 두어야 했고 점점 고립되어 가는 느낌을 받았다. 그 시점에 부부는 나에게 행동 상담을 요청했다. 내가 만난 시점에 이 가족의 상황은 심각했다. 보호자와 이웃의 안전이 우려스러웠다.

행동 상담 중에 아내의 설명에서 중요한 단서가 하나 떠올랐다. "얼마 전에 가족들이 한국을 방문했는데 저희 집에 머물렀어요. 그런데 그때는 올리가 가족들과 정말 잘 지냈어요." 방문한 가족 구성원의 성별과 연령대는 다양했다. 부부는 올리가 나이 든 부모님이나 어린 조카들을 다치게 할까 봐 처음에 걱정을 많이 했었다고 했다. 그러나 기우였다. "정말 종잡을 수가 없죠. 올리는 도대체 언제, 무엇 때문에 화가 나는 걸까요?"

나는 올리의 입양 시점부터 확인 가능한 모든 사고들을 검토했다. 그런데 그 사고에는 하나의 공통점이 있었다. 피해자가 모두가 한국인이었다. 부부의 가족들이 올리와 사고 없이 즐겁게 지낼 수 있었던 것은 그들이 한국인이 아니라는 사실과 관련이 있는 듯했다. 올리가 과거에 어떤 경험을 했는지 알 길은 없다. 그러나 확인된 사실로 미루어볼 때, 어떤 경험으로 인해 한국인 또는 동양인으로 보이는 대상과 관련하여 올리가 부정적인 감정을 갖게 된 것은 아닐까 유추할 수 있다.

보호자를 공격하는 행동, 타인을 공격하는 행동, 다른 동물을 공격하는 행동, 티슈를 만지면 무는 행동, 소파나 침대 등에서 보이는 행동 등 올리의 행동은 배경 인인이 모두 다르고 복합적이었다. 티슈는 보호자가 기존에 하던 잘못된 훈련과 관련이 있었다. 보호자는 티슈에 간식을 싸서 던져주는 것이 노즈 워크라고 잘못 알고 있었다. 다른 동물을 공격하는 행동은 또 다른 형태의 잘못된 훈련과 관련이 있었다. 장난감 같은 물건, 침대나 소파와 같은 공간에서 올리가 보이는 행동은 물건, 장소, 사람 등 리소스에 대해 권리를 주장하는 리소스 가딩$^{Resource\ Guarding}$, 즉 자원에 대한 권리 주장에 해당했다. 보호소에서 발견된 올리의 과거 이력으로 볼 때 올리에게 리소스가 중요한 이유는 충분히 이해할 수 있다. 가족도 없이 제한적인 자원을 두고 삶을 꾸려왔을 것이기 때문이다. 올리에게 필요한 것은 사회적으로 수용 가능한 방법으로 자신의 의도를 다른 사람에게 전달하는 방법을 배우는 것이다.

간혹 리소스 가딩을 소유욕, 소유적 공격성, 리소스 공격성, 소유권 방어 등으로 부르는 경우를 볼 수 있는데 이는 잘못된 용어다. 집에 도둑이 들었을 때 방어하는 사람을 공격적이라거나 소유욕이 높다고 말하지 않는다. 생존에 중요한 자원을 보호하는 것, 위협 또는 도전받는다고 느껴질 때 권리를 주장하는 것은 종을 막론하고 정상적인 행동이다. 또한 리소스 가딩이라는 동일한 맥락에서도 공격적인 반응, 방어적 반응, 회피 반응 등 권리를 주장하는 행동의 방식은 다를 수 있으므로 '공격성'이라는 표현은 적합하지 않다.

올리의 행동에 영향을 미치는 복합적 요인들을 모두 정리한 후 나는 부부와 최종 교육 목표를 정했다. 나는 부부에게 교육 완료 후 부부가 꿈꾸는 모습을 허심탄회하게 말해달라고 했다.

"어디를 가든 언제든지 올리와 함께이고 싶어요. 마음 졸이지 않고 편안하게 많은 일상을 함께 할 수 있었으면 좋겠어요. 상상만 해도 가슴이 벅차네요."

"어떤 상황에서도 올리가 바람직한 행동을 할 거라고 신뢰하고 싶으신 거죠? 모두가 안전할 거라고. 올리를 믿어도 된다고. 보호자님은 올리를 신뢰하고, 올리는 보호자님을 전적으로 신뢰하는 관계를 원하시는 거죠?"

"맞아요. 신뢰. 올리가 저희를 믿어주었으면 좋겠어요. 맞아요. 그거예요. 올리가 저희와 함께 많은 것을 함께 하고 좋은 경험을 쌓을 수 있었으면 해요. 올리는 정말 사랑스러운 아이니까 다른 사람들에게도 사랑받았으면 좋겠어요."

같이 산다는 것은 서로 신뢰하는 것이다. 신뢰 없는 관계는 유지되기 어렵다. 교육을 맡기에 앞서 희망적인 점은 보호자 부부의 마인드였다. 부부는 교육의 중요성, 보호자로서 사회 구성원으로서의 책임감을 잘 알고 있었고, 성실하게 교육에 헌신할 준비가 되어있었다.

"올리, 네가 과거에 어떤 경험을 했는지 나는 알 수가 없어. 일어난 일을 없던 일로 만들 수도 없지. 내가 할 수 있는 건 너에게 좋은 기억을 만들어주는 거야. 그 경험으로 너의 마음이 열리도록."

올리의 마음을 여는 데는 많은 시간이 필요하지 않았고 나는 올리가 좋아하는 첫 번째 한국인이 되었다. 나는 올리가 가진 과거의 부정적인 경험을 현재의 긍정적인 경험으로 색칠해 나갔다. 올리에게는 배우는 것은 즐겁다는 것, 보호자에게는 올리의 의사를 존중하고 의사를 표현하는 방법을 알려주었다.

나는 모든 것을 게임으로 바꾸었다. 모든 놀이가 즐거운 배움의 시간이었다. 예를 들어 보호자가 티슈를 만지면 달려들어서 무는 올리의 행동을 놀이를 통해 변화시켰다. 보호자가 "에취!"하고 재채기하는 척하면 올리가 티슈를 뽑아서 보호자에게 가져다주고, 보호자가 "고마워"라고 하면 올리가 티슈를 보호자의 손에 내려놓도록 가르쳤다. 부부가 잘못 알고 있던 노즈 워크의 개념을 바로 잡고 기존의 잘못된 습관은 제거했다.

올리에게 스스로 장난감을 박스에 정리하는 법도 가르쳤다. 장난감에 다가가면 보호자를 공격하는 습관을 바꾸는 과정 중 하나다. 놀이 시간이 끝나고 나서 또는 잠자리에 들기 전에 보호자가 올리에게 "정리하자"라고 말하면, 올리는 '올리 장난감 박스'에 모든 장난감을 넣었다. 보호자는 올리의 장난감을 만질 때 올리에게 "가져도 돼?"라고 묻기로 약속을 정했다. 리소스를 뺏기는 것이 아니라는 것을 깨닫고 나자 올리의 행동은 금세 바뀌었다.

특정 공간을 침범하거나 다가오면 무는 행동도 마찬가지다. 나는 우선 올리를 위한 젠^{Zen} 공간을 두 곳에 마련했다. 하나는 부부의 침대 옆, 또 하나는 거실에서 햇살이 좋은 자리로 정했다. 부부의 침대 옆에 마련한 젠^{Zen}은 올리의 침실이다. 마침 부부의 침대 옆에 돔처럼 아늑한 공간이 있어서 그곳에 쿠션감이 좋고 올리가 뒹굴기 좋은 사이즈의 매트리스를 놓았다. 그리고 매트리스를 올리가 가장 좋아하는 담요로 감싼 다음 올리의 체형에 맞는 베개, 끌어안을 인형, 조절할 수 있는 조명, 은은한 라벤더 향으로 올리만을 위한 침실을 완성했다. 거실에 있는 장소는 올리가 낮에 놀거나 쉴 개인 공간이었다. 소파에 앉은 부부와 마주 볼 수 있는 자리였다. 올리가 그곳에 있는 한 누구도 올리를 귀찮게 하지 않기로 약속을 정했다.

부부는 처음에 올리의 침실에 대해서 "올리는 기분에 따라 자고 싶은 곳에 누워서 자는 습관이 있어요. 크레이트처럼 갇힌 공간도 아닌데 그곳을 침실로 사용할까요?"라고 갸우뚱했다. 그러나 우리는 올리가 어떤 결정을 내렸는지 곧 알 수 있었다. 저녁에 잠들 준비를 하면 올리가 자발적으로 자신의 침대 위로 올라가서 잘 준비하는 모습을 보고 부부는 감동했다. 올리는 침실을 무척이나 맘에 들어했다. 나는 부부에게 가족의 취침 신호를 추가해 달라고 말했다. 올리는 더 이상 소파나 부부의 침대를 두고 부부와 씨름하지 않았다.

3주간 총 9시간의 교육을 진행했다. 그중 6시간은 올리 교육, 나머지 3시간은 보호자 교육으로 진행했다. 보호자, 이웃, 다른 동물을 공격하던 올리는 누구에게나 상냥하고 자기 의사를 건강하게 잘 전달하는 반려견으로 거듭났다. 올리는 보호자와 둘도 없는 친구가 되었다. 이제 올리는 언제나 보호자와 눈을 마주치고 이야기하고 생기발랄하게 웃는다. 산책하러 나가면 보호자와 속도를 맞추며 눈 키스를 건넨다. 보호자의 보폭에 맞추어 속도를 바꾸는 놀이는 올리가 개발한 또 하나의 놀이다. 올리에게는 여러 동물 친구가 생겼다. 무엇보다 올리는 부부가 염원했던 대로 서로 신뢰할 수 있는 가족이 되었다. 부부와 삶의 많은 부분을 공유하고 있으며 주변 모두에게 사랑받고 사랑하며 살고 있다. **좋은 가족을 만난다는 것은 가슴 뭉클한 행운이다. 보호자에게도, 반려동물에게도, 그 이웃들에게도.**

바뀌어야 하는 동물은 보호자다.

 만약 보호자가 원치 않는 어떤 행동을 반려동물이 하고 있다면, 어느 시점엔가 보호자가 반려동물에게 가르쳐준 행동일 가능성이 높다. 물론 의도하지는 않았겠지만 말이다. 보호자의 행동을 바꾸는 것만으로 고민은 해결된다.
 산책할 때 걸음걸음마다 멈춰 서서 마킹하는 반려견의 습관을 바꾸어 달라는 보호자가 많다. 그런데 결론부터 말하면, 많은 경우 이 문제의 원인은 보호자의 무의식적 습관에 있다.
 "저희 강아지는 기둥만 보면 마킹해요. 못 하게 막는 방법 좀 가르쳐주세요. 한발 걷고 멈추고 한발 걷고 멈추고… 매번 멈춰 서서 마킹이 끝날 때까지 기다려야 해요. 왜 그러는 거죠?"
 "그렇게 하라고 가르치셨으니까요."
 내가 이렇게 대답하면 질문한 사람들은 다들 펄쩍 뛰면서 절대로 그렇게 가르친 적이 없다고 항변한다. 오히려 마킹을 하지 못하도록 온갖 방법들을 동원해 봤다고 말이다. 이때 보호자의 행동을 짚어주면 다들 뭔가에 머리를 한 대 맞은 것 같다고 말한다. 보호자들은 반려견이 초 단위로 마킹을 하게끔 무의식적으로 유도하고 있었다. 그럴 의도도 없었고 자신의 행동이 반려견에게 어떤 의미로 이해되는지 생각하지도 못했겠지만 결과적으로는 그랬다.

문제의 원인을 찾았고 보호자가 자신의 행동을 인지했으니, 비로소 우리는 문제를 해결할 수 있는 좋은 스타트 지점에 선 것이다. 내가 보호자의 무의식적 행동 패턴을 알려주고, 보호자가 의식적으로 행동을 바꾸는 것으로 1초 1마킹이라는 반려견의 오랜 습관은 마법처럼 사라진다. 남은 과제는 보호자가 수정한 자신의 행동을 유지하기 위해 의식적으로 노력하는 것뿐이다.

반려견이 길에서 짖고 달려드는 습관을 갖고 있어 찾아왔던 반려견 가족이 있다. 세 시간도 채 되지 않는 그룹 클래스였지만 반려견의 산책 습관은 금세 바뀌었다. 보호자와 반려견은 만족스러운 결과를 갖고 집으로 돌아갔다. 그런데 수개월 후 보호자가 다시 찾아왔다. 지난번 클래스에 참석했던 이후 바빠서 반려견과 산책할 시간이 전혀 없었고, 실내에서만 지내서인지 산책 습관이 나빠졌다며 재교육을 요청했다. 이번에도 잠깐의 교육으로 반려견의 산책 습관은 어렵지 않게 바뀌었다. 문제는 보호자였다. 나는 반복되는 상황이 반려견에게 부정적 영향을 미칠 수 있다는 사실을 설명하고, 보호자가 지켜야 할 습관과 해야 할 일을 알려주었다. 보호자는 약속을 지키겠다고 말했다. 그러나 그로부터 몇 개월 후 다시 같은 일이 반복되었다.

보호자는 수개월간 산책을 하지 않고 반려견을 방치한 것에 대해 여러 이유를 들었다. "모든 동물의 행동에는 이유가 있다면서요? 저도 이유가 있어서 산책 못 나가는 거예요." 행동의 이유를 이해한다는 말은 모든 행동을 수용한다는 뜻이 아니다. 단적인 예로, 범죄에도 이유는 있을 것이고 그 행동의 배경을 이해하는 것은 중요하지만, 그 행동의 이유를 사회가 무조건적으로 수용해야 할 의무는 없다.

반려동물의 나사를 조여서 반려동물의 행동을 바꾸는 것이 교육이라고 생각한다면 큰 오산이다. 보호자가 변해야 하는 부분들이 있고, 마땅히 보호자로서 해야 할 역할이 있다. 그런데 램프만 문지르면 소원이 이루어지는 것처럼 힘들이지 않고 반려동물만 바꾸기를 원하는 분들이 있다.

"그래, 좋아요. 자, 마법의 램프 여기 있습니다. 지니도 같이 데리고 가세요."

그런데 램프를 닦을 시간이 없었다며 먼지가 뿌옇게 쌓인 부서진 램프를 들고 돌아온다. 이번에는 문지르는 수고도 필요하지 않은 더 간단한 마법을 요구한다. 반려동물이 점점 부서져 가는데 새로운 테크닉만 찾아다닌다. 오랜 시간 먼지 구덩이에서 지내느라 골골하는 지니를 보면 나는 마음이 아프다.

반려동물의 산책 습관을 바꾸는 일은 어렵지 않다. 그러나 그렇게 사랑스러운 반려동물의 모습을 확인했으면서도 보호자가 산책하러 나갈 시간이 없다고 한다면, 그것은 반려동물 전문가가 도울 수 있는 범주가 아니다. 반려견과 영화처럼 아름답게 걷고 싶다면 나가서 걷자. 당신이 지구를 구하느라 정신이 없는 어벤져스라고 해도, 대신해 줄 사람을 고용하는 수고 정도는 할 수 있을 것이다.

행동 변화 솔루션을 진행하는 동안 해당 반려동물의 생활환경을 통제하는 것은 어렵지 않다. 그러나 보호자의 환경이나 시간을 전문가가 통제할 수는 없다. 단적인 예로 반려견의 식사량은 통제할 수 있지만, 보호자의 식단을 통제할 수는 없다. 보호자 중에는 변화가 필요한 사항을 즉각 이해하고 행동으로 옮기는 보호자가 있는가 하면, 그렇지 않은 보호자도 있다. 보호자가 협조할 의사가 없거나 변화를 원하는 의지가 부족한 경우 만족스러운 결과를 얻기 힘들다. 변화를 원하지만 쉽게 되지 않는 경우도 있다. 뿌리 깊은 신념이나 습관을 바꾸는 것은 쉽지 않기 때문이다.

운동장에 풀어놓거나 반려견 놀이터에 다녀오는 것, 화장실을 다녀오는 수준의 외출은 산책이 아니다. <u>산책은 데이트하는 시간이다.</u> 보호자와 반려견이 함께 대화하고 주변을 탐구하면서 뇌와 신체와 관계를 활성화하는 시간이 산책이다. 반려동물이 마음껏 산책을 즐길 수 있는 시간, 장난스럽게 놀 수 있는 시간은 그리 길지 않다. 장년층이 넘어가면서 또는 건강에 이상이 생기면 하고 싶어도 할 수 없는 것이 산책이다. <u>반려동물의 시간은 그렇게 짧다. 반려동물과 즐거운 추억을 만드는 일에 최선을 다해보면 어떨까?</u> 거창한 것은 바라지 않는다. 하루하루를 소중히 가꾸겠다는 마음가짐이 필요할 뿐이다.

비슷한 상황, 같은 고민으로 시작해서 전혀 다른 결과로 마무리된 서로 다른 두 고양이 가족이 있다. 보호자 1인이 고양이 여러 마리와 원룸 형태의 주거에 거주하고 있는데 같이 사는 고양이들 간에 혈투가 벌어진 사례다. 나에게 행동 상담을 요청하기 전에 양쪽 보호자가 시도했던 방법은 비슷했다. 싸우는 고양이 마주 보게 하고 간식 먹이기, 거리 좁히면서 간식 먹이기, 싸움이 나면 소리를 지르거나 동전이 들어있는 캔 던지기, 스프레이 뿌리기, 호르몬 진정 효과가 있는 방향제를 사용하기 등이다. 모두 고양이들의 스트레스를 증폭시키는 방법들이다.

고양이에게 공간은 생명과 같다. ❶ 수평 공간, ❷ 다양한 높이의 수직 공간, ❸ 혼자만의 아지트인 숨을 공간이 반드시 보장되어야 한다. **고양이에게 수직 공간이란 '남자에게 자동차, 여자에게 구두'와 같다.** 실내에서 생활하는 고양이의 경우 고양이 한 마리당 최소 2m² 이상의 수평 공간과 자신만의 아지트가 필요하다. 고양이를 사랑하는 보호자의 마음은 이해하지만, 서로가 낯선 다수의 고양이가 작은 공간에 얽혀있는 경우에는 이 조건을 확보하기가 쉽지 않아서 고양이가 만성 스트레스를 겪을 가능성이 높다. 스트레스가 늘어나면 갈등도 심화한다.

나는 각 보호자와 공간 문제를 논의했다. 보호자와 분리하는 것은 고

CHAPTER 10. 폴랑폴랑 행동 변화 솔루션 | 363

양이들에게 스트레스를 줄 수 있기 때문에 논외로 하고, 교육을 진행하는 동안 고양이들을 분리할 공간을 구할 수 있는지 물었다. 보호자 A 씨는 지인에게 도움을 요청해서 공간을 확보했다. 고양이들과 관계도 좋았고 행동 솔루션에 열심히 동참했던 보호자 덕분에 교육은 효과적으로 마무리되었다. 보호자 B 씨의 경우는 그렇지 못했다. 몇 가지 대안을 추가로 제시했지만, 현 상태에서 즉시 해결만을 원했다. 조기에 연락해 왔다면 방법이 없지는 않았다. 그러나 장기간의 혈투, 잘못된 해결법, 환경적 제약을 극복하고 단번에 고민을 해결한다는 것은 매트릭스의 니오와 스미스 요원을 원룸에 가둬두고 집이 폭파되지 않게 지켜달라는 말이나 마찬가지다. 집 안에 전화부스라도 하나 있으면 모를까.

반려동물 교육은 반려동물과 보호자와 전문가의 삼각 달리기와 같다. 교육은 반려동물만 변하면 끝나는 것이 아니다. 사람들이 '문제'라고 부르는 상황에 기여하는 것은 반려동물만이 아니다. 보호자 그리고 보호자가 제공한 환경이 큰 부분을 차지한다. 이 말은 곧 당신이 변하지 않으면 달라지는 것은 없다는 뜻이다.

반려동물의 행동 원인이 보호자와 관련이 있는 경우 행동 변화는 보호자의 자기 변화의 의지와 실행력에 달렸다. 보호자가 변화의 필요성을 인지하고 노력하면 반려동물의 행동은 상당히 빠른 속도로 바뀐다. 그러나 그렇지 않은 경우를 만나면 마음이 좋지 않다.

원치 않는 행동을 없애는데 골몰하던 보호자가 반려동물의 입장을 공감하고 배려하기 시작했을 때, 반려동물이 자신의 마음을 알아주어 고맙다고 표현하는 모습을 자주 목격한다. 그럴 때 한편으로는 마음이 아리면서 한편으로는 반려동물의 삶이 이 순간부터 변화될 거라는 안도감을 느낀다. 반려동물로 인해 시작된 교육이었지만 나중에 반려인 스스로가 변화를 경험했다는 이야기를 전해 들을 때는 감사하고 기쁘다.

에필로그 - 사랑은 감정이 아니라 행동하는 것이다.

> 사랑받을만하기 때문에 사랑받는 것이 아니라
> 사랑할 줄 아는 사람을 만났기 때문에 사랑받는 것이다.
> 나를 온전히 수용해 주는 사람이 있다는 확신만 있다면
> 자녀도 반려동물도 본연의 모습 그대로 건강하게 자랄 수 있다.

나의 사랑하는 반려견 벤노, 미니, 체리코크는 하늘의 별이 되었다.

몇 년 사이에 아이들을 하나하나 떠나보내면서 20여 년 가까운 시간이 찰나의 꿈으로 눈앞에서 사라진 것만 같았다. 어떤 이유에서든지 정해진 시간이 오면 우리는 헤어지게 마련이다. 인연이 어느 순간에 이별을 맞이 할지 우리는 알 수가 없다. 그 사실을 모르는 것은 아니지만 언제, 어떤 이유로, 어떻게 헤어지게 되든지 마음은 형용할 수 없이 무너져 내린다.

누구보다 사랑하고 표현했지만, 아이들을 떠나보내는 순간에는 아쉬움만 남는다. 조금 더, 조금만 더… 한 번이라도 더 안고, 한 번이라도 더 사랑한다고 말하고 싶다. 아이들을 한 번 더 품에 안을 수만 있다면 영혼이라도 팔 수 있을 것 같다.

온 힘을 다해도 부족한 것이 사랑이다. 그러니 반려동물과 함께하는 시

간에 마음을 다하기 바란다. 지금 순간에 따뜻하게 안아주고 배려하고 이해해 주기를 바란다. 조금이라도 더 많은 시간을 함께 보내고 추억을 더 많이 쌓기를 바란다.

이전에 출간했던 책에도 적었지만 다시 한번 이 이야기를 전하고 싶다.

사랑한다는 말은 형용사가 아니라 동사다. 사랑은 감정이 아니라 행동하는 것이라고 나는 생각한다. 무지한 사랑으로 상처를 주는 사람이 아니라 현명하고 지혜로운 보호자가 될 수 있기를, 그런 사람이 많아지기를 바란다. 곁에 있는 반려동물의 감정과 욕구를 바라볼 수 있는 사랑의 능력을 키울 수 있기를 바란다.

아무리 좋은 도구, 이론, 방법들이 생겨난다고 하더라도 절대 놓쳐서는 안 되는 핵심 중의 핵심은 나와 반려동물의 관계라는 것을 꼭 기억하기 바란다. 우리가 해야 할 일은 반려동물들을 내 사정에 맞추어 내가 편한 대로 '교정'하는 것이 아니라, 더불어 사는 것이 즐겁고 행복할 수 있도록 서로 조율하고 배워나가며 기다려주는 것이다. 막연히 기다리라는 것이 아니다. 현명한 눈으로 기다려줄 수 있어야 한다. 반려동물에 대해 과학적으로 검증된 올바른 지식을 배우고 그들을 이해하면서 더욱 현명한 보호자, 지혜로운 이웃이 되어야 한다.

반려동물을 이해하지 못해서 괴로워했던 많은 고민과 스트레스를 날려 버리고, '연결'이라는 말의 의미를 실감할 수 있게 되기를 바라며, 함께 하는 반려동물뿐만 아니라 길에서 마주치는 모든 동물에게 진정 더불어 살 만한 근사한 이웃이 되어주기를 희망한다. 이 모든 것은 무엇보다 반려동물의 생각과 감정을 존중하는 것으로부터 시작하는 것 아닐까?

한집에 같이 산다고 해서 가족이 되는 것은 아닐 것이다. 매일 좋은 추억을 만들고 관계를 가꿔나가면서 가족으로 남는 것이라고 생각한다. 반려동물도 마찬가지. 온종일 품에 안고 있다고 해서 관계가 만들어지는 것이 아니다. 기발한 테크닉으로 만드는 것도 아니다. 성실하게 관계를 가꾸어나가면서 가족이 되는 것이다. 나는 보다 많은 사람이 생명과 연결하는 방법, 그 즐거움을 깨닫기를 바란다. 존재에 감사하고 반려동물과의 연결을 통해 삶이 풍요로워질 수 있음을 알게 되기를 간절히 바란다. 그렇게 사람과 동물이 성장하는 곳, 나는 그곳을 꿈꾸고 있다.

 우리의 반려동물들은 우리와 대화하려고 끊임없이 노력하고 있다.

 이제 우리가 노력할 차례다.

 동물의 감정과 생각에 마음으로 귀 기울일 줄 아는 당신이 되기를 기도한다. 마음을 다해서 폴랑폴랑.

동물행동심리연구소 폴랑폴랑

오늘도 폴랑폴랑하기를…

폴랑폴랑

폴랑폴랑

폴랑폴랑어

근육 기억 상실증 282
내적 강화 Self-reinforcement 327
냠냠 198
눈 키스 250, 252, 253, 254, 255, 267, 359
동물행동심리, 동물행동심리전문가 6, 12, 20, 77, 80, 84
동심원 행동 172
리소스 가딩 Resource Guarding 356
릴랙스 교육 203, 275, 276, 277, 278, 280
마음의 연금술사 175, 176
맥락적 부활 Contextual Renewal 329
모스트캐퍼빌리티 MOSTCAPABILITY 195
밀어넣기 Flooding 23, 318, 319, 320, 321, 322
바디 블로킹 144, 204, 256, 257, 258, 259, 260, 262
비인도적 훈련 Aversive Training 29, 31, 33, 63, 74, 121, 161
사회적 인지 학습 137, 138, 169, 170, 173, 174, 175
선별 강화 Differential Reinforcement 57, 331, 332, 333, 334
선행 요인 · 선행 요인 관리 · 환경 매니지먼트 56, 146, 147, 348
슬랙 292, 294
시선 블로킹, 시각적 블로킹 256, 261
양립 불가한 행동 Incompatible Behavior 334
어스름둥이 353
연결 112, 189
오염된 단어 202, 203, 204, 216, 267
요란한 바디랭귀지 186, 187, 193, 219
원상 복귀 Reinstatement 329
이리 와 교육 263
일상의 보상 156, 197, 198, 199, 200, 202, 267
저절로 도돌이표, 자연 회복 Spontaneous Recovery 329
전견 교육 11
연, 탯줄, 줄 285, 286
도넛 게임 232, 295, 298
자세 넛지 282, 283
프로젝트, 프로젝트견, 프로젝트 행동 110
프리 = 동작 해제 단어 207
플로팅 핸드 288
체계적 DS, DS/CC 312~317
행동 변화 6단계 46, 51, 52, 53, 54, 60, 71, 73, 74, 155, 333, 348
C-커브 261
CC Classical Conditioning 138, 139
OC Operant Conditioning 138, 148
PACT 46
P+ · P-^{RR} · R+ · R- 153, 154, 155